Neue Rundschau

Begründet von S. Fischer
im Jahre 1890
S. Fischer Verlag

Herausgeber und Redaktion:
Martin Bauer, Helmut Mayer und Uwe Wittstock

Die Neue Rundschau erscheint viermal jährlich
Preis des Einzelheftes: 16 DM
Bezugspreis jährlich: 56 DM (inkl. Porto)
Berechnung jährlich bei Auslieferung des ersten Heftes
Das Abonnement verlängert sich automatisch,
wenn die Kündigung nicht bis zum 15.11. erfolgt.

Alle Zusendungen an die Redaktion erbeten an:
S. Fischer Verlag GmbH, Neue Rundschau
Hedderichstraße 114 · 60596 Frankfurt am Main
Telefax 069/60 62-319

Anzeigenverwaltung:
Runze & Casper Verlagsservice OHG
Linienstraße 214 · 10119 Berlin
Telefon 030/28 01 81 40, Telefax 030/28 01 84 00

Unverlangt eingesandte Manuskripte können nicht kommentiert werden.
Eine Rücksendung der Texte ist nur möglich, wenn Porto beiliegt.
Für unverlangt eingesandte Manuskripte kann keine Haftung übernommen werden.

Heft 3/1999 110. Jahrgang
Veröffentlicht im S. Fischer Verlag GmbH, Frankfurt am Main

Typographie: Konrad Boch, Frankfurt am Main
Umschlagentwurf: Manfred Walch, Frankfurt am Main
Satz: Fotosatz Otto Gutfreund GmbH, Darmstadt
Druck und Bindung: Clausen & Bosse, Leck
Printed in Germany 1999
ISSN 0028-3347 ISBN 3-10-809038-0

Postvertriebsnummer D 21222 F

Inhalt

Editorial

Kurz, der Mensch ist nicht nur ein lachendes, sondern auch ein lächerliches Tier.
Michel de Montaigne

Wir sind Naturwesen - selbstverständlich. Wir sind nicht lediglich Naturwesen - gewiß. Aber abgesehen davon, daß da schon bestimmte Naturbegriffe im Spiel sind: Wie paßt eines zum anderen? Was kommt denn da Rätselhaftes hinzu, das den Menschen aus dem Tierreich heraushebt? Und vor allem: Wie? Oder ist schon diese Frage falsch gestellt, gerade weil sie nach einer Art von ›Mehrwert‹ fragt, dessen Entstehung uns dann so rätselhaft scheint, wenn wir ihn aus unserer Naturgeschichte erklären oder zumindest erhellen wollen?

Zugegeben, diese Fragen sind keineswegs neu. Und doch hat sich die Gewichtung der Antworten und Argumentationslasten in den letzten Jahren um einiges verschoben. Ein mehr oder weniger harscher Naturalismus ist dabei, populär zu werden. Wobei »Naturalismus« hier dafür steht, daß der Mensch als Naturwesen betrachtet wird, dessen biologische Ausstattung, Fähigkeiten und Verhaltensweisen Gegenstände von als naturwissenschaftlich firmierenden Erklärungsansätzen sind. Die Durchsetzung und vor allem die Popularisierung einer solchen »naturalistischen« Perspektive hat freilich auf intime Weise damit zu tun, daß diese Erklärungsansätze zunehmend als vorrangige Instanzen menschlicher Selbstinterpretation empfohlen werden. Blickt man sich auf dem Markt der Angebote um, so kann man vom Ratgeber für die Feinabstimmung seiner genetischen Ausstattung zwecks maximaler ›performance‹ bis zur allseits beliebten naturgeschichtlichen Entzauberung unserer Partner- und Sexualvorlieben mittlerweile so ziemlich alles haben. Vieles daran ist natürlich den hübschen Effekten zuzuschreiben, auf welche Sachbuchautoren und ›science writers‹ aus begreiflichen Gründen nur ungern verzichten. Doch sollte man gerade deshalb nicht unterschätzen, was hier an neuen populären Weltbildangeboten, welche die »wissenschaftliche« Karte ausspielen, offeriert wird.

Waren die Erinnerungen an unsere Naturbasis früher vor allem schätzenswert kritische Ernüchterungen, so hat sich die Empfehlung zur Selbstauslegung als naturgeschichtlich konditioniertes Menschentier mittlerweile endgültig ins Affirmative gewendet. Lange vorbei die Zeiten, wo man noch sinnvollen rhetorischen Gebrauch von diesen Erinnerungen machen konnte. Im Hintergrund dieser Entwicklung stehen meist Interpretationsangebote von Evolutionstheorie und Biologie – an ihnen wird nun aufgehängt, was die Grundansicht jedes Szientismus ist: Daß wir über ein ›wissenschaftliches‹ Basisvokabular verfügen, das zeigt, wie die Dinge ›eigentlich‹ liegen. Was dann vermeintlich aus der ›Natur‹ an normativen Vorstellungen hervorgezaubert wird, hat sich freilich immer noch nach den Vorlieben der Proponenten gerichtet. Grund genug, hier auf der Hut zu sein.

»Naturalisierung« hat viele Facetten – und um einige geht es im Schwerpunkt dieses Hefts. Daß zwei seiner Beiträge auf das Gebiet philosophischer Diskussionen führen, hat mit dem Umstand zu tun, daß auf philosophischem Terrain Strategien der Naturalisierung seit geraumer Zeit einen prominenten Platz einnehmen und ausführlich verhandelt werden. Daraus ist einiges zu lernen, ebenso wie von einem genaueren Blick auf die Faszinationskraft der Gehirnforschung, die ihrerseits sowohl in der Wissenschaftslandschaft wie in der Populärkultur deutliche Spuren hinterläßt. Und aus dem Blick sollte dabei auch nicht kommen, welche grundsätzlichen Stolpersteine sich Positionen einhandeln, die uns aufgrund neuer Einsichten in unsere Naturbasis mit einigem Pathos denkbar grundsätzliche Reformen unseres Selbstverständnisses anempfehlen. Einige Facetten also, kein vollständiges Spektrum. Doch so wie es aussieht, wird das Thema dieses Heftes uns in der einen oder anderen Gestalt ohnehin noch lange beschäftigen.

Martin Bauer, Helmut Mayer und Uwe Wittstock

Naturalisierungen

Franz Josef Wetz
Die Naturalisierung der Kultur

Michael Pauen
Materialismus und Metaphysik

John McDowell
Moderne Auffassungen von Wissenschaft und die Philosophie des Geistes

Michael Hagner/Cornelius Borck
Brave Neuro-Worlds

FRANZ JOSEF WETZ

Die Naturalisierung der Kultur

Ein unvollendbares Projekt

Heute gilt als zeitgemäß, wer sich zum Naturalismus bekennt: Nur wer die Überlegenheit der modernen Naturwissenschaften über alle anderen Wissensformen und Denkstrukturen anerkennt, darf von sich behaupten, an der Speerspitze der Forschung zu stehen. Während noch vor hundert Jahren namhafte Philosophen wie Dilthey, Rickert und Husserl sich mit Scharfsinn der zunehmenden Verselbständigung und Alleinherrschaft der Naturwissenschaften widersetzten, gehört es mittlerweile fast zum guten Ton, alles, was es gibt, als Natur zu bezeichnen – und man darf hinzufügen: als wissenschaftlich erklärbare Natur.

Dabei gefällt sich so mancher Naturalist überaus gut in der Rolle des Entzauberers und macht dementsprechend viel Aufhebens von sich. Mit stets ernster Miene und voller Geheimnistuerei fragt er wie einst Dostojewskijs »Großinquisitor«, ob man den Menschen überhaupt die volle Wahrheit über sich selbst mitteilen dürfe, da sie doch so traurig und desillusionierend sei. Vielleicht hielten sie diese gar nicht aus. Immerhin bestehe die Gefahr, daß sich die Erkenntnisse über den Menschen für ihn zu einem existentiellen Trauma auswüchsen, sei er doch nur ein ohnmächtiges Anhängsel anonymer Naturprozesse. Andere geben sich dagegen betont humorvoll, um auf diese Weise zu zeigen, daß es gar nicht so schlimm sei, bloß Effekt einer ungerichteten Naturentwicklung zu sein. Hierbei betrachten fast alle Naturalisten das menschliche Ich als nichtig, einige von ihnen nehmen dafür aber ihr eigenes Ich dennoch ziemlich wichtig. Anscheinend versuchen sie selbst »jemand« zu werden, indem sie den Menschen an sich zum »niemand« erklären. Das allein schon beweist, daß sich der Mensch nicht erst die Krone der Schöpfung aufs eigene Haupt setzen muß, um sich wichtig nehmen zu können; er versteht es sogar, sich im Nichtwichtignehmen seiner selbst noch wichtig zu nehmen.

Diesem naturalistischen Zug unserer Zeit sei hier in sieben Abschnitten nachgegangen: 1) Naturalismus, 2) Schranken des Naturalismus, 3) Schrankenloser Naturalismus, 4) Literarischer Naturalismus, 5) Unüberwindbare Sorgen, 6) Unvermeidbare Lebensfragen, und 7) Unverzichtbare Kultur.

Naturalismus

Naturalismus ist ein vieldeutiges Wort. Allgemein steht es für die Überzeugung, daß es in der Welt mit rechten Dingen zugeht, daß es für alles eine natürliche Erklärung gibt und die Wirklichkeit mit wissenschaftlichen Mitteln wenigstens hypothetisch, wenn auch unvollständig, erkannt werden kann.[1]

Im einzelnen unterscheidet man zwischen einem stärker metaphysischen und einem eher methodischen Naturalismus. Nach ersterem soll die sinnfreie Natur, das mit mehr als 100 Milliarden Galaxien erfüllte, expandierende Universum alles sein, was es gibt. Beginnend mit der Welt im großen, dem unermeßlichen Kosmos, und endend beim Menschen, einem winzigen Stäubchen darin, sehen heute viele Naturalisten die gesamte Wirklichkeit als anonymes Spiel blinder Naturkräfte. In diesem stellt der Mensch als Zufallsprodukt einer langen, ungerichteten Naturgeschichte ein von Genen und Neuronen abhängiges Teilchen dar. Die Menschheit – ein flüchtiges Vorkommnis im riesigen Weltall – existiert auf einem winzigen Planeten am Rande einer durchschnittlichen Spiralgalaxie. Diese besteht aus physikalischen, organischen, psychischen und sozialen Systemen; das »Höhere«, wie es Mythen, Religionen und alle theologisch beeinflußten Metaphysiken lehren, gibt es vermutlich nicht. Ein Rückgriff hierauf ist zur Erklärung der Welt auch gar nicht nötig, meinen die methodischen Naturalisten, denen zufolge sich mit Hilfe der modernen Naturwissenschaften die gesamte Wirklichkeit, soweit sie uns Menschen bekannt ist, hypothetisch erklären läßt.

Während also die metaphysischen Naturalisten die Natur im weitesten Sinne verabsolutieren, streben die methodischen Naturalisten eine Alleinherrschaft der Naturwissenschaften im Reich der Erkenntnis an. Tatsächlich haben letztere mittlerweile ihr Erklärungsangebot weit in das geisteswissenschaftliche Arbeitsfeld hinein ausgedehnt. Sie tun das in der Regel nicht mit Grundsatzerklärungen, sondern meist mit konkreten Modellvorschlägen. Kognitionswissenschaft und Neurologie zum Beispiel haben inzwischen begonnen, Schlüsselbegriffe aus dem Wirkungsfeld des Geistes naturalistisch zu rekonstruieren. Hierbei schrecken sie weder vor einer Naturalisierung des Bewußtseins noch vor einer Naturalisierung der Werte zurück, welche als Gefühlsäußerungen interpretiert werden, die sich auf das limbische System zurückführen ließen. Heute naturalisiert man sogar die Vernunft, in der man nur noch eine Tätigkeit des Neocortex sehen möchte. Bewußtsein und Werte hätten ihren idealistischen Charakter verloren, nachdem hinter dem menschlichen Selbst- und Wertempfinden chemische Mechanismen hervorgetreten seien, die jenes zu steuern scheinen. Moralische Intuitionen und Dispositionen seien weniger ein Produkt der bewußten Reflexion als vielmehr ein Ergebnis der natürlichen Evolution. Offenbar haben alle geistigen Prozesse biophysikalische Ursachen.

Wie leicht entsteht da die Hoffnung, beide, Natur- und Geisteswissenschaften, ließen sich zugunsten der ersteren miteinander verbinden, ist doch auch die Kultur, einschließlich Kulturwissenschaft, das Produkt natürlicher Biosysteme, deren Hirne aus Nerven bestehen, welche wiederum aus Atomen gebildet werden. Heute ist die naturwissenschaftliche Suche nach den Ursachen menschlichen Lern- und Sozialverhaltens, Denkens, Wollens und Fühlens in vollem Gange. Die Forschung hat die Neurowissenschaft, Verhaltensgenetik und Evolutionsbiologie bereits dicht an die Grenzen der Kultur- und Geisteswissenschaften herangeführt. Sinnerkenntnis und Theoriebildung gelten mittlerweile genauso als Produkte menschlicher Organismen – als neurobiologische Sachverhalte – wie fast jede andere Äußerung des Menschen auch. Darum soll künftig die gesamte Kultur mit Hilfe kausalgenetischer Verfahren aus der Natur erklärt werden. Wen kann es da noch verwundern, wenn es in der Gegenwart wie schon vor hundert Jahren bei Ernst Haeckel zum festen Glauben an die unbedingte und ausschließliche Herrschaft der Naturwissenschaften kommt? Deren wachsende Kenntnisse vom gesamten Universum und der reichen Vielfalt seiner belebten und unbelebten Bestandteile mit ihren komplexen Strukturen haben wesentlich zur Verbreitung einer naturalistischen Grundeinstellung beigetragen, aus deren Sicht rein theologische, ethische oder ästhetische Erwägungen als bloße Illusionen erscheinen. Heute betont man immer stärker die natürliche Einheit alles Wissens von der mikroskopischen Kapillarphysik über die mesoskopische Kulturphysik bis zur makroskopischen Gravitationsphysik.[2]

Große Aufmerksamkeit schenkt man dabei insbesondere den physischen Voraussetzungen menschlichen Verhaltens. Alles menschliche Denken und Tun besitze biologische Wurzeln. Der Mensch sei keine biophysische Tabula rasa, eher schon ein vergängliches Stück ohnmächtige Natur, das von genetischen Vorgaben und neurophysiologischen Vorgängen abhänge; der wissenschaftliche Fortschritt halte eben viele Kränkungen für uns bereit: Habe die neuzeitliche Kosmologie zuerst die stolze Anmaßung des Menschen, Zentrum der Welt zu sein, der Lächerlichkeit preisgegeben, so habe anschließend die biologische Evolutionslehre die Menschheit erbarmungslos in das zufallsblinde Naturgeschehen hineingezogen. Statt Mittelpunkt der Schöpfung sei der Mensch eine bloße Randfigur im Universum, nicht dessen Krone, sondern vielmehr ein Lebewesen unter anderen – ein sorgengeplagtes Säugetier. Doch anscheinend gehen diese Entzauberungen des Menschen noch nicht weit genug: Genetik, Neuro- und Computerwissenschaften verstärken heute den Verdacht, daß der menschliche Organismus ein neuronales Mehrprozessorensystem und eine ohnmächtige Überlebensmaschine sei. Der Mensch – ein lebendiges Stück Fleisch auf gelenkigen Knochen, zusammengehalten von Bändern und Sehnen, bewegt von Muskeln, durchströmt von Blut – scheint so nicht bloß auch ein Tier, sondern zugleich Artgenosse der von ihm selbst erfundenen Computer zu sein: Der Mensch – ein komplexes Informationsverarbeitungssystem, dessen Geistesleben stärker als bisher vermutet von seinen Erbanlagen und Hirnprozessen bestimmt wird. Die gegenwärtig immer weiter um sich greifende Naturalisierung des Geistes, auch der Erkenntnistheorie, Ethik, ja, der gesamten Kultur sind Teile dieser Entwicklung unserer Zeit.

Schranken des Naturalismus

Nach allem bisher Ausgeführten scheint das Ende der traditionellen Metaphysik keines Hauptsatzes mehr wert zu sein; eher beiläufig wird es heute nur noch in Nebensätzen erwähnt, die besonderer Begründungen offenbar gar nicht mehr bedürfen. Trotzdem verbinden zahlreiche Geistesströmungen der Moderne tiefe Abneigung und heftige Ablehnung des Naturalismus miteinander. Idealisten, Neukantianer, Phänomenologen, Lebensphilosophen und Hermeneutiker widersetzen sich alle der Verabsolutierung der sinn- und wertfreien Natur wie der Alleinherrschaft der Naturwissenschaften. Kritische Stimmen jedoch gab es bereits bei den spätantiken Kirchenvätern, mittelalterlichen Scholastikern und neuzeitlichen Rationalisten zum naturalistischen Welt- und Menschenbild des Altertums, vertreten durch Leukipp, Demokrit, Epikur und Lukrez.

Ende des 18. Jahrhunderts wandte sich vor allem Immanuel Kant gegen die sogenannten »frechen und das Feld der Vernunft verengenden Behauptungen des Materialismus, Naturalismus und Fatalismus«[3], und der Phänomenologe Edmund Husserl schrieb in einem Brief an den Neukantianer Heinrich Rickert zu Beginn des 20. Jahrhunderts: »Wir kämpfen als Bundesgenossen gegen den Naturalismus als unseren gemeinsamen Feind.«[4] Dabei ging es den protestierenden Geistesrichtungen stets um mehr als nur um die Beseitigung erkenntnistheoretischer Ungereimtheiten und Widersprüche, mit denen der Naturalismus bis auf den heutigen Tag zu kämpfen hat. Hauptsächlich ging es um die Rettung der Welt als harmonischer Schöpfungsordnung, eines wohlstrukturierten Vernunftgebildes oder naturwissenschaftlich uneinholbaren Sinngeschehens. Bis heute kann man in diesem Zusammenhang immer wieder lesen, daß es falsch sei, Naturalismus und Metaphysik gegenüberzustellen, weil hierdurch der irreführende Anschein erweckt werde, daß der Naturalismus nicht ebenfalls eine Art von Metaphysik sei – eine Kennzeichnung, die auf ihn ja ebenso zutreffe wie auf jede spekulative Theologie.

Davon abgesehen bestünden trotz aller Erfolge der Naturwissenschaften berechtigte Zweifel an der Übertragbarkeit ihrer Methoden und Ergebnisse auf die Kulturwissenschaften. Mit Recht muß man fragen: Wird uns die Molekulargenetik und Hirnforschung eines Tages erklären können, wie es zu Stilwandlungen und Geschmacksverschiebungen in Malerei, Musik und Dichtung, zur Entstehung von Johann Sebastian Bachs Matthäuspassion oder Alban Bergs Violinkonzert und deren ästhetischer Wertschätzung kam? Hat ein Kant- und Goetheforscher erst ein Studium der Biochemie zu absolvieren, bevor er seine Arbeit der Interpretation aufnehmen kann? Setzt diese wiederum die Methoden der Naturwissenschaften, gar der Mathematik voraus? Oder verlangt sie hauptsächlich solche Kunstfertigkeiten wie das Schreiben, Erzählen, Reflektieren, den Sinn fürs Ästhetische, Feinfühligkeit, Urteilskraft, Klugheit und dazu ein breites kulturgeschichtliches Wissen, kurz: Bildung? Freilich haben selbst solche Fähigkeiten physische Grundlagen; nur, sind diese wirklich relevant für das Gelingen einer formalen oder inhaltsbezogenen Kunstbetrachtung, der Interpretation literarischer oder musikalischer Bedeutungszusammenhänge, das Verständnis kultureller Wandlungen, Fragen der künstlerischen Gestaltung? Noch einmal anders formuliert: Niemand bezweifelt, daß Töne als Schalldruckwellen mit bestimmter Frequenz, Rhythmen oder Harmonien als nach numerischen Regeln geordnete Zeitabläufe und Frequenzverhältnisse erklärbar sind – aber befähigt solches Wissen bereits dazu, eine Messe von Palestrina oder ein Streichquartett von Brahms zu verstehen?

Im Übergang vom 19. zum 20. Jahrhundert befürchteten Hermeneutiker wie Dilthey, Historiker wie Droysen und Theologen wie Troeltsch, daß die Naturalisierung der Kultur zu einer wachsenden Verarmung und Verödung unseres Lebens wie auch zur Verstümmelung der geschichtlichen Wirklichkeit führen werde, da sich bestimmte Phänomene der Geisteswissenschaften einfach nicht mit naturwissenschaftlichen Methoden erfassen ließen. Daß menschliches Denken, Wollen, Fühlen und Handeln natürliche Ursachen habe, bestritten sie dabei nicht.

In der Tat haben wir alle von unseren Vorfahren neurobiologische Merkmale geerbt, die uns die Welt auf bestimmte Weise sehen und spezifische Verhaltensweisen anderen gegenüber vorziehen lassen. Ungeklärt ist allerdings bis heute, wie weit Moral und Kultur in der Natur wurzeln und auf die Gesetze der Biologie und Neurophysiologie zurückgehen. Ist etwa das gesamte menschliche Denken und Handeln erbbiologisch festgelegt, der einzelne eine Marionette anonymer Naturprozesse, so daß Begriffe wie Selbstbestimmung, Freiheit, Autonomie völlig bedeutungslos werden? Oder heißt Naturalisierung lediglich, daß der Mensch als Produkt der Evolution keinen freischwebenden Geist besitzt, sein Verhalten an Naturgesetze gebunden ist? Verfügt der Mensch über einen Spielraum für freie Entscheidungen? Kann er sich aus eigener Kraft – zumindest teilweise – von natürlichen Handlungsantrieben befreien?

Daß sich unsere Tüchtigkeit, Gelehrsamkeit und Tugendhaftigkeit auch natürlichen Anlagen verdanken, gilt mittlerweile als banal; daß diese uns aber vollständig determinieren, wäre vermutlich katastrophal, da doch jede Moral ein Mindestmaß an Freiheit und Autonomie voraussetzt. Trotzdem wird die starke Determinationsthese auch heute noch vertreten, wenn beispielsweise die Menschen als komplizierte Überlebensmaschinen beschrieben werden, als Roboter, blind programmiert zur Erhaltung ihrer selbstsüchtigen Gene[5] – oder wenn gesagt wird, Gedanken, Wünsche oder Empfindungen seien nicht nur in anonyme Gehirnprozesse übersetzbar, sondern sogar durch solche ersetzbar.[6]

Die schwierige Frage, ob der einzelne verborgenen Kräften bedingungslos ausgeliefert ist oder diesen gegenüber eine gewisse Unabhängigkeit genießt, so daß er in seinem Leben eine selbständige Rolle spielen kann, beschäftigten schon Homer und Äschylos. Seit rund dreitausend Jahren versuchen abendländische Denker das Geheimnis zu lüften, welchen Grad an Freiheit der Mensch den alten Schicksalsgöttinnen, den griechischen Moiren, römischen Parzen und germanischen Nornen, dem einen christlichen Gott oder der übermächtigen Natur gegenüber besitzt. Spinnt er seinen Lebensfaden selbst oder weben ihn das Schicksal, Gott und die Natur, die sich der menschlichen Beherrschung entziehen?

Früher suchte man die Antworten auf das menschliche Schicksal in Gestirnkonstellationen und stellte dazu Horoskope; heute vermutet man sie in Gehirnkonfigurationen und liest diese mitunter als Horrorskope. Vermutlich aber geht die Annahme absoluter Determination zu weit, und wirklich bewiesen hat sie ja auch bisher noch niemand. Wie es scheint, läßt sich die Richtung der naturwissenschaftlichen Entwicklung leichter bestimmen als ihr Ausmaß. Mehr andeutend als ausführend, versichern die absoluten Naturalisten meistens nur, daß menschliches Denken und Handeln von genetischen Programmen und neurophysiologischen Prozessen vollständig gesteuert werde – oder sie übertragen völlig unbekümmert einzelne Erkenntnisse, die eine gewisse Abhängigkeit unseres Verhaltens von Naturereignissen beweisen, auf das menschliche Verhalten insgesamt. Im Bewußtsein, daß solche Übertragungen ungedeckten Wechseln gleichen, sozusagen auf Kredit leben, nennt man dann solche Theorien gerne »noch unausgeführte Forschungsprogramme«.

Überhaupt kann man in Schriften, welche eingangs die totale Abhängigkeit des Menschen von anonymen Naturprozessen behaupten, dann regelmäßig die allmähliche Zurücknahme dieser starken These beobachten. Aus der Vordertür hinausgeworfen, kommt die menschliche Freiheit durch eine Hintertür häufig wieder herein. So kennzeichnet man beispielsweise das menschliche Verhalten zuerst als naturhaft determiniert, um es anschließend nur noch in der Natur fundiert sein zu lassen. Nun heißt es, die Determination durch Gene und Neuronen dürfe nicht so streng genommen werden, denn selbstverständlich würde diese auch durch Umweltfaktoren überlagert und sogar durch eine autonome Steuerung umgelenkt. Zweifellos habe die menschliche Kultur eine natürliche Grundlage, diese lasse jedoch genug Raum für die Entwicklung unterschiedlicher Lebensformen, Sitten und Bräuche. In diesem Sinne legten die Gene zwar unsere Körpergröße, Augenfarbe und auch sexuelle Veranlagung fest, aber nicht unsere Konventionen, Kunst- und Lebensstile, wenngleich sie uns durchaus geneigt machten, bestimmte Verhaltens- und Orientierungsmuster auszubilden.

Besondere Schwierigkeiten bereitet den starken Naturalisten seit jeher die strikte Unterscheidung zwischen Genesis und Geltung in Erkenntnis oder Moral. So nutzt einem das Wissen um die Gebundenheit der menschlichen Forschung an naturhafte Phänomene tatsächlich nur wenig, wenn es darum geht, ob wissenschaftliche Ergebnisse auch gerechtfertigt und wahr sind. Die kausale Erklärung des Erkenntnisprozesses beantwortet weder die Frage nach der Gültigkeit wissenschaftlicher Behauptungen noch die Frage nach den dazugehörigen Wahrheitskriterien. Neuronale Vorgänge sagen uns nicht, ob wissenschaftliche Vermutungen zutreffen und woran wir ihre Richtigkeit oder Falschheit erkennen können. Erkenntnis wird sogar zur Illusion, wenn wir davon ausgehen, daß das gesamte Denken und Handeln von Naturkräften determiniert wird, die sich unserer Verfügung entziehen. Es liegt etwas Ungeheuerliches in der Vorstellung, daß selbst die Wissenschaften von blinder Natur getrieben werden könnten.

Die gleichen Probleme wie bei der Wissenschaft treten auch bei Ethik und Moral auf. Durch Freilegung der biologischen Grundlagen unseres Sozialverhaltens lassen sich keine normativen Fragen der Ethik beantworten. Naturwissenschaftliche Theorien geben ebensowenig Aufschluß über das Gute und die Kriterien, nach denen dieses zu beurteilen wäre, wie sie Aussagen darüber machen, ob wir uns der Natur verbunden oder ausgesetzt fühlen sollten. Das heißt, Probleme der ethischen Zielsetzung und Wertung lassen sich nicht mit Hinweis auf vorhandene Tatsachen klären. Auch hier gilt, daß ein absoluter Determinismus jegliche Ethik und Moral zerstören würde.

So setzen Erkenntnis- und Wissenschaftstheorie einerseits, Moral und Ethik andererseits voraus, daß die Menschen nicht bloß wie genetische oder neuronale Automaten fungieren, sondern wenigstens teilweise urteilsfähig und zu vernünftigem Argumentieren imstande sind. Mögen die Zügel der Natur noch so kurz sein und der einzelne tatsächlich zahlreichen Naturzwängen unterliegen, ohne eigenverantwortliche Wertung, der Fähigkeit zu kritischem Hinterfragen, klugem Beraten und versöhnlichem Verständigen, ja, ohne einen sei es auch noch so engen Spielraum frei wählbarer Denk- und Verhaltensmöglichkeiten wären Wissenschaft und Moral gänzlich unmöglich.

Damit sei selbstverständlich nicht bestritten, daß viele unserer Auffassungen und Verhaltensweisen biophysische Wurzeln haben, weshalb sich Moral, Wissenschaft und Recht, die Kulturwissenschaften insgesamt nicht einfach über die Ergebnisse der modernen Naturwissenschaften hinwegsetzen dürfen. Biologische Informationen über die Natur des Menschen sind bei der Aufstellung ethischer Normenkataloge durchaus zu berücksichtigen, wenn sich auch aus ihnen keine normativen Verhaltensregeln ableiten lassen. Dennoch können deskriptive Aussagen über angeborene Handlungsstrukturen – wie etwa Kooperation, Konkurrenz, Egoismus und Altruismus – wichtige Erkenntnisse über die Grenzen erfüllbarer Moralanforderungen an den Menschen liefern. Sie sind bereits ein Argument, weshalb moralische Vorschriften nicht gegen die menschliche Natur erlassen werden sollten, solange sich diese nicht sozialschädlich auswirkt, und legen somit nahe, die Ethik am körperlichen Wohlbefinden und geistigen Wohlergehen der Menschen zu orientieren. In diesem Sinne sollten beispielsweise die Gebote der Sexualmoral nirgendwo auf der Welt die menschliche Natur unterdrücken, wenn diese sozialverträglich und mit den Grundlagen friedlichen Zusammenlebens vereinbar ist.

Genausogut können wir durch Erkenntnisse über die natürlichen Ursprünge unserer moralischen Gefühle aber auch zu der Auffassung gelangen, daß wir diese künftig stärker relativieren sollten. Beispielsweise versuchte man jahrhundertelang altruistische Gebote ethisch zu begründen und konzentrierte sich dabei ausschließlich auf Probleme der Menschen untereinander, obwohl aus moralischer Sicht andere empfindungsfähige Lebewesen gleichfalls zu berücksichtigen wären. Daß diese so wenig Beachtung fanden, hängt nach Meinung heutiger Soziobiologen mit bestimmten Mechanismen der natürlichen Evolution zusammen: Es gereiche den Menschen und ihren Nachkommen ganz einfach zum Vorteil, wenn sie sich teilweise altruistisch zueinander verhielten. Die Erhellung der evolutionären Herkunft dieser moralischen Parteilichkeit für die eigenen Artgenossen kann nun nach Auffassung mancher Ethiker dazu beitragen, daß die Menschen künftig ihr Mitgefühl stärker auch auf leidensfähige Tiere ausdehnen.

Obgleich die Naturwissenschaften auf der einen Seite, die Geistes- und Sozialwissenschaften auf der anderen Seite nicht einfach zu verschmelzen sind, ist es nach alledem ein Irrtum zu glauben, daß naturwissenschaftliches Wissen grundsätzlich belanglos für das menschliche Selbstverständnis, für Ethik und Kultur wäre. Freilich soll damit nicht die Eigenart der Geisteswissenschaften geleugnet werden; kein Romanist, Germanist, Sozio- und Theologe muß Biologie und Astrophysik studiert haben, um seine Aufgaben wahrnehmen zu können. Dennoch sollten sie den Entdeckungen von Physik, Chemie oder Neurophysiologie gegenüber aufgeschlossen sein, die Erkenntnisse der Naturwissenschaften stärker als bisher zur Kenntnis nehmen. Brückendisziplinen wie Kognitionswissenschaft, Bio- und Soziolinguistik oder Soziobiologie, die sich aus Ethologie, Ökologie und Genetik zusammensetzt, aber auch die Neurologie tragen Wesentliches zum Verständnis menschlichen Denkens, Verhaltens und Wertempfindens wie auch zum Selbstverständnis des Menschen bei. Darüber hinaus bieten die Ergebnisse der modernen Naturwissenschaften eine wichtige Grundlage für weiterführende Reflexionen philosophischer, theologischer, literarischer und auch rechtlicher Art. In diesem Sinne kann man etwa fragen: Sind die höheren Sinnmodelle von Mythos und Religion noch mit den heutigen Naturwissenschaften vereinbar? Wie werden die Menschen damit fertig, winzige Staubkörnchen in einem unermeßlichen Weltall zu sein?[7] Bleiben die Begriffe Schuld und Verantwortung sinnvoll angesichts der starken Abhängigkeit des einzelnen von anonymen Naturprozessen? Können die traditionellen Ideen der angeborenen Menschenwürde und Menschenrechte in einer säkularen Kultur mit zunehmend naturwissenschaftlichem Weltbild ihre herkömmliche Bedeutung behalten, oder müssen sie als Illusionen aufgegeben werden?[8] Diese und ähnliche Fragen ergeben sich fast zwangsläufig aus der Annäherung der Natur- an die Geisteswissenschaften wie auch umgekehrt. Dadurch wird deutlich, daß die Ergebnisse der Naturwissenschaften – über ihre technologischen Errungenschaften hinaus – erhebliche Auswirkungen auf Kultur und Kulturwissenschaft haben.

Schrankenloser Naturalismus

Sollten die zuvor geäußerten Bedenken gegen den absoluten Naturalismus auch zutreffend sein, so bedeutet das doch keineswegs, daß der weltanschauliche Naturalismus ein Irrtum ist. Das sich in nahezu unermeßliche Weiten hin erstreckende, expandierende Universum mit seinen Milliarden von Sonnen umfassenden Milliarden Milchstraßen könnte durchaus alles sein, was es gibt. Innerhalb dieses Universums wäre der Mensch dann nichts weiter als ein vergängliches Stück um sich selbst besorgte Natur auf einem winzigen Planeten am Rande einer durchschnittlichen Spiralgalaxie. Freilich, die modernen Wissenschaften geben keine Auskunft darüber, wie es sich im letzten mit Mensch und Welt verhält; sie bleiben auf diese Frage einfach stumm. Dennoch ist in der Moderne die Vermutung aufgekommen und hat sich mittlerweile für viele zur Gewißheit verdichtet, daß das physische Weltall ohne ersten Grund und höchsten Zweck existiert. Tatsächlich fehlt jeder beweisbare Anhaltspunkt für irgend etwas Darüberhinausliegendes.

Diesem Standpunkt stehen die modernen Naturwissenschaften bereits in methodischer Hinsicht sehr nahe, insofern sie grundsätzlich die Frage nach dem Sinn der Welt offenlassen. Aus naturwissenschaftlicher Sicht ist das raumzeitliche Universum – eine Welt aus Theorien und Formeln – ein wertneutrales Faktum. Wie schnell kippt diese Beschränkung auf die welthaften Tatsachen in die Vermutung um, daß diese auch schon alles sind! So entsteht aus dem methodischen Verzicht auf die Ergründung höherer Sinn- und Wertbestimmungen leicht die allgemeine Meinung, daß es derlei gar nicht gibt.

Aber die modernen Naturwissenschaften haben sich nicht nur in methodischer Hinsicht, sondern zunehmend auch in inhaltlicher zum Komplizen des weltanschaulichen Naturalismus entwickelt. Die Forschung ist mittlerweile bis zu einem Punkt fortgeschritten, der höhere Sinndeutungen zwar nicht von vornherein ausschließt, sie aber als hoffnungslos überaltet erscheinen läßt. Selbst wenn es logisch möglich sein sollte, in die kosmische und menschheitliche Geschichte einen höheren Sinnzusammenhang hineinzulegen, so haftet solchen Modellen doch häufig etwas Konstruiertes und Künstliches an, was das Maß ihrer Glaubwürdigkeit erheblich vermindet. Anders formuliert: Eine Welt aus Wasserstoff und Helium, Wellen und Korpuskeln, Supernova-Explosionen, rotierenden Neutronensternen und einem evolutionären Wechselspiel zufällig streuender Mutationen mit dem Kampf ums Dasein ist spürbar anders als eine Welt, deren Firmament vom Werk göttlicher Hände kündet, die diese fürsorglich tragen. Vor solchem Hintergrund nehmen sich alle Sinnüberformungen von Mensch und Welt wie verzweifelte Rettungsversuche aus, die durch Umdeutungen, Anpassungen, Zusatzhypothesen und Hilfsmittel fragwürdig gewordene Positionen trotzig forterhalten wollen. Sicherlich bleiben solche auch gegen ein Maximum kritischer Argumente möglich, zumal sich religiös-metaphysische Deutungsmuster nicht endgültig widerlegen lassen. Aber sind diese wirklich noch überzeugend?

Davon abgesehen läßt sich trotz aller zuvor genannten Bedenken gegen die Vorstellung des Menschen als ohnmächtiger Marionette im anonymen Spiel blinder Naturkräfte keineswegs ausschließen, daß diese dennoch unser gesamtes Leben beherrschen und lenken. Wahrscheinlich geht diese Annahme zu weit und stellt eine Übertreibung dar, obwohl wir vermutlich abhängiger von uns vor- und übergeordneten Sprachstrukturen, Genprogrammen und Hirnprozessen sind, als wir zugeben möchten. Allerdings sei hier nicht über Grad und Ausmaß der unserem Willen entzogenen Naturkräfte spekuliert; es sei lediglich darüber nachgedacht, was es praktisch für uns bedeutete, wenn es theoretisch so wäre – wenn also der Mensch eine ohnmächtige Begleiterscheinung subjektloser Naturprozesse in einer um ihn unbekümmerten Welt darstellte.

Literarischer Naturalismus

Natürlich stimmt die skizzierte Sichtweise nicht mit dem überein, was wir tagtäglich erleben: Menschen, die sich Sorgen um ihr Leben und Gedanken über ihr Dasein machen, dabei vor dem Tod kapitulieren, mit dem viele nur noch eine unbestimmte Hoffnung, aber keine unerschütterliche Glaubensgewißheit mehr verbinden. Heute zweifelt man an wenig, ohne an viel zu glauben. Der Verzicht auf Gott gehört zur geistigen Situation unserer Zeit. Genauso aufgeklärt wie abgeklärt scheint die moderne Welt auf Nüchternheit und Klarheit gestimmt. Aber sinn- und wundersüchtig, wie die Menschen nun einmal sind, geben sie sich dennoch gerne vorübergehenden

Täuschungen hin und bleiben so anfällig für Illusionen der unterschiedlichsten Art. Auch im sogenannten nachmetaphysischen Zeitalter hungern sie nach Geborgenheit stiftenden Sinnbildern, die es im kosmologischen und weltgeschichtlichen Maßstab allerdings nicht mehr so selbstverständlich wie einst gibt.

Im Gegenteil: Seinen Sorgen und Sehnsüchten, dem fühlend-denkenden Alltagsleben eine Eigenexistenz zuerkennen bedeutet vielleicht doch nur, über Genprogramme nichts zu wissen, die »von hinten« alles menschliche Verhalten steuern, über natürliche Mechanismen, die in unseren Hirnen ablaufen. Das meiste hiervon bleibt dem bewußten Erleben ohnehin verborgen und unzugänglich.

Selbst die Erschließung menschlicher Freiheit auf indirektem Wege kann nicht ausschließen, daß sie letztlich doch bloß eine Täuschung ist. Philosophen wie Kant, Kierkegaard oder Nicolai Hartmann schlossen von der Kenntnis ethischer Grundsätze, die jeden zu moralischem Handeln auffordern, einer ursprünglichen Existenzangst, die das Ungebundensein des Menschen und dessen Verantwortung für das eigene Leben verdeutlichen, oder von dem quälenden Schuldbewußtsein des einzelnen zurück auf die menschliche Fähigkeit zu freier Selbstbestimmung. Sittengesetz, Existenzangst und Schuldbewußtsein galten für jene als glaubhafte Zeugen menschlicher Freiheit, da erstere diese immer schon voraussetzten. Allerdings sind auch jene Phänomene nicht über jeden Zweifel erhaben, so daß die Frage bleibt, ob Freiheit am Ende doch nur eine Illusion ist.

Aber wäre das wirklich so schlimm? Einerseits hätte man nun immerhin eine Entschuldigung für das eigene Fehlverhalten, das mehr einer Naturkatastrophe als dem Sündenfall gleichkäme; Schuld und Verantwortung ließen sich jetzt mühelos auf die anonyme Natur abwälzen, was jeden von uns ungemein entlastete. Andererseits brauchte man sich fortan um nichts mehr richtig zu kümmern, weil ohnehin geschehen würde, was geschehen soll. Im Schutz absoluter Determination sein Leben fristen ist vermutlich angenehmer, als es unter der unabwälzbaren Last der Freiheit selbstverantwortlich führen zu müssen und dazu noch moralisch gut führen zu sollen.

Ganz so einfach jedoch liegen die Dinge leider nicht; der kürzeste Weg ist auch hier wie sonst häufig nicht der richtige. Denn die Entwertung des menschlichen Daseins zu einem ohnmächtigen Anhängsel unverfügbarer Naturereignisse bedeutet keineswegs eine Entlastung von der Sorge um sich oder eine Befreiung von der Suche nach Orientierungswerten. Demnach besteht weder Hoffnung noch Gefahr, daß sich eines Tages unsere Lebensprobleme im Fließsand eines allgemeinen Naturalismus verlieren werden. Das sahen schon die literarischen Naturalisten des ausgehenden 19. und beginnenden 20. Jahrhunderts, wie Émile Zola, Hermann Sudermann, Gerhart Hauptmann oder Arno Holz.

Für den literarischen Naturalismus ist wie für den wissenschaftlichen und philosophischen ein Verzicht auf jede idealistisch-religiöse Transzendenz charakteristisch. Nachdrücklich ergriffen die damaligen Schriftsteller Partei für die naturwissenschaftliche Weltauffassung und lenkten dabei ihren Blick schonungslos auf das konkrete Menschenleben, das sie so wirklichkeitsgetreu wie möglich darzustellen versuchten. Hierbei vermieden sie die gewohnte Sprache der hohen Lyrik und bedienten sich statt dessen einer ungeschliffenen, oft drastischen, das Taktlose streifenden Redeweise. Hauptsächlich befaßten sie sich mit niedrigen, gewöhnlichen, alltäglichen Dingen und paßten ihre Sprache diesen an. Nur so könne das Erdichtete dem Tatsächlichen entsprechen, ohne ihm erborgten Glanz zu verleihen. Denn wer es mit der Natur halte, dürfe nicht einmal in der Kunst künstlich sein. Mit der Absicht, jegliche Stilisierung zu vermeiden, beschrieben die literarischen Naturalisten Details des wirklichen Lebens, selbst die scheinbar unwichtigsten und banalsten, sowie jedes Moment eines Geschehens, die kleinste Bewegung ebenso wie den nebensächlichsten Gedanken.

In Frontstellung gegen Klassik und Romantik betrachteten sie den natürlichen Menschen als doppelt bestimmt durch Vererbung und soziales Milieu. Aus beiden Gegebenheiten suchten sie seine seelischen Antriebe und Verhaltensweisen zu erklären. Unter Verzicht auf die Maske von Bildung und Konvention erblickten sie im Materiellen und Animalischen, das unter der Scheinschicht des Seelischen verborgen liege, sowie in den sozialen Verhältnissen, in denen der einzelne sein Dasein friste, die »wahre« Wirklichkeit. In schillernden Farben stellten sie hierbei die Resignation des einzelnen als freiwillige oder erzwungene Unterwerfung unter sein unabwendbares Schicksal dar. Aber sosehr sie die Unterlegenheit des Geistes gegenüber der Macht der sozialen Milieus und den Mechanismen der Vererbung betonten, grundsätzlich waren sie davon überzeugt, daß der einzelne sein Dasein selbst zu meistern habe.

Häufig steht im Mittelpunkt ihrer Romane das Arbeitermilieu, das zerlumpte Leben in Mietskasernen, Hinterhöfen, Gruben und Fabriken. Dieses nackte, häßliche und in jeder Beziehung kranke Dasein wird von ihnen mit drastischen Worten beschrieben, und als die eigentliche Wirklichkeit treten dabei Elend, Angst und Schrecken hervor. Realitätsnah charakterisieren sie die Auswirkungen der Vererbung und des Milieus auf das menschliche Leben, das in den Romanen eher als verkommen denn als vollkommen, stärker von Not gezeichnet als durch Würde ausgezeichnet erscheint.

Allerdings geht es den literarischen Naturalisten beim Aufdecken der biologischen Mechanismen und sozialen Milieus, ihrem Wühlen in den Niederungen des menschlichen Daseins, weniger um die Darstellung nichtswürdiger Lebensverhältnisse als vielmehr um soziales Mitgefühl – um Mitleid mit den Armen und Geknechteten dieser Welt. Die naturalistischen Romane haben fast durchgehend sozialkritische Bedeutung, die den Anstoß zu einer neuen Wertsuche geben möchten. Auch handeln sie selten von Menschen, die ihr Erbschicksal und Milieu widerspruchslos hinnehmen, statt sich damit auseinanderzusetzen und dagegen aufzulehnen. Die literarischen Naturalisten zeichnen Menschen, die um einen festen Standort, ein erfülltes Leben, um geistige, ethische und religiöse Sinngehalte ringen. Dabei machen sie deutlich, daß materielle Sicherheit und geistige Freiheit vermutlich unsere einzig verteidigungswürdigen Wertmaßstäbe sind. Trotz Ohnmacht und Abhängigkeit glauben sie fest daran, daß die Menschen ihr Schicksal selbst in die Hand nehmen und aus sich heraus bewältigen müssen, sei es durch reales Handeln oder durch Erfindung illusionärer Traumwelten.

So erkannten bereits die literarischen Naturalisten, daß selbst der sozial und biologisch determinierte Mensch sich um sein sorgenvolles Dasein kümmern müsse, dessen Last ihm niemand abnehmen könne. Anknüpfend an den alten Mythos, daß »die Sorge« den Menschen aus tonhaltigem Erdreich geformt habe, die ihn darum ganz für sich beanspruche und sogar ihr eigen nenne[9], definierte Martin Heidegger das menschliche Dasein als »Sorge«[10]; ähnlich der naturalistische Schriftsteller Hermann Sudermann. In seinem Roman »Frau Sorge« tritt diese gewissermaßen an die Stelle eines Schutzengels, allerdings unter umgekehrten Vorzeichen: Als furchteinflößendes, graues Gespenst mit bleichem, hagerem Gesicht begleitet sie den Bauern Meyhöfer auf seinem freudlosen, mühsamen Lebensweg und zwingt ihn dabei unentwegt, sich mit der harten Wirklichkeit auseinanderzusetzen.

Unüberwindbare Sorgen

Vor der Aufgabe, sich mit den Härten des Realen auseinanderzusetzen, stehen wir das ganze Leben lang, ob nun der wissenschaftlich-philosophische Naturalismus recht hat oder nicht. Dessen eindimensionale Sicht vom Menschen befreit den einzelnen weder von gesellschaftlicher Not noch von existentiellen Fragen. Denn worin auch immer unser Denken wurzelt, es muß trotzdem weiter gedacht werden! Das heißt, selbst wenn wir ohnmächtige Marionetten wären, müßten wir unser Leben eigenverantwortlich führen und könnten dabei weder unsere Gene noch Neuronen befragen, wie wir uns entscheiden sollten, sondern wären stets auf unsere Klugheit und Urteilskraft, auf Zusammenarbeit und Verständigung miteinander angewiesen. Ähnliches gilt für das liberale Recht auf freiheitliche Selbstbestimmung sowie für die übrigen Menschenrechte. Selbst wenn es Freiheit an sich nicht geben sollte, die Freiheit im alltäglichen, politischen und rechtlichen Sinne als Möglichkeit zu Selbstentfaltung bliebe auch dann ein schützenswertes Gut, jeweils begrenzt durch die Freiheit unserer Mitmenschen.

Genausowenig können wir aufhören, unsere Kinder, Jugendlichen und Erwachsenen zu erziehen und zu bilden, ja, an deren Lernfähigkeit zu glauben. Auch als ohnmächtige Teile der Natur wären wir wie bisher an freiheitlicher Selbstbestimmung, politischer Mitwirkung, einem Leben ohne geistige Unterdrückung, Angst und Not interessiert; wir litten weiter an den Widersprüchen zwischen unseren Vorhaben und deren Scheitern, unterschieden zwischen gelingender und mißlingender Lebensführung, beschäftigten uns mit Themen wie Selbstachtung und gegenseitigem Verstehen, empfänden alle das Leben erniedrigenden Kräfte als grausam. Darum wird selbst ein noch so harter Naturalist wohl niemandem das Recht einräumen, seine Mitmenschen bloß als Objekte zu behandeln, nur weil er eine wissenschaftliche Theorie vertritt, nach welcher der Mensch ein bloßes Objekt ist. Denn, paradox formuliert, schwerer als die Erkenntnis absoluter Determination wiegen seit jeher die menschliche Bedürftigkeit und Verletzbarkeit, die nach Abhilfe verlangende Not sowie das Freiheitsverlangen der Menschen. Sie geben uns genügend praktische Argumente an die Hand, weshalb wir uns auch künftig für eine leidfreiere, gerechtere Welt einsetzen sollten, selbst wenn der Lauf der Welt theoretisch bereits feststehen sollte. Wie also der harte Determinismus uns nicht von der Sorge um uns entlastet, so entläßt er uns erst recht nicht aus der Pflicht, angesichts weltweiter Not sich für das Leben zu engagieren.

Ähnlich verhält es sich mit Kultur und Bildung, die sich auch dann nicht erübrigen, wenn wir sie in die Sprache der Naturwissenschaften übersetzen könnten. Bildhaft formuliert: Liebesgefühle mögen als Zusammenspiel von Hormonen und Neuronen erklärbar sein, Töne als Schalldruckwellen und Farben als elektromagnetische Strahlungen bestimmter Wellenlängen – trotzdem bleiben eine gelungene Partnerschaft, eine uns ansprechende

Melodie und ein uns berührendes Bild, was sie für uns schon immer waren: ein Sinnerleben eigener Art. Auch im Zeitalter des Naturalismus wollen wir nicht aufhören, von künstlerischem Verstehen, tonangebendem Geschmack und von Stilwandel als der inneren Entwicklung kultureller Formen zu sprechen. Gleichfalls können wir nicht aufhören, bestehender Sitte, herrschender Moral und geltendem Recht gemäß zu handeln. Ebenso behält die hermeneutische Vorstellung vom Fortleben des Vergangenen in der Gegenwart, das einmal als tragendes Gut, ein anderes Mal als belastende Fessel erlebt wird, weiter ihren erkennbaren Sinn. Die menschliche Kultur bleibt eine unüberwindbare Form existentieller Daseinsbewältigung. Das aber heißt: Naturalismus und Naturforschung mögen die Kultur wissenschaftlich noch so weit überholen, lebensweltlich einholen werden sie diese nicht.

Hierbei ist zu unterscheiden zwischen Kultur haben und Kultur kennen; beides nennen wir Bildung. Niemand ist nur ein ohnmächtiges Naturstück, sondern jeder von uns auch ein Bedürfniswesen, Rechtssubjekt und Mitglied einer Kulturgemeinschaft mit verschiedenen Lebensformen, Traditionen und Institutionen. Wir Menschen finden uns von Geburt an in verschiedenen Traditionen eingebunden, von denen wir nicht nur unsere Sprache und Sozialstruktur, sondern auch unsere kulturelle Bildung empfangen haben; wir sind eingebettet in eine bestimmte geschichtliche Überlieferung. Die Geisteswissenschaften, die ihre eigenen Methoden entwickelt haben und sich berechtigter Autonomie erfreuen, erforschen diese Zeugnisse der Kultur als Erzeugnisse von Geschichte und Gesellschaft, als Dokumente des schöpferischen Reichtums der Menschen ebenso wie als Ausdrucksformen menschlicher Schutzbedürftigkeit, Sorge und existentieller Not. Um diese kulturellen Leistungen angemessen verstehen zu können, bedarf es seit jeher weniger eines festen Kanons methodischer Regeln als vielmehr eines Sinns fürs Allzu-Menschliche, Klugheit, Merkfähigkeit, einer gewissen Empfindlichkeit sowie eines breiten kulturgeschichtlichen Wissens. Allerdings sollten die Geisteswissenschaften nicht bloß Kulturwissen erarbeiten, sondern auch bestimmte Kulturfertigkeiten wie elegantes Reden, gewandtes Schreiben, stilvolles Komponieren und feinsinniges Rezipieren ausbilden, allgemeine Wertorientierungen anbieten sowie ethische Grundeinstellungen wie Achtung, Sorgfalt, Unvoreingenommenheit kultivieren und eine fast uneingeschränkte Gesprächsbereitschaft beim einzelnen wecken.

Aus alldem wird deutlich, daß weder der methodische noch der weltanschauliche Naturalismus die Geisteswissenschaften, Kultur und Bildung im herkömmlichen Sinne überflüssig macht.[11]

Unvermeidbare Lebensfragen

Nun heißt ein bloßes Stück Natur zu sein aber nicht nur, trotzdem sein Leben selbst führen und gestalten zu müssen, sondern auch in Fragen der Weltauslegung, des Selbstverständnisses und der Gesellschaft gänzlich sich selbst überlassen zu sein.

Jahrhundertelang war man von der Existenz einer metaphysischen Wesensnatur des Menschen überzeugt, in dem die philosophische Tradition ein Geschöpf ersten Ranges sah: einen Teil der göttlichen Vernunft die Denker der Antike, ein alle übrigen Lebewesen an Vollkommenheit überragendes Ebenbild Gottes die Philosophen des Mittelalters und der Neuzeit, ein aus der Natur herausragendes Vernunftwesen oder absolutes Ich die deutschen Idealisten. Dabei gaben sie alle nicht nur vor zu wissen, wer oder was der Mensch im letzten sei, sondern auch wie dieser sein Leben führen und worauf er es stellen solle. Lebensdeutung und Lebensorientierung wurden aufs engste miteinander verbunden: Immer glaubte man, daß aus dem, was der Mensch sei, sich ableiten lasse, was er oder sie zu tun habe. Selbstbestimmung bedeutete soviel wie Freiheit zur Erfüllung des eigenen Wesens, Entfaltung zu dem, was man im Grunde schon ist, wobei jedoch die Meinungen darüber sehr geteilt waren: Für die einen bedeutete es ein Leben gemäß dem Geiste und der Vernunft, für die anderen soviel wie Hinwendung zu Gott und den Nächsten, für wieder andere Ausleben der individuellen Triebe oder im Gegenteil deren völlige Beherrschung, wenn nicht Ausschaltung.

In dem Maße nun, wie sich die Vorstellung vom Menschen als ohnmächtigem Teil der physischen Natur durchsetzt, wird auch die Idee der metaphysischen Natur des Menschen und damit jede Form normativer Wesensbestimmung fragwürdig. Seine metaphysisch entkernte Natur wird stumm auf die Frage, als was er sich verstehen und woran er sich im Leben halten soll. Diese Frage kann er jetzt nur noch an sich selbst stellen. Damit führt die Naturalisierung des Menschen überraschenderweise zum Gegenteil dessen, was zunächst zu befürchten stand: Je mehr sich die Vorstellung vom Menschen als ohnmächtigem Teil der physischen Natur durchsetzt, um so zweifelhafter wird die Idee von der metaphysischen Wesensnatur und damit die von seiner normativen Wesensbestimmung; je unsicherer und unglaubwürdiger diese aber werden, desto stärker wird sein Leben und Selbstverständnis von dem abhängig, als was er sich beschreibt und erfindet. Jetzt muß er nicht nur trotzdem sein Leben selbst führen, sondern sich sogar noch selbst deuten und alle die Werte setzen, an denen er sich orientieren möchte, weil es keine metaphysische Natur mehr gibt, die ihm hierüber klar Auskunft geben könnte. Es gibt lediglich eine biologische Natur, gegen die das menschliche Verhalten, soweit es sozialverträglich ist, nicht unbedingt normiert werden sollte. Doch ändert die ethische Rücksicht hierauf nichts an der grundsätzlichen Erkenntnis, daß der Mensch ganz auf sich gestellt ist – und das nicht, obwohl er nur ein ohnmächtiges Stück Natur ist, sondern gerade weil er ein solches ist. Um es mit Friedrich Schillers Reiterlied zu sagen: Da tritt kein anderer für ihn ein, ein jeder steht auf sich allein![12]

Unverzichtbare Kultur

Nun mögen die Menschen ohnmächtige Naturwesen und die Methoden der Naturwissenschaften auf die Human- und Geisteswissenschaften erfolgreich übertragbar sowie die Fundamente der Kultur aus der Natur erklärbar sein. Die Kultur selbst büßt dadurch nichts von ihrem Glanz ein. Genaugenommen ist es sogar so: Je weiter die Natur entzaubert wird und je mehr über die natürlichen Bedingungen der Kultur gewußt und je tiefer die Menschenwelt in die entheiligte Natur hineingezogen wird, um so unverzichtbarer werden für uns Bildung, Recht und Kunst als Inbegriff jener Sinnwelten, die uns im Weltall ohne Sinn haltgebende Orientierung, Trost und Wohlbehagen bieten können. So gesehen ist die Kultur weniger ein Mittel, um Wahrheit zu verstehen, als vielmehr eine Hilfe, die Wirklichkeit zu bestehen. Erst wer alle seine Träume der Wirklichkeit opfert, kapituliert vor ihr und gibt sich so von ihr geschlagen!

Allgemein gleichen unsere kulturellen Hervorbringungen tastenden Versuchen, mit der unwirtlichen Wirklichkeit zurechtzukommen. Häufig bieten sie uns sogar wirksamen Wärmeschutz gegen die Kälteeinbrüche der Welt, den wir schon deshalb nicht verächtlich machen sollten, weil wir als vergängliche, sorgenvolle Lebewesen es uns gar nicht leisten können, auch nur auf eine Form möglichen Weltbehagens zu verzichten; es gibt zu wenige davon. Das aber heißt: Gerade wenn die verwissenschaftlichte Natur alles ist, ist verwissenschaftlichte Natur nicht genug und muß es für uns mehr als dieses »alles« geben: nämlich auch Kultur.

Ins Politisch-Ethische gewendet bedeutet das: Je mehr wir uns als armselige, ohnmächtige Teile der im ganzen sinn- und bedeutungslosen Natur bewußt werden, um so stärker sollten wir für eine am Wohlergehen aller Bürger, an den Ideen der Freiheit und Gerechtigkeit orientierte Politik und

Rechtsordnung eintreten, weil jetzt allein sie uns noch Wert und Würde zu geben vermögen.

Allerdings ist mit der aufgezeigten Unverzichtbarkeit der Kultur nicht bereits das Verhältnis der uns Menschen bestimmenden Kräfte zu unserem Alltagsleben geklärt, das unter Handlungszwang und Orientierungsdruck steht. Offenkundig stehen sich hier zwei Standpunkte unversöhnlich gegenüber, da trotz des Dargelegten doch feststeht: Je stärker anonyme Naturprozesse unser Leben determinieren, um so mehr sind Selbstbestimmung und Freiheit eine Illusion. Hieran ändert selbst die Tatsache der dargestellten Unersetzbarkeit von Kultur und Kulturwissenschaft nichts. Es stellt sich nun sogar die Frage, wie die Menschen überhaupt mit diesem Widerspruch und dem Bewußtsein leben können, daß das von ihnen geführte Dasein vielleicht weniger von ihnen selbst abhängt, als sie üblicherweise annehmen. Wie kann der einzelne jetzt seinen Lebensplanungen noch Gewicht verleihen und die Gesellschaft ihren gemeinsamen Wertüberzeugungen wirklich Glauben schenken?

Alle diese Ungereimtheiten muß man erst einmal aushalten können! Dennoch scheint das angesprochene Problem unlösbar zu sein, eine Aporie zu bilden: Auf der einen Seite steht die Behauptung der Abhängigkeit menschlichen Denkens, Fühlen und Handelns von gen- und gehirngesteuerten Prozessen; auf der anderen Seite müssen wir unser auf Existenzerhaltung angelegtes und auf Daseinserfüllung bedachtes Leben trotzdem selbst führen. Beide Seiten sind schwer miteinander in Einklang zu bringen; eine überzeugende Synthese ist bis heute nicht in Sicht.

Eine schlechte Lösung des Problems wäre es, eine der beiden Seiten zu verleugnen, sie hinter der jeweils anderen zu verstecken, selbst wenn solche Vorgehensweise die allgemeine Forderung nach Widerspruchsfreiheit wohl noch am ehesten erfüllen könnte. Allerdings hätte sie den Nachteil, entweder die theoretischen Befunde der Wissenschaften weitgehend unberücksichtigt lassen zu müssen oder die praktischen Fragen der Lebenswelt allzu sehr zu verdrängen. Jedoch wollen die Menschen wahrscheinlich auch künftig als verletzbare, sich selbst bestimmende Individuen mit eigener Lebensgeschichte ernst genommen werden, um so ihre Selbstachtung bewahren zu können. Deshalb müssen wir auch in Zukunft eine Antwort auf die Frage finden, wieviel wir uns selbst wert sein möchten; wir müssen einen Weg ausfindig machen, der nichts von dem beseitigt oder unterdrückt, was für menschliche Selbstachtung wesentlich ist, ohne von vornherein auszuschließen, daß wir doch weitgehend ohnmächtige Anhängsel einer wohl sinn- und wertfreien Natur sind.[13]

1 Vgl. Bernulf Kanitscheider, »Naturalismus und wissenschaftliche Weltorientierung«, und Gerhard Vollmer, »Was ist Naturalismus?«, in: *Logos*, Neue Folge Bd 1, Heft 2 (1994), S. 185–219; Franz Josef Wetz, »Ist der Naturalismus ein Nihilismus?«, in: ders., *Die Gleichgültigkeit der Welt*, Frankfurt am Main 1994, S. 138–148.

2 Vgl. Edward O. Wilson, *Die Einheit des Wissens*, Berlin 1998.

3 Immanuel Kant, *Prolegomena zu einer jeden künftigen Metaphysik*, Hamburg 1976, S. 363.

4 Edmund Husserl, *Briefwechsel*. Band 5, Dordrecht 1993, S. 178.

5 Richard Dawkins, *Das egoistische Gen*, Heidelberg 1978.

6 Vgl. etwa Richard Rorty, »Unkorrigierbarkeit als Merkmal des Mentalen«, in: Manfred Frank (Hg.), *Analytische Theorien des Selbstbewußtseins*, Frankfurt am Main 1994, S. 587–620.

7 Vgl. Franz Josef Wetz, *Lebenswelt und Weltall*, Stuttgart 1994.

8 Vgl. Franz Josef Wetz, *Die Würde der Menschen ist antastbar*, Stuttgart 1998.

9 Vgl. Martin Heidegger, *Sein und Zeit*, Tübingen 1977, S. 198.

10 A.a.O., S. 191ff.

11 Vgl. Bernulf Kanitscheider/Franz Josef Wetz, *Hermeneutik und Naturalismus*, Tübingen 1998.

12 Vgl. Friedrich Schiller, *Wallensteins Lager*, in: Schillers Werke Bd. 4, Stuttgart 1862, S. 56.

13 Vgl. hierzu insbesondere Franz Josef Wetz, *Die Würde der Menschen ist antastbar*, Stuttgart 1998.

MICHAEL PAUEN

Materialismus und Metaphysik

Können naturwissenschaftliche Erkenntnisse Bewußtsein und Subjektivität in Frage stellen?

> Ist unsere grundsätzliche Auffassung des menschlichen Denkens und Handelns nur ein bloßer Mythos, halbwegs sinnvoll vielleicht in der Vergangenheit, aber im Grunde genommen völlig verfehlt? Wird eine angemessene Theorie der Hirnfunktionen uns mit einem ganz anderen Bild der menschlichen Natur konfrontieren, ja einem Bild der menschlichen Natur, das mit unseren bisherigen Vorstellungen nicht zu vereinbaren ist? Sollten wir uns emotional auf einen weiteren Umsturz unseres Begriffssystems einstellen, einen Umsturz, der uns weit stärker betreffen wird als irgendeiner zuvor?[1]

Paul Churchland, von dem dieses Zitat stammt, ist in der Tat der Meinung, daß die Neuro- und Kognitionswissenschaften uns mit einem solchen Umsturz konfrontieren werden. Churchland selbst bemüht sich, die positiven Seiten dieser Entwicklung herauszustellen. Doch wenn man sich die konkreten Folgen vor Augen hält, dann mag man zweifeln, ob hier wirklich eine Wende zum Besseren bevorsteht. Das wichtigste Ergebnis dieses von Churchland, Paul Feyerabend[2] oder ursprünglich auch Richard Rorty[3] vorhergesagten Prozesses besteht nämlich in der ›Einsicht‹, daß es Bewußtsein ›in Wirklichkeit‹ gar nicht gibt. Unsere Nachfahren würden also unsere Vorstellung, wir hätten Wünsche, Gefühle und Überzeugungen, genauso mitleidig belächeln wie wir die längst überholten Theorien über Phlogiston, Äther oder den Wärmestoff.

Es ist jedoch nicht die Realität des Bewußtseins alleine, die durch den Fortschritt der Neuro- und Kognitionswissenschaften bedroht zu sein scheint: Fraglich ist vielmehr, ob die zu erwartenden Entwicklungen nicht auch unsere überkommenen Vorstellungen von Subjektivität und Selbstbewußtsein obsolet werden lassen. Betroffen wäre davon letztlich auch die Philosophie, scheint sie doch ihre Anhänger jahrhundertelang mit falschen Behauptungen genarrt zu haben. Offenbar stellt sie ein Relikt aus Zeiten dar, in denen man die Probleme des Bewußtseins noch im Lehnstuhl lösen zu können meinte. An die Stelle der Studierstube ist heute das moderne naturwissenschaftliche Laboratorium getreten, und so kann man die Philosophen mitsamt ihren Lehnstühlen in die Abteilung Kuriositäten des wissenschaftsgeschichtlichen Museums verbannen, wo sie es sich dann unter den Alchimisten, Goldmachern und Quacksalbern bequem machen können.

Natürlich kann man zweifeln, ob die bislang vorliegenden Ergebnisse in den Neuro- und Kognitionswissenschaften solch kühne Prognosen rechtfertigen, ja es ist umstritten, ob die empirischen Wissenschaften *jemals* die behaupteten Erfolge erzielen werden – es gibt einige gute Gründe, die dagegen sprechen. Ich glaube aber, daß es wenig befriedigend wäre, wenn die Realität des Bewußtseins und unser Selbstverständnis als bewußter und verantwortlich handelnder Subjekte nur vom Unvermögen der Naturwissenschaften, letztlich also von unserem eigenen Unwissen abhingen. Es kommt hinzu, daß Prognosen über die zu erwartenden bzw. die *nicht* zu erwartenden Fortschritte der empirischen Wissenschaften eine äußerst riskante Angelegenheit sind – vor allem Philosophen haben sich hier schon bis auf die Knochen blamiert.

Spekulationen über die möglichen oder unmöglichen Erfolge der Naturwissenschaften helfen hier also nicht entscheidend weiter; die angesprochenen Fragen führen vielmehr auf ein grundsätzlicheres Problem, nämlich auf die Frage nach dem Stellenwert, den naturwissenschaftliche Theorien im Vergleich zu psychologischen Erkenntnissen und zu subjektiven Erfahrungen beanspruchen können. Zur Diskussion steht also die Frage, ob die Realität von Bewußtsein und Subjektivität durch Erkenntnisse der Neuro- und Kognitionswissenschaften in Frage gestellt werden kann.

Es wird sich herausstellen, daß die Totenlieder in diesem Falle etwas zu früh erklungen sind. Dies liegt nicht nur an inneren Widersprüchen der Theorien, aus denen die obigen Prognosen hervorgegangen sind. Entscheidend ist vielmehr, daß hier naturwissenschaftlichen und insbesondere neurophysiologischen Erkenntnissen ein Vorrang zugebilligt wird, der im Widerspruch zu einigen wenig umstrittenen wissenschaftstheoretischen Prinzipien steht. Zweifellos werden uns die Fortschritte der empirischen Wissenschaften wichtige neue Erkenntnisse bringen, Erkenntnisse zudem, die sicherlich auch unser Selbstverständnis berühren und verändern werden. Berücksichtigt man jedoch einige der zentralen Erkenntnisse, die die Wissenschaftstheorie seit dem Beginn des gegenwärtigen Jahrhunderts erzielt hat, dann gibt es keinen Grund für die Annahme, daß hier eine grundsätzliche Gefährdung unseres Selbstverständnisses droht.

Rückblick

Die Vertreter eines radikalen Materialismus wie etwa Paul Churchland treten im allgemeinen als Bannerträger des wissenschaftlichen Fortschrittes auf, nehmen sie doch jene Erkenntnisse vorweg, die uns gewöhnlichen, in den Vorstellungen der Vergangenheit verhafteten Individuen erst in ferner Zukunft – wenn überhaupt jemals – zugänglich sein werden.

Bei näherer Betrachtung zeigten sich allerdings bemerkenswerte Übereinstimmungen mit Auffassungen, die ein ebenso ehrwürdiges Alter haben wie jene vermeintlich überholten Dogmen der Bewußtseinsphilosophie. Schon der platonische Sokrates, in dieser Sache zugegebenermaßen kein ganz unverdächtiger Zeuge, hatte sich gegen ähnliche Vereinfachungen gewandt. In der Neuzeit wird man zunächst an Hobbes denken, in Frankreich gewannen ähnliche Überzeugungen im 18. Jahrhundert bei Autoren wie La Mettrie, d'Holbach oder dem Physiologen Pierre-Jean-Georges Cabanis Zulauf. In Deutschland erreicht diese Auffassung ihren Höhepunkt in der zweiten Hälfte des 19. Jahrhunderts; Wortführer sind dabei Autoren wie Carl Vogt, Jacob Moleschott, Ludwig Büchner und später Ernst Haeckel.

Obwohl der Materialismus mit dem Anspruch auftritt, Erklärungen für die *gesamte* Wirklichkeit bieten zu können, spielt doch der Zusammenhang von geistigen und materiellen Prozessen stets eine besondere Rolle. Carl Vogt, einer der Vorreiter dieser Bewegung, bewies ebensoviel Einsicht wie Geschmack, als er – im Anschluß an eine ähnliche Bemerkung von Cabanis – das Verhältnis von Gehirn und Bewußtsein mit dem der Nieren zum Urin verglich. Vogt trat gleichzeitig mit einer Prognose hervor, die auch heute noch zuweilen zu hören ist: Die »Auflösung der Psychologie in die Naturwissenschaft«, so heißt es in seiner 1855 publizierten Schrift über *Köhlerglaube und Wissenschaft,* sei »der nächste Fortschritt der Zukunft«.[4] Nun, zumindest dieser ›Fortschritt‹ ist uns bis heute erspart geblieben; weit entfernt davon, sich aufzulösen, durchlief die Psychologie in den darauffolgenden Jahrzehnten eine geradezu spektakuläre Entwicklung, die bis heute anhält.

Populärer noch als durch Vogt und seine Mitstreiter Büchner und Moleschott wurde diese Form des Materialismus um die Jahrhundertwende durch Ernst Haeckel, insbesondere durch dessen Buch über die *Welträtsel,* eines der erfolgreichsten populärwissenschaftlichen Werke der Zeit vor dem Ersten Weltkrieg. Haeckel gibt sich überzeugt, daß die Naturwissenschaften zu einer Lösung der »Welträtsel« imstande seien. Eine besondere

Rolle spielen auch hier wieder Probleme des Bewußtseins. Sechs der zwanzig Kapitel des Buches befassen sich mit Problemen der ›Seele‹. Dabei läßt es sich der Naturforscher nicht nehmen, traditionelle Auffassungen einer transzendenten, unsterblichen Seele zu verspotten:

> Wenn nun die Seelensubstanz wirklich, wie viele ›Gebildete‹ noch heute glauben, gasförmig wäre, so müßte man auch imstande sein, sie durch Anwendung von hohem Druck und sehr niederer Temperatur in den flüssigen Zustand überzuführen. Man könnte dann die Seele, welche im Momente des Todes ›ausgehaucht‹ wird, auffangen, unter sehr hohem Druck bei niederer Temperatur kondensieren und in einer Gasflasche als ›unsterbliche Flüssigkeit‹ aufbewahren.[5]

Haeckels eigene Vorstellungen sind jedoch nicht eben weniger abwegig. So sucht er das Problem der Entstehung von Bewußtsein aus einfacher Materie kurzerhand dadurch zu lösen, daß er schon den Atomen eine ›Seele‹ und damit auch eine einfache Form von Bewußtsein zuschreibt.[6] Komplexere Formen etwa des menschlichen Bewußtseins schienen sich einfach auf die Addition einfacher Atomseelen zurückführen zu lassen. Möglich wird damit eine »objektive und vergleichende Untersuchung der langen Stufenleiter, auf welcher sich der menschliche Geist allmählich aus einer langen Reihe von niederen tierischen Zuständen entwickelt hat«.[7] Es scheint kaum nötig, auf die Probleme dieser Vorstellung hinzuweisen: Natürlich ist die Entstehung des Bewußtseins in Atomen nicht weniger rätselhaft als im menschlichen Gehirn, das dazu vorderhand noch bessere Voraussetzungen mitbringen dürfte. Es kommt hinzu, daß diese Theorie schlecht erklären kann, warum Bewußtsein sich in bestimmten Organen höherer Lebewesen konzentriert, während wesentlich größere Ansammlungen von Atomen, beispielsweise in Mehlsäcken, Sandhaufen oder Stahlquadern im allgemeinen nicht als Paradebeispiele für die Entstehung von Bewußtsein angesehen werden.

Tatsächlich waren Haeckel und sein ›Monistenbund‹ sowohl inhaltlich wie auch wissenschaftstheoretisch nicht ganz auf der Höhe der zeitgenössischen Diskussion. Dies galt insbesondere für den Versuch, die Erkenntnisse der Naturwissenschaften für eine ›Weltanschauung‹ einzuspannen. Schon Friedrich Albert Lange hatte die grundlegenden Fehler eines solchen Versuchs in seiner 1866 erstmals erschienenen *Geschichte des Materialismus* aufgedeckt – also lange vor der Publikation von Haeckels *Welträtseln*. Doch auch in der Folgezeit brauchten die Materialisten sich über einen Mangel an Gegnern, vor allem aber über einen Mangel an für sie nur noch schwer zu bewältigenden Gegenargumenten nicht zu beklagen – zu denken wäre hier an Autoren wie Ernst Mach und Henri Poincaré, aber auch an die Kultur- und Wissenschaftskritik im Gefolge Nietzsches.

Im Zentrum der Kritik stand dabei immer wieder der ungebrochene Objektivitäts- und Geltungsanspruch, der im Namen naturwissenschaftlicher Erkenntnisse erhoben wurde. Mach spricht in diesem Zusammenhang von einer ›mechanischen Mythologie‹; Poincaré hebt hervor, daß es nicht Aufgabe der Naturwissenschaften sei, »uns über die wahre Natur der Dinge aufzuklären«. Tatsächlich übersahen Vogt, Büchner und Haeckel die Abhängigkeit solcher Formen der Erkenntnis von wissenschaftlich nicht noch einmal legitimierbaren, pragmatischen und methodischen Vorentscheidungen. Gleichzeitig ignorierten sie die eigenständige Bedeutung anderer Formen des Wissens, einschließlich der Innenperspektive des Bewußtseins. Tatsächlich gibt es keinen Ansatzpunkt, der es gestattete, den Naturwissenschaften eine besondere Nähe zur wahren Natur der Dinge und damit einen prinzipiellen Vorzug gegenüber anderen Wissenschaften einzuräumen, solange diese auf ihrem eigenen Gebiet erfolgreich sind. Ein solcher Versuch müßte ja bereits über die ›wahre Natur der Dinge‹ Bescheid wissen, doch dazu wäre wiederum eine Wissenschaft erforderlich, bei der dann wieder die gleichen Probleme auftauchten.

Es ist daher kein Wunder, daß der Materialismus nach der Jahrhundertwende massiv an Bedeutung verliert. Schon Haeckels *Welträtsel* verdanken ihren Erfolg nicht etwa der akademischen Rezeption, sondern einer interessierten, doch nicht immer bestens informierten Öffentlichkeit. Um so erstaunlicher ist es daher, daß eine ganz ähnliche Form des Materialismus seit der Mitte des gegenwärtigen Jahrhunderts wieder Bedeutung in der Leib-Seele-Diskussion gewonnen hat.

»Eliminativer Materialismus«

Zu Zeiten der Herrschaft des Behaviorismus kursierte eine etwas böswillige, aber vielleicht gerade deshalb treffende Bemerkung: Die Psychologie habe zunächst die Seele verloren, später dann das Bewußtsein und sei nunmehr dabei, auch noch den Verstand zu verlieren.[8] Parallelen zur Entwicklung der Philosophie in jener Zeit sind nicht schwer zu erkennen. Besondere Verdienste dürfte sich in diesem Zusammenhang der sogenannte »Eliminative Materialismus« erworben haben, ein Ansatz, der zumindest zeitweilig von Autoren wie Quine, Sellars, Paul und Patricia Churchland, Richard Rorty, Paul Feyerabend und auch Daniel Dennett vertreten worden ist. Seine zentrale These besagt, daß es Bewußtseinszustände ›in Wirklichkeit‹ gar nicht gebe. Was wir so bezeichnen, sind lediglich die Erfindungen einer sogenannten ›Volkspsychologie‹. Hierbei handelt es sich um eine vorwissenschaftliche Theorie, die im wesentlichen die Erklärung und Prognose des Verhaltens anderer Personen in sozialen Zusammenhängen ermöglichen soll.

Genauso wie die vorwissenschaftliche Chemie sich Verbrennungsvorgänge nur durch den Rückgriff auf so phantastische Substanzen wie das Phlogiston zu erklären wußte, so muß die von uns allen benutzte ›Volkspsychologie‹ die Existenz von Bewußtseinszuständen postulieren, weil sie nur so das menschliche Verhalten erklären und vorhersagen kann. Die Auskünfte der Volkspsychologie sind jedoch unzuverlässig und lückenhaft, und so wird diese Theorie genauso wie die Phlogistontheorie verworfen werden, sobald wir über eine ernstzunehmende naturwissenschaftliche Erklärung unseres Verhaltens verfügen. Die meisten Vertreter des Eliminativen Materialismus denken hier an die Neurophysiologie: Diese wird früher oder später die Volkspsychologie ersetzen oder eben ›eliminieren‹, weil ihre Erklärungen genauer und ihre Verhaltensprognosen zuverlässiger sind. Mit der Volkspsychologie aber werden auch die von ihr postulierten Bewußtseinszustände verschwinden, genauer: Wir werden einsehen, daß es diese Zustände niemals gegeben hat.

In dieser schönen neuen Welt werden wir also aufhören, von unseren Wünschen, Überzeugungen und Gefühlen zu fabulieren und anstelle dessen die Sprache der Neurophysiologie verwenden. Statt uns also gegenseitig mit ungenauen und womöglich auch noch unzuverlässigen Liebesgeständnissen hinters Licht zu führen, werden wir in lauschigen Sommernächten unserer Liebsten genaue Angaben über die Konzentration von Neurotransmittern und Neuromodulatoren im limbischen System machen, die sie mit Hilfe des bereitliegenden Taschenrechners in eine exakte Prognose der Dauer und Intensität unserer ›Leidenschaft‹ umsetzen kann.

Nun, es handelt sich hier nicht nur um schlechte Science-fiction, sondern auch um höchst fragwürdige Philosophie. Zum einen ist es einfach alles andere als einleuchtend, daß die uns unmittelbar gegebenen Bewußtseinszustände bloße Postulate einer Theorie sein sollen. Es mag ja sein, daß wir uns zuweilen irren, wenn es um unsere Motive und unsere Überzeugungen geht, aber die Behauptung, das Bewußtsein insgesamt sei nur eine theoretische Fiktion, erscheint alles andere als überzeugend.

In Probleme gerät der Vertreter dieser Position allerdings auch deshalb, weil er selbst an seine eigene Theorie *glauben* muß, soll diese den geläufigen Kriterien für szientifisches Wissen genügen. Dies dürfte ihm jedoch schwerfallen, schließlich existieren Glaubenszustände und Überzeugungen seiner Ansicht nach ja nicht – seine Theorie hat längst kurzen Prozeß gemacht mit diesen Relikten der Volkspsychologie. Unklar ist schließlich, wie die Volkspsychologie überhaupt entstehen konnte. Die Fiktion von Bewußtseinszuständen wurde angeblich nur eingeführt, um das Verhalten anderer Personen erklärbar und vorhersehbar zu machen. Doch wie sollte einer unserer Vorfahren das Verhalten eines seiner Zeitgenossen durch die Zurückführung auf Bewußtseinszustände verstehen, schließlich konnten ihm diese Zustände ja nicht aus eigener Erfahrung bekannt sein: Wie hätte ihm dann aber die Erklärung einleuchten sollen?

Andere Formen des Materialismus

Es scheint so, als hätte der Eliminative Materialismus seine liebe Mühe, den von ihm selbst propagierten wissenschaftlichen Maßstäben gerecht zu werden. Dies dürfte dazu beigetragen haben, daß in den letzten Jahren die Zweifel an der Realität des Bewußtseins zunehmend in den Hintergrund getreten sind. Viele Autoren sind außerdem überzeugt, daß sich Bewußtsein insbesondere in seinem ›Erlebnisaspekt‹ allen gängigen Erklärungsverfahren entziehe. Die Erfahrung, wie es ist, einen frischgebrühten Kaffee zu riechen, eine Geige zu hören oder das Blau eines Bildes von Yves Klein zu sehen, lasse sich nicht aus neurophysiologischen Theorien erklären, so vollständig und detailliert diese auch immer sein mögen. Es handelt sich hier um ein schon seit langem diskutiertes Argument, das in prinzipiellem Gegensatz zu einem einfach gestrickten Materialismus steht. Ansätze finden sich bereits bei Locke und Leibniz, später dann in Emil Dubois-Reymonds berühmter ›Ignorabimus‹-Rede. In der Gegenwart zählt Colin McGinn zu den entschiedensten Verfechtern dieser Position. Bei ihm heißt es:

> Wie können die Technicolor-Farben des Bewußtseins aus glitschiger, grauer Materie entstehen? Woran liegt es, daß sich das Körperorgan, das wir ›Gehirn‹ nennen, so radikal von anderen Organen wie den Nieren unterscheiden – also den Körperteilen, die noch nicht einmal eine Spur von Bewußtsein besitzen? Wie ist es möglich, daß die Anhäufung von Millionen für sich genommen jeweils bewußtloser Neuronen subjektives Bewußtsein hervorbringt?[9]

McGinn glaubt zwar, daß es *de facto* eine Lösung für diese Frage gibt; bedauerlicherweise sei sie allerdings dem menschlichen Verstand aufgrund seiner unüberwindlichen Borniertheit prinzipiell unzugänglich. Bei näherer Betrachtung regt sich allerdings der Verdacht, McGinns pessimistische Prognose könnte mehr mit den Grenzen seines Modells als mit denen des menschlichen Verstandes zu tun haben. McGinn glaubt nämlich – ähnlich wie der bereits genannte Carl Vogt –, daß sich das Bewußtsein zum Gehirn so verhalte wie ein Sekret zu dem Organ, durch das es produziert wird. Mit dem Gebrauch dieser materialistischen Metapher setzt er allerdings einen Rahmen für eine zufriedenstellende Erklärung, dem eine Theorie des Bewußtseins gar nicht gerecht werden kann. Dies gilt zum einen deshalb, weil Bewußtsein, wie auch immer man es beschreiben will, offensichtlich keine ›Substanz‹ wie etwa ein Sekret ist. Es kommt hinzu, daß Gefühle und Empfindungen keine naturwissenschaftlichen Kategorien sind. Wir *können* hier daher gar keine derartige Erklärung erwarten – nicht aufgrund von prinzipiellen Grenzen der menschlichen Intelligenz, sondern weil die Frage völlig falsch gestellt ist. Wenn Gefühle und Empfindungen keine Kategorien der Physik bzw. der Neurophysiologie sind, dann können sie auch nicht in physikalischen bzw. neurophysiologischen Gesetzen und Erklärungen vorkommen. Hier nach einer Erklärung zu suchen ist also genauso sinnlos wie der Versuch, nach einer physikalischen Erklärung für den Prager Fenstersturz oder den »schwarzen Freitag« zu fahnden. In der Physik ist weder vom Dreißigjährigen Krieg noch von der Weltwirtschaftskrise die Rede, also werden wir hier schwerlich fündig werden. Niemand sieht darin jedoch ein grundsätzliches Problem, niemand schließt daraus, daß wir prinzipiell keine befriedigenden Erklärungen für den Ausbruch von Kriegen und Konjunkturkrisen erwarten können; genausowenig käme jemand auf die Idee, diese Erscheinungen für etwas Übernatürliches zu halten. Die Erklärung ist schließlich leicht zu finden – sofern man sie an der richtigen Stelle sucht: in diesem Falle in den Geschichts- und Wirtschaftswissenschaften.

Bestätigt wird damit der Verdacht, daß die Entstehung mentaler Eigenschaften für McGinn vor allem deshalb unerklärbar scheint, weil wiederum naturwissenschaftliche Theorien zum Maßstab einer Erklärung gemacht werden, bei der es um psychische Kategorien wie Gefühle und Empfindungen geht. Genau das ist jedoch offenbar verfehlt: Adäquate Beschreibungen psychischer Prozesse finden wir zunächst einmal in der Psychologie, nicht jedoch in der Physik.

Keineswegs bedeutet dies, daß wir es hier mit übernatürlichen Prozessen zu tun hätten. Gerade deshalb bleibt allerdings die Beziehung zwischen der geistigen und der psychischen Ebene nach wie vor erklärungsbedürftig. Auch wenn hier noch sehr viele ungeklärte Fragen bestehen, so spricht doch vieles dafür, daß ein direkter Zusammenhang, möglicherweise sogar eine Identitätsbeziehung zwischen psychischen Vorgängen und Gehirnprozessen existiert. In diesem Falle könnten wir eine weitergehende Erklärung dadurch erlangen, daß wir versuchen, eine Brücke herzustellen zwischen psychologischen Theorien über geistige Vorgänge und physiologischen Theorien über Hirnprozesse – zweifellos ein sehr schwieriges Problem, aber wohl auch kein unlösbares: Wenn nämlich ein bestimmter psychischer Prozeß identisch ist mit einem physischen Vorgang, dann muß die neurophysiologische Theorie auch für den psychischen Prozeß gelten und umgekehrt, schließlich sprechen beide Theorien nur von *einem* Prozeß.[10]

Intentionalität

Mit einem ganz ähnlichen Problem befaßt sich die Debatte um die sogenannte ›Naturalisierung von Intentionalität‹. Konkret geht es dabei um die Frage, inwieweit wir erklären können, daß unser Gehirn so etwas wie Überzeugungen oder Glaubenszustände hervorbringen kann. Auch hier wird nicht bezweifelt, daß es diese Zustände *gibt.* Gerade deshalb müssen wir aber erklären, *wie* diese geistigen Prozesse aus den Aktivitäten von Nervenzellen entstehen. Sollte dies allerdings auf die Dauer nicht möglich sein, dann, so folgert etwa Jerry Fodor, schwinde auch unser Recht, weiterhin von solchen Zuständen zu sprechen. Wir müßten uns dann überzeugen lassen, daß es so etwas wie Wünsche, Überzeugungen und Glaubenszustände eigentlich gar nicht gibt.

Es ist hier nicht der Ort zu einer ausführlichen Würdigung der einzelnen Versuche, die im Sinne dieses Programmes neben Fodor auch noch Autoren wie Fred Dretske oder Ruth Millikan unternommen haben. Bislang treten jedoch bei jedem dieser Versuche schwerwiegende Probleme auf; keiner hat sich daher allgemein durchsetzen können. Schon ein Teilproblem, nämlich die Frage des Begriffserwerbs, läßt die hier auftretenden Schwierigkeiten deutlich werden: Nehmen wir den Begriff ›Pferd‹. Die Lebewesen, auf die sich der Begriff bezieht, lassen sich auch in naturwissenschaftlichen Kategorien einigermaßen eindeutig bestimmen. Unglücklicherweise *lernen* wir den Begriff jedoch häufig nicht in der Gegenwart von echten Pferden, vielmehr begnügen wir uns mit Abbildungen in Büchern oder Zeitschriften, mit Filmen, Berichten von Eltern oder Lehrern und was sonst noch dazugehören mag. Alle diese Objekte und Ereignisse haben einen bestimmten Bezug zu realen Pferden, doch naturwissenschaftliche Beschreibungen der Druckerschwärze auf Papier, der erleuchteten Bildpunkte auf der Mattscheibe eines Fernsehgerätes und der von unseren Eltern in erzieherischer Absicht produzierten Schallwellen, dürften sich kaum zu einer Erklärung dafür eignen, daß wir den Gebrauch des Wortes ›Pferd‹ erlernen. Es ist mithin völlig unklar, wie eine naturwissenschaftliche Theorie der Intentionalität aus diesen völlig disparaten Beschreibungen eine brauchbare Erklärung für den Erwerb von Begriffen oder gar Überzeugungen und Glaubenszuständen hervorgehen lassen sollte.

Entscheidend sind hier allerdings nicht die Erfolgsaussichten dieses Projektes – auch wenn ich glaube, daß die skizzierten Probleme angesichts der anfechtbaren Prämissen dieses Unternehmens nicht ganz zufällig sind. Von zentraler Bedeutung sind vielmehr die Konsequenzen, die z.B. Fodor für den Fall ankündigt, daß das Projekt mißlingen sollte: Wir müßten dann nach seiner Ansicht davon ausgehen, daß es intentionale Zustände gar nicht gibt. So abwegig diese Behauptung klingt – unter der Voraussetzung, daß die Naturwissenschaften die Welt so beschreiben, wie sie ›tatsächlich ist‹, läßt sich diese Konsequenz kaum umgehen. Wenn die Naturwissenschaften also nicht zeigen können, wie unser Gehirn Glaubenszustände und Überzeugungen produziert, dann spricht dies gegen die Existenz dieser Zustände. Es ginge ihnen damit nicht besser als den UFOs, dem Ungeheuer von Loch Ness oder dem legendären Schneemenschen: Auch hier werfen die Fehlschläge seriöser wissenschaftlicher Bemühungen die Frage auf, ob diese Phänomene nicht doch nur in der Phantasie verzweifelter Journalisten existieren, die sich um eine Überbrückung des alljährlichen ›Sommerloches‹ sorgen.

Einer der Unterschiede zwischen dem Ungeheuer von Loch Ness und unseren Glaubenszuständen besteht darin, daß wir letztere aus eigener Erfahrung kennen. Gibt man also die ungerechtfertigte Fixierung auf die Naturwissenschaften auf und akzeptiert statt dessen die konkrete Erfahrung als ernsthaften Beleg für die Existenz dieser Zustände, dann entfällt das grundsätzliche Problem. Es wird dann immer noch wünschenswert sein, möglichst viel über den Zusammenhang zwischen Hirnprozessen und Überzeugungen zu erfahren; entfallen würde allerdings der Zwang, die Entstehung solcher Zustände aus naturwissenschaftlichen Theorien abzuleiten.

Selbstbewußtsein

Ein weiterer wesentlicher Diskussionspunkt in der Philosophie des Geistes betrifft das Problem des Selbstbewußtseins: Wenn also unser Bewußtsein ›in Wirklichkeit‹ nur aus physischen Prozessen besteht, dann fragt sich auch, ob hier noch Platz für so etwas wie Subjektivität bleibt. Die Frage stellt sich nicht zuletzt deshalb, weil die Neurophysiologie im Gehirn nichts zu entdecken vermag, was als direktes neuronales Pendant des Ich in Frage kommt. Insofern ist es nur konsequent, wenn viele Vertreter materialistischer Positionen auch die Realität des Selbstbewußtseins in Frage stellen. Immerhin können sie dabei nicht nur an eine alte und respektable Tradition anknüpfen – man denke etwa an Hume, Schopenhauer und Nietzsche. Auch in der Gegenwart findet die Parole vom ›Tod des Subjekts‹ Widerhall bei Autoren, die wenig mit materialistischen Vorstellungen im Sinne haben.

Nun ist in der Tat schwer zu verkennen, daß die Vorstellung eines einheitlichen, sich selbst durchsichtigen Ich, wie sie häufig Descartes unterstellt wird, nur schwer mit dem gegenwärtigen Erkenntnisstand zu vereinbaren ist. Verweisen läßt sich hier nicht nur auf Einsichten der Psychoanalyse. Kaum weniger aufschlußreich sind neuropsychologische Erkenntnisse über die Konsequenzen, die der Ausfall einzelner Hirnareale hat. Dabei ist es nicht weiter überraschend, daß die Zerstörung solcher Areale zum Ausfall bestimmter Funktionen oder Wahrnehmungen führt, entscheidend ist vielmehr, daß diese Störungen von den betroffenen Patienten oft ignoriert werden, obwohl sie von einem übergeordneten Ich sehr leicht zu erkennen sein müßten.

Dies gilt etwa für Anosognosie-Patienten. Diese Patienten haben z.B. aufgrund von Schlaganfällen die Kontrolle über bestimmte Körperteile verloren, doch sie erkennen diesen Verlust nicht an. Aufforderungen, die entsprechenden Gliedmaßen zu bewegen, ignorieren sie oder geben statt der bewegungsunfähigen linken die rechte Hand. Oliver Sacks berichtet von einem Patienten, der behauptete, man habe ihm während des Schlafes ein fremdes Bein ins Bett gelegt.[11] Tatsächlich handelte es sich jedoch um sein eigenes Bein: Es war aus seinem Körperschema verschwunden, nachdem eine neuronale Schädigung es vollständig seiner Kontrolle entzogen hatte. In anderen Fällen ignorieren die Patienten konsequent alles, was in einer Hälfte des Gesichtsfeldes liegt; sie lassen also beispielsweise die Speisen auf der linken Hälfte des Tellers liegen oder nehmen nur wahr, was auf der rechten Straßenseite passiert. Offenbar müßte einem Ich, das als zentrale Steuerungs- oder Beobachtungsinstanz fungiert, auffallen, daß hier ›etwas nicht stimmt‹; die Tatsache, daß das in den genannten Fällen nicht passiert, spricht somit gegen eine solche Hierarchie. Die einzelnen Konstituentien von Bewußtsein und Selbstbewußtsein scheinen vielmehr parallel nebeneinander zu arbeiten. Kommt es zu Ausfällen, dann setzen nicht automatisch übergeordnete Korrekturmechanismen ein.

Schließlich findet sich offenbar auch kein direktes neuronales Korrelat unserer Ichvorstellung, also kein ›Zentrum‹, in dem alle Stränge zusammenlaufen, so wie sich dies Descartes für die Zirbeldrüse vorgestellt hatte. Zwar gibt es mittlerweile sehr viele Belege für die Annahme, daß der Präfrontale Kortex eine besondere Rolle für die Konstitution von Selbstbewußtsein spielt; unumstritten ist aber auch, daß die neuronalen Prozesse im Gehirn distributiv organisiert sind: Was wir als einheitlichen mentalen Zustand erfahren, basiert auf der Aktivität von Nervenzellen, die über das ganze Gehirn verteilt sein können, und es ist mehr als unklar, ob diese Aktivitäten von einem Zentrum aus koordiniert oder gar ›beobachtet‹ werden müssen.[12]

Aus ähnlichen Überlegungen haben Autoren wie Marvin Minsky und Daniel Dennett grundsätzliche Einwände nicht nur gegen die traditionelle Konzeption von Selbstbewußtsein, sondern gegen Subjektivität im allgemeinen abgeleitet. Nach Minsky besteht unser scheinbar einheitliches, stabiles Ich in Wirklichkeit aus einer Vielzahl disparater Prozesse. Wir haben also nicht nur *einen* ›Geist‹, sondern gleich eine ganze Reihe von ›Geistern‹, ohne daraus allerdings große Vorteile ziehen zu können. Die Verbindung zwischen diesen ›Geistern‹ ist nämlich recht lose; sie sind nur in einem begrenzten Umfang über die gegenseitigen Ziele und Motive informiert und können sich auch stets nur punktuell auf gemeinsame Handlungen und Entscheidungen verständigen:

> Dies alles deutet darauf hin, daß es vielleicht nicht falsch ist, sich vorzustellen, im Gehirn gäbe es eine Gesellschaft verschiedener ›Geister‹. Wie die Mitglieder einer Familie könnten diese zusammenarbeiten, um sich gegenseitig zu helfen, und doch ihre eigenen mentalen Erfahrungen machen, von denen die übrigen nichts wissen. Mehrere solcher Agenturen könnten viele Agenten gemeinsam haben, und doch nicht mehr über die internen Aktvitäten der anderen erfahren als Leute, die Wand an Wand wohnen.[13]

Ähnlich argumentiert Daniel Dennett. Er beruft sich dabei auf psychologische und neurophysiologische Untersuchungen, aus denen hervorzugehen scheint, daß das, was wir als unmittelbar und kontinuierlich erfahrene Gegenwart des Selbstbewußtseins beschreiben würden, ein Flickenteppich aus divergierenden Entwürfen und Geschichten ist, in denen wir uns unsere eigene Situation zurechtlegen. Produkt einer Interpretation ist dann aber auch der Zusammenhang, der in der Rückschau aus diesen divergierenden Entwürfen entsteht. Es handelt sich also um eine mehr oder minder überzeugende Geschichte, die aus den disparaten Entwürfen zusammengesetzt worden ist, wobei Lücken und Widersprüche durch Mutmaßungen oder bloße Spekulationen ausgefüllt werden. Erst recht gilt daher das Ich als eine Fiktion, schließlich geht es allererst aus diesen Interpretationen und Konstrukten hervor. Es mag sich selbst als das Zentrum des Geschehens betrachten, der Philosoph aber weiß, daß es sich hier lediglich um ein Artefakt handelt, mit dem wir uns selbst über unsere Unkenntnis und unsere Ohnmacht täuschen. In diesem Sinne behauptet denn auch Dennett, »daß das Ich eine nützliche Abstraktion ist, eine theoretische Fiktion ist und nicht etwa ein interner Beobachter oder gar ein Boß«.[14]

Diese Schlußfolgerung scheint jedoch verfrüht: Man muß nicht auf traditionelle Vorstellungen vom Ich als einem zentralen Beobachter, einem inneren Objekt oder gar einem Homunkulus zurückgreifen, wenn man Zweifel an der Dennettschen Theorie artikulieren will. Schon die Diskussion über das Selbstbewußtsein im 18. Jahrhundert im Anschluß an Hume hat gezeigt, daß die Abwendung von einer substantialistischen Subjektmetaphysik keineswegs dazu führen muß, daß die Realität des Selbstbewußtseins generell in Frage gestellt wird. Kant etwa ersetzt die substantialistische Vorstellung des Ich durch einen *funktionalen* Begriff, der Selbstbewußtsein und Selbsterkenntnis auf einheitsstiftende *Leistungen* bestimmter Vermögen zurückführt; bei Kant sind dies die transzendentale Apperzeption und der innere Sinn:

> Denn das empirische Bewußtsein, welches verschiedene Vorstellungen begleitet, ist an sich zerstreut und ohne Beziehung auf die Identität des Subjects. Diese Beziehung geschieht also dadurch noch nicht, daß ich jede Vorstellung mit Bewußtsein begleite, sondern daß ich eine zu der andern hinzusetze und mir der Synthesis derselben bewußt bin. Also nur dadurch, daß ich ein Mannigfaltiges gegebener Vorstellungen in einem Bewußtsein verbinden kann, ist es möglich, daß ich mir die Identität des Bewußtseins in diesen Vorstellungen selbst vorstelle, d. i. die analytische Einheit der Apperception ist nur unter der Voraussetzung irgend einer synthetischen möglich.[15]

Unter diesen Bedingungen wird das Ich also nicht als ein Beobachter oder gar ein Homunkulus begriffen, der irgendwo im Gehirn dingfest zu machen sein müßte, dessen Existenz umgekehrt aber auch bestritten werden kann, wenn wir ihn nicht aufzuspüren vermögen. Kant hätte daher mit den von Dennett angeführten Untersuchungsergebnissen kaum Schwierigkeiten gehabt; er selbst spricht ja von der Zerstreutheit des empirischen Bewußtseins. Erst durch einen Akt der Integration, also dadurch, daß ich bestimmte Erinnerungen, Eigenschaften und Gedanken als *meine* Erinnerungen, Eigenschaften und Gedanken begreife, entsteht dann die Einheit des Selbstbewußtseins, also das, was wir in einem engeren Sinne als unser

›Ich‹ bezeichnen würden. Solche integrativen Prozesse setzen weder auf der psychischen noch auf der physischen Ebene einen zentralen Beobachter voraus, und es ist dazu auch nicht notwendig, daß die empirische Bewußtseinserfahrung selbst schon einheitlichen Charakter hat. Die von Dennett und Minsky diagnostizierte Vielfalt von Motiven und Erfahrungen kann also die Existenz dieser Form von Subjektivität überhaupt nicht in Frage stellen: Warum sollte *ich* nicht widersprüchliche Motive haben und bestimmte Erfahrungen oder Situationen völlig falsch deuten?

Es gibt jedoch noch ein weiteres zentrales Moment von Subjektivität, das auf diese Weise nicht erfaßt ist: Die Willensfreiheit. Als Subjekte begreifen wir uns nicht zuletzt deshalb, weil wir unsere Wünsche und Überzeugungen auch in reales Handeln umsetzen können – sofern wir das wollen. Wichtig ist nämlich zweitens, daß unser Handeln nicht zwangsläufig auf unsere Wünsche und unsere Motive folgt, vielmehr gehen wir in der Regel davon aus, daß wir auch anders hätten handeln können, wenn wir es denn gewollt hätten. Genau dies, so hatten nicht erst die Materialisten des 19. Jahrhunderts behauptet, sei jedoch eine bloße Illusion, ein Relikt einer überholten Metaphysik.[16] Wer die Erkenntnisse der Naturwissenschaften nicht einfach ignorieren wolle, der müsse sich von solchen Illusionen freimachen. Eine ganz ähnliche Vorstellung vertritt Marvin Minsky:

> Die moderne wissenschaftliche Betrachtungsweise läßt einfach keinen Platz für die ›Freiheit des menschlichen Willens‹. Alles, was in unserem Universum geschieht, wird entweder lückenlos durch die Ereignisse der Vergangenheit bestimmt, oder es hängt teilweise vom Zufall ab.[17]

Unter diesen Bedingungen könnte von Verantwortlichkeit und Autonomie keine Rede mehr sein. Menschliches Verhalten wäre zwar immer noch komplexer als das von Computern, Uhren oder einfachen Lebewesen, ein kategorialer Unterschied zwischen zurechnungsfähiger Handlung und kausal determiniertem Verhalten, wie er von zentraler Bedeutung nicht nur für unser Rechtssystem ist[18], ließe sich jedoch nicht mehr behaupten.

Die Position, die Minsky hier vertritt, ist wesentlich schwieriger zu kritisieren als die bislang vorgestellten materialistischen Auffassungen; es ist kein Zufall, daß die radikalen Materialisten mit ihren Zweifeln an der Vereinbarkeit von Freiheit und naturgesetzlichem Determinismus nicht alleine stehen. Es mag also tatsächlich sein, daß sich zumindest die traditionelle Konzeption einer absoluten Willensfreiheit als unhaltbar erweist, eine Position immerhin, deren Entstehung stark von theologischen Vorstellungen einer immateriellen Seele beeinflußt war. Auf der anderen Seite hat zwischenzeitlich eine ganze Reihe von Autoren gezeigt, daß Naturgesetze und menschliche Freiheit einander *nicht* ausschließen. Dies liegt nicht daran, daß etwa die Quantenphysik eine Lücke bieten würde, durch die die menschliche Freiheit doch noch dem universalen Determinismus entwischen könnte. Entscheidend ist vielmehr die Einsicht, daß Naturgesetze im Gegensatz zu den Vorschriften, die ein menschlicher Diktator erlassen mag, keine Normen, geschweige denn zwangsbewehrte Normen sind; es handelt sich lediglich um Formen der *Beschreibung* von Vorgängen und Regelmäßigkeiten, die auch ohne diese Gesetze genauso ablaufen würden. Die Naturgesetze zwingen also Planeten, Körpern oder eben Neuronen nicht etwa ein Verhalten auf, daß diese am Ende gar nicht ›wollten‹; sie beschreiben vielmehr, was diese Objekte ›von sich aus‹ tun.

Damit ist natürlich noch nicht die traditionelle Vorstellung von Willensfreiheit gerettet, doch es gibt einige interessante Vorschläge, wie sich wesentliche Bestandteile unserer Vorstellung von Freiheit bewahren lassen, ohne daß dazu ein Rückgriff auf eine transzendente Seele oder aber eine Lücke in den Naturgesetzen notwendig wäre. Erwähnen möchte ich nur die sogenannte Konditionalanalyse von G. E. Moore oder Harry Frankfurts Theorie der ›second order volitions‹. Dieser Theorie zufolge ist eine Handlung dann frei, wenn der Handelnde sie in einem Willensakt zweiter Ordnung als mit seinen Prinzipien und Überzeugungen übereinstimmend akzeptieren kann: Ein Raucher, der aus Überzeugung zur Zigarette greift, würde also frei handeln; tut er dies jedoch nur, weil er seine Sucht nicht überwinden kann, dann handelt er nicht frei. Auch gegen Frankfurts Theorie sind gravierende Einwände erhoben worden; es scheint jedoch Möglichkeiten zu geben, diese Einwände in einer erweiterten Konzeption auszuräumen.

Eine ausführlichere Erörterung des Themas verbietet sich hier; dennoch dürfte schon dieser kurze Überblick deutlich machen, daß die – zweifellos umstrittene – Vorstellung der Willensfreiheit nicht einfach durch den Verweis auf den naturgesetzlichen Determinismus zu widerlegen ist: Auch hier greift ein einfacher Materialismus also zu kurz.

Rolle der empirischen Wissenschaften

Die bisherige Kritik an materialistischen Alleinvertretungsansprüchen mag den Eindruck erwecken, als könne es sich die Philosophie doch wieder in ihrem mittlerweile schon etwas verschlissenen Lehnstuhl bequem machen, um dort, unbehelligt von den Erkenntnissen der empirischen Wissenschaften, über das Verhältnis von Leib und Seele zu meditieren. Diese Konsequenz wäre nicht nur inhaltlich völlig verfehlt, sie kann sich auch nicht auf das zuvor Gesagte berufen. Selbstverständlich können neurophysiologische und neuropsychologische Erkenntnisse einen nicht zu unterschätzenden Erklärungswert für mentale Phänomene haben; ja sie vermögen auch sehr fest verwurzelte Vorstellungen zu verändern.

So wurde in den letzten Jahren beispielsweise gezeigt, warum wir mit zunehmendem Alter den Eindruck gewinnen, die Zeit vergehe schneller, es wurden Belege dafür gebracht, daß es Schmerzen gibt, die nicht weh tun[19], und schließlich scheinen auch Personen, die sich subjektiv als völlig blind betrachten, visuellen Hindernissen ausweichen zu können.[20] Revisionsbedürftig dürfte schließlich auch die weitverbreitete Vorstellung sein, daß eine rationale Entscheidung ›mit kühlem Kopf‹, also möglichst unter Ausschluß von Emotionen getroffen werden muß. Antonio R. Damasio und seine Mitarbeiter konnten demgegenüber in einer Reihe von Experimenten und Fallbeispielen zeigen, daß Emotionen eine zentrale Rolle für die Umsetzung rationaler Entscheidungen besitzen. Personen, die aufgrund von neuronalen Schädigungen keine Emotionen mehr empfinden, wissen zwar, wie sie sich eigentlich entscheiden müßten, doch sie sind nicht mehr imstande, ihre rationalen Präferenzen in entsprechendes Handeln umzusetzen.

So verfolgten etwa Patienten mit derartigen Schädigungen in einem Experiment mit einem Kartenspiel eine für sie unvorteilhafte Strategie auch dann noch, als sie längst wußten, was die bessere Vorgehensweise war. Gesunde Versuchspersonen zeigten demgegenüber nicht nur klare emotionale Reaktionen, vielmehr wählten sie – offenbar auf der Basis emotionaler Bewertungen – die richtige Strategie, schon *bevor* sie ihre Gründe rational darlegen konnten.[21]

Fazit

Sollte Damasios These zutreffen, dann würden wir tatsächlich etwas Neues über uns selbst, konkret über den Zusammenhang zwischen Emotion, Rationalität und Entscheidung lernen. Keineswegs lassen sich aus derartigen Erkenntnissen irgendwelche Zweifel an der Realität von Bewußtsein oder Subjektivität ableiten; vielmehr ist die bewußte Erfahrung die *Voraussetzung* dafür, daß die wissenschaftlichen Studien überhaupt durchführbar sind. Wäre es Damasio nicht bekannt gewesen, daß einige seiner Versuchspersonen bestimmte Emotionen nicht mehr bewußt empfinden, und wäre er nicht informiert gewesen über ihre bewußt konzipierten Strategien, dann hätte er vermutlich die von ihm erhobenen Befunde gar nicht erklären können.[22]

Die Ergebnisse der Neuro- und Kognitionswissenschaften lassen sich also nicht gegen die konkrete Erfahrung aus der Perspektive der ersten Person ausspielen. Beide hängen vielmehr voneinander ab: Empirische Erkenntnisse sind kaum zu erzielen, vor allem aber sind sie nur von begrenztem Interesse, wenn sie nicht direkt auf Bewußtseinsprozesse bezogen werden.

Schon aus diesen Gründen führen bestimmte materialistische Postulate in massive Schwierigkeiten. Es kommt hinzu, daß sich aus dieser Auffassung – wie gezeigt – vielfach gravierende immanente Probleme ergeben; schließlich finden sich selbst dort, wo berechtigte Einwände gegen traditionelle Vorstellungen etwa von Subjektivität oder Willensfreiheit vorgebracht werden, plausiblere Alternativvorschläge. In jedem Falle scheint also unser Selbstverständnis als bewußter, selbständig handelnder Subjekte nicht einfach durch neurobiologische Experimente widerlegbar zu sein.

Als fragwürdig erweist sich dabei insbesondere die Vorstellung, die Naturwissenschaften würden die Wirklichkeit beschreiben ›so wie sie ist‹ – sie hätten einen direkten Zugang zum ›Buch der Natur‹, dessen Inhalte den Alltagsverstand hoffnungslos überforderten. Die Vertreter dieser These wenden sich damit im Namen einer methodisch strengen Wissenschaft gegen die Relikte einer überkommenen Metaphysik, die solche Fiktionen wie das Bewußtsein, die Subjektivität oder die Willensfreiheit in die Welt gesetzt habe. Bei näherer Betrachtung zeigt sich jedoch, daß jene These selbst ein Stück Metaphysik ist, und zwar Metaphysik nicht gerade von der besten Sorte. Der Anspruch, die Welt so zu beschreiben, wie sie ›eigentlich‹ ist, impliziert ja zwangsläufig ein Wissen über diese ›eigentliche‹ Beschaffenheit der Realität – ein Wissen, das als *Voraussetzung* szientifischer Erkenntnis selbst nicht mehr methodisch gerechtfertigt werden kann.

Spätestens damit wird der Materialismus zur Metaphysik. Das Fortschrittspathos, das die Vertreter dieser Position gegen vermeintlich ewiggestrige Skeptiker mobilisieren, kann nicht verdecken, daß sie auf diese Weise einige der Prinzipien aufgeben, die unabdingbar sind für die von ihnen hochgehaltene – und in ihrer konkreten Arbeit zweifellos auch praktizierte – Wissenschaftlichkeit.

Umgekehrt verdankt sich daher das Beharren auf der Realität von Subjektivität und Bewußtsein nicht etwa einer besonderen Anhänglichkeit an überholte wissenschaftliche oder gar vorwissenschaftliche Vorstellungen. Vielmehr sind es die Prinzipien der Wissenschaft und der Wissenschaftstheorie selbst, die zu diesen Konsequenzen führen: Sie zeigen, daß die spektakulären Diagnosen über den illusionären Charakter des Bewußtseins oder den Tod des Subjekts keine zureichende Basis haben. Eine permanente Auseinandersetzung mit den Ergebnissen der empirischen Wissenschaften und den daraus folgenden Konsequenzen für unser Selbstverständnis bleibt dennoch unbedingt erforderlich. Immerhin sieht es jedoch nicht so aus, als müßten wir uns auf unmittelbar bevorstehende wissenschaftliche Revolutionen oder weitere ›metaphysische Kränkungen‹ einstellen. Die empirischen Wissenschaften, immerhin paradigmatische Produkte des menschlichen Geistes, führen also nicht zu dem Ergebnis, daß es den Geist, der sie hervorgebracht hat, die Wünsche und Überzeugungen, die sie tragen, und die Subjekte, in deren Namen sie entwickelt wurden, gar nicht gibt. Es scheint vielmehr, als hätten wir auch künftig die Möglichkeit, Bewußtsein und Vernunft in der Zurückweisung unvernünftiger Theorien und Prognosen zu demonstrieren.

1 Paul M. Churchland, *The Engine of Reason, the Seat of the Soul. A Philosophical Journey into the Brain.* Cambridge London 1995, S. 18.

2 Paul K. Feyerabend, »Mentale Ereignisse und das Gehirn.« In: Peter Bieri (Hrsg.), *Analytische Philosophie des Geistes.* Bodenheim ²1993, S. 121122.

3 Richard Rorty, »In Defense of Eliminative Materialism.« In: *Review of Metaphysics* XXIV (1970/71), S. 112–121; Richard Rorty, »Mind-Body Identity, Privacy, and Categories.« In: Scott M. Christensen, Dale R. Turner (Hrsg.), *Folk Psychology and the Philosophy of Mind.* Hillsdale 1993, S. 17–41. Rorty hat sich jedoch schon im *Spiegel der Natur* von dieser Theorie, insbesondere aber von der hier kritisierten Variante des Materialismus distanziert.

4 Carl Vogt, »Köhlerglaube und Wissenschaft. Eine Streitschrift gegen Hofrath Rudolph Wagner in Göttingen« (zuerst Gießen 1855). Jetzt in: Dieter Wittich (Hrsg.), *Vogt, Moleschott, Büchner. Schriften zum kleinbürgerlichen Materialismus in Deutschland.* 2 Bde. Berlin 1971, Bd. II, S. 517–640; das Zitat S. 521.

5 Ernst Haeckel, *Die Welträtsel. Gemeinverständliche Studien über monistische Philosophie.* Stuttgart 1984 (Repr. d. 11. Aufl., Leipzig 1919; zuerst Leipzig 1899), S. 258.

6 Vgl. Haeckel, *Die Welträtsel*, S. 286; siehe auch die Entgegnung in: Emil Dubois-Reymond, *Vorträge über Philosophie und Gesellschaft.* Eingeleitet und mit erklärenden Anmerkungen hrsg. v. Siegfried Wollgast. Hamburg 1974, S. 165 sq.

7 Haeckel, *Die Welträtsel*, S. 130.

8 Herbert Feigl, *The ›Mental‹ and the ›Physical‹.* The Essay and the Postscript. Minneapolis 1967, S. 4.

9 Colin McGinn, »Can We Solve the Mind-Body Problem?« In: Richard Warner, Tadeusz Szubka, *The Mind-Body Problem. A Guide to the Current Debate.* Oxford Cambridge MA 1994, S. 99-120; das Zitat, S. 99.

10 Vgl. dazu demnächst vom Vf. *Das Rätsel des Bewußtseins. Eine Erklärungsstrategie.* Paderborn 1999.

11 Vgl. Oliver Sacks, *The Man Who Mistook his Wife For a Hat and Other Clinical Tales.* New York 1985, S. 5355; Gerhard Roth, *Das Gehirn und seine Wirklichkeit. Kognitive Neurobiologie und ihre philosophischen Konsequenzen.* Frankfurt 1994, S. 195ff

12 Genauere Überlegungen zur Entstehung von Subjektivität finden sich bei Thomas Metzinger, *Subjekt und Selbstmodell. Die Perspektivität phänomenalen Bewußtseins vor dem Hintergrund einer naturalistischen Theorie mentaler Repräsentation.* Paderborn München Wien 1993; zur neurobiologischen Basis vgl. Albert Newen, Kai Vogeley (Hrsg.), *Selbst und Gehirn. Menschliches Selbstbewußtsein und seine neurobiologischen Grundlagen.* Paderborn 1999.

13 Marvin Minsky, *Mentopolis.* Übersetzt v. Malte Heim. Stuttgart 1990, S. 290.

14 Daniel C. Dennett, *Consciousness Explained.* Boston New York Toronto 1991, S. 431.

15 Immanuel Kant, *Kritik der reinen Vernunft,* B 133.

16 So etwa Haeckel, *Die Welträtsel,* S. 168: »Der gewaltige Kampf zwischen Deterministen und Indeterministen, zwischen den Gegnern und den Anhängern der Willensfreiheit, ist heute, nach mehr als zwei Jahrtausenden, endgültig zugunsten der ersteren entschieden. Der menschliche Wille ist ebensowenig frei als derjenige der höheren Tiere, von welchem er sich nur dem Grade, nicht der Art nach unterscheidet.« Konkret wird dabei in der Regel die Willensfreiheit, nicht die Handlungsfreiheit bestritten.

17 Minsky, *Mentopolis,* S. 306.

18 Vgl. Eduard Dreher, *Die Willensfreiheit. Ein zentrales Problem mit vielen Seiten.* München 1987.

19 Pierre Rainville, Gary H. Duncan, Donald D. Price, Benoît Carrier, M. Catherine Bushnell, »Pain Affect Encoded in Human Anterior Cingulate But Not Somatosensory Cortex.« In: *Science* CCLXXVII (1997), S. 968–971.

20 Lawrence Weiskrantz, »Some Contributions of Neuropsychology of Vision and Memory to the Problem of Consciousness.« In: Anthony J. Marcel, Edoardo Bisiach, *Consciousness in Contemporary Science.* New York 1988, S. 183–199.

21 Vgl. Antoine Bechara, Hanna Damasio, Daniel Tranel, Antonio R. Damasio, »Deciding Advantageously Before Knowing the Advantageous Strategy.« In: *Science* CCLXXV (1997), S. 1293–1295.

22 Zu einem ähnlichen Problem vgl. Gerhard Roth, »Die Konstitution von Bedeutung im Gehirn.« In: Siegfried J. Schmidt (Hrsg.), *Gedächtnis. Probleme und Perspektiven der interdisziplinären Gedächtnisforschung.* Frankfurt 1991, S. 360–370.

JOHN MCDOWELL

Moderne Auffassungen von Wissenschaft und die Philosophie des Geistes

I.

Die moderne Epistemologie plagen ausgeprägte Sorgen. Um sie zu verstehen, beginnen wir am besten mit einer Bemerkung von Wilfrid Sellars: »Charakterisieren wir eine Episode oder einen Zustand als einen des *Wissens*, so geben wir keine empirische Beschreibung dieser Episode oder dieses Zustandes; vielmehr plazieren wir sie im logischen Raum der Gründe, des Rechtfertigens und der Möglichkeit zu rechtfertigen, was jemand sagt.«[1]

Sellars gibt damit zu verstehen, daß zu sagen, wie eine Episode oder ein Zustand im Raum der Gründe angesiedelt wird, nicht zugleich heißt, davon eine empirische Beschreibung zu geben. Ich denke, das ist nicht ganz glücklich. Besser ließe sich der Gedanke formulieren, indem man sagt – was Sellars im übrigen an einer anderen Stelle auch beinahe tut –, daß die Epistemologie anfällig für einen naturalistischen Fehlschluß ist.[2] Zu sagen, wie etwas im Raum der Gründe – einem logischen Raum, der durch Rechtfertigungsrelationen organisiert wird – und wie etwas in der Natur verortet wird, bildet nach einer wohlvertrauten modernen Auffassung von Natur einen Kontrast. Er drückt sich in der Auffassung aus, daß der Gehalt der Begriffe, die zum Raum der Gründe gehören, wie beispielsweise der Begriff des Wissens, unmöglich durch Begriffe, die zum kontrastierenden logischen Raum der Verortung in der Natur gehören, eingeholt werden kann.

Die Vorstellung von Natur, die diesen Kontrast erzeugt, ist eine, deren Wurzeln in der Entwicklung der modernen Wissenschaft liegen. Der Kontrast, auf den sich Sellars beruft, stand in vormodernen Zeiten nicht zur Verfügung. Vielleicht hilft uns das zu verstehen, warum mit der Moderne zugleich ein neuer, ziemlich nervöser und obsessiver Ton in die philosophische Reflexion über Wissen kam.

Versuchen wir uns vorzustellen, wie wohl Aristoteles oder ein mittelalterlicher Aristoteliker über die Beziehung zwischen der Idee des Wissens und der Idee des Natürlichen gedacht haben mag. Für einen solchen Denker konnten die Fähigkeiten, die den Menschen zur Verfügung stehen, um Wissen zu erwerben, natürliche Kräfte, und das Ergebnis ihres Wirkens natürliche Sachverhalte sein. Nicht, daß diese vormodernen Denker völlig unbeleckt von der Verbindung zwischen der Idee des Wissens und der Idee der Rechtfertigung waren, auf der Sellars besteht – so als ob sich vormoderne Menschen nicht auf den in der modernen Epistemologie so schwer wiegenden Gedanken hätten einlassen können, daß Wissen ein normativer Status ist. Aber sie fühlten eben nicht die Spannung zwischen der Idee, daß Wissen ein normativer Status ist, und der Idee vom Wirken natürlicher Kräfte. Vor Anbruch der Moderne war es einfach unverständlich, sich vor einem naturalistischen Fehlschluß zu fürchten.

Aber mit dem Aufstieg der modernen Wissenschaft trat eine Vorstellung von Natur auf den Plan, welche diese Befürchtung verständlich machte. Die Naturwissenschaften, wie wir sie heutzutage verstehen, suchen nicht nach einer Organisation ihres Gegenstandsgebiets, in dem ein Ding als, sagen wir mal, gerechtfertigt im Lichte eines anderen dargestellt wird. (Dies ist eine Interpretation des Slogans, daß die Naturwissenschaft wertfrei ist.) Es ist verlockend, die Natur mit dem Gegenstandsbereich der so verstandenen Naturwissenschaften zu identifizieren. Dann jedenfalls kann der Kontrast, den Sellars hervorhebt, eine Agenda für die Philosophie auf den Weg bringen.

Einige von denen, die Sellars gefolgt sind, allen voran Richard Rorty, bestimmen den Kontrast als einen zwischen dem Raum der Gründe und dem Raum der *Ursachen*.[3] Ich halte es allerdings für besser, den Raum der Gründe nicht dem Raum der Ursachen entgegenzusetzen, sondern dem Raum der Subsumption unter die sogenannten Naturgesetze. Anders als in Rortys Bild des Kontrastes, wird so die Möglichkeit, daß Gründe auch Ursachen *sein* könnten, nicht unterlaufen. Niemand nötigt uns, die Idee kausaler Verbindungen als exklusives Eigentum naturwissenschaftlichen Denkens zu betrachten.[4]

Wenn wir Natur so auffassen, daß ein Kontrast besteht zwischen der Beschreibung natürlicher Merkmale von etwas und seiner Verortung im Raum der Gründe, dann kommen wir nicht mehr so leicht mit der Idee zurecht, daß die Fähigkeiten zum Wissenserwerb Teil unserer natürlichen Ausstattung sind. Wissen, als ein Fall, einen normativen Status einzunehmen, kann nicht länger als natürliches Phänomen betrachtet werden. Auf diese Weise bekommt Wissen ganz leicht den Anschein des Mysteriösen. Es ist nutzlos, unseren Begriff des Wirklichen über unseren Begriff des Natürlichen hinaus zu erweitern, wenn dadurch der Erwerb von Wissen zu einer Art übernatürlichem Kunststück gemacht wird. So droht sich das wissende Subjekt aufgrund des neuen Naturbegriffs aus der natürlichen Welt zurückzuziehen. Das ist einer der Wege, wie es zu dem Anschein kommen konnte, es sei die Aufgabe der philosophischen Erkenntnistheorie, das wissende Subjekt wieder mit dem Rest der Wirklichkeit zu verbinden.

2.

Ich habe mit der Erkenntnistheorie begonnen, aber ähnlich gelagerte Überlegungen haben auch die Philosophie des Geistes im allgemeinen erfaßt. Es ist nicht allein Wissen, das aufgrund des Kontrastes zwischen der Natur und dem Raum der Gründe aus der Natur verstoßen zu werden droht.

Sellars sagt, etwas als einen Fall von Wissen zu charakterisieren, heißt, es im logischen Raum der Gründe zu plazieren. Vergleichen wir damit Donald Davidsons Behauptung, daß unsere Redeweise von propositionalen Einstellungen nur im Kontext des »konstitutiven Ideals der Rationalität«[5] verständlich ist. Diese These läßt sich in Sellars' Begrifflichkeit reformulieren: Die Begriffe des Glaubens, Wünschens und so weiter werden nur im Rahmen des logischen Raums der Gründe verstanden.

Dabei ist Davidsons These keineswegs idiosynkratisch. Sie hat beispielsweise eine offensichtliche Affinität zu der Behauptung von Daniel Dennett, daß Intentionalität nur im Lichte der intentionalen Einstellung sichtbar wird, die ihren Gegenstand innerhalb eines Rahmens organisiert, der durch ein Postulat der Rationalität zusammengehalten wird.[6] Dennetts Position ließe sich mit Hilfe von Sellars' Rede vom »logischen Raum der Gründe« oder Davidsons »konstitutivem Ideal der Rationalität« reformulieren.[7] Es liegt auf der Hand, daß hier die traditionelle Unterscheidung zwischen *Verstehen* und *Erklären* mitschwingt.

Sellars' Gedanke über Wissen verallgemeinert sich auf diese Weise zu einem Gedanken über propositionale Einstellungen. In diesem Fall können wir erwarten, daß sich die erkenntnistheoretischen Folgen des Kontrasts zwischen der Natur und dem Raum der Gründe in Folgen für unser Nachdenken über das ganze verstandesbegabte, geistige Leben, und nicht nur über Wissen, widerspiegeln.[8] Die moderne Erkenntnistheorie betrachtet sich selbst als verpflichtet, das wissende Subjekt wieder mit der natürlichen Welt zu verbinden, aus der es sich scheinbar zurückgezogen hat. Ein Großteil der modernen Philosophie des Geistes sieht sich selbst mit einer ähnlichen Verpflichtung konfrontiert, nämlich das denkende Subjekt wieder in eine natürliche Welt zu integrieren, für die es mehr und mehr zu einem Fremdkörper geworden ist.

Rorty optiert auf bekannte Weise dafür, diese vermeintliche Verpflichtung zum erkenntnistheoretischen Brückenschlag als eine Illusion zu betrachten. Jeder, der mit dieser Überzeugung Rortys sympathisiert, sollte einen ähnlichen Verdacht gegenüber einem Großteil der modernen Philosophie des Geistes hegen.

3.

Ich habe zu bedenken gegeben, daß Wissen und Intentionalität nur innerhalb des Rahmens des Raums der Gründe in den Blick kommen.[9] Wenn Sellars vor einem naturalistischen Fehlschluß warnt, behauptet er implizit, daß die Struktur des Raums der Gründe *sui generis* ist im Vergleich zu der Art von Struktur, die die Naturwissenschaften in der Natur finden. Es ist einsichtig, daß der sich daraus ergebende Sinn, in dem Wissen und Denken *sui generis* sind, verglichen mit dem, was sich selbst als eine geradezu unwiderstehliche Auffassung des Natürlichen präsentieren kann, gewisse metaphysische Ängste schürt, die sich im Gefühl einer Bedrohung durch das Übernatürliche kristallisieren.

Nun, wir können diesen Ängsten aus dem Weg gehen, wenn wir uns zugestehen, Denken und Wissen als natürliche Phänomene gelten zu lassen, auch wenn Sellars' Vorschlag natürlich die Frage aufwirft, wie sie dies sein können. Ich möchte zwei Wege unterscheiden, wie ein solches Projekt in Angriff genommen werden kann.

Der erste akzeptiert die Gleichsetzung der Natur mit dem Reich der Gesetze. Die Idee ist, daß die Organisation des Raums der Gründe nicht – wie Sellars vorschlägt – etwas völlig anderes ist als die Art von Struktur, die die Naturwissenschaften in der Welt entdecken. Zweifelsohne sind Berechtigungs- oder Rechtfertigungsrelationen als solche nicht sichtbar in der Natur gegenwärtig, so wie sie von den einschlägigen Naturwissenschaften beschrieben wird. Aber nach diesem Zugang können wir letztlich zeigen, daß die Begriffe der Berechtigung oder Rechtfertigung für das so verstandene Natürliche nichts Fremdartiges sind. So lassen sich Denken und Wissen als natürliche Phänomene auffassen, selbst auf der Basis dieser Auffassung davon, was es für ein Phänomen heißt, ein natürliches zu sein.

Eine Version dieses Zugangs geht davon aus, daß die Struktur des Raums der Gründe auf etwas anderes, was bereits nach moderner Auffassung in einem unproblematischen Sinn als natürlich gilt, *reduziert* werden kann. Eine andere zielt darauf ab, Begriffe vor Augen zu führen, die an sich im Raum der Gründe funktionieren, aber letzten Endes unmittelbar dazu beitragen, Dinge im Raum der Gesetze anzusiedeln. Die Details sind hier nicht von Bedeutung. Wesentlich ist, daß dieser Zugang, ob er reduktiv operiert oder nicht, davon ausgeht, daß Sellars' Ausgangspunkt falsch ist. Sellars kontrastiert den logischen Raum der Subsumption unter ein Gesetz mit dem logischen Raum, in dem der Begriff des Wissens operiert. Das ist ein Kontrast zwischen dem Reich der Gesetze und dem Reich der Freiheit – um es auf eine Weise zu sagen, die Sellars' kantische Wurzeln offenlegt. Dagegen besteht diese erste Art des Naturalismus darauf, daß wir weiterhin die Natur mit dem Reich der Gesetze gleichsetzen können, weist aber Sellars' Vermutung zurück, daß eine so verstandene Natur nicht die Heimat von wissenden und denkenden Subjekten sein könne.

Für einen solchen Naturalismus spräche vieles, wäre er der einzige Weg, um Übernatürliches bezüglich Wissen und Denken zu vermeiden. Aber es gibt eine Alternative, die sich innerhalb des Vorhabens bewegt, Wissen und Denken als natürliche Phänomene zu konzipieren. In kantischer Manier können wir uns weigern zu akzeptieren, daß die Struktur des Reichs der Freiheit in dem Sinn naturalisiert werden kann, wie der erste Ansatz es vorsieht – das heißt, wir können darauf beharren, daß Sellars' Kontrast wohlbestimmt ist –, ohne uns auf einen übernatürlichen Standpunkt festzulegen: indem wir festhalten, daß das, worauf die moderne wissenschaftliche Revolution abzielte, Klarheit über das Reich der Gesetze ist, und das ist etwas anderes als Klarheit *über die Natur.* Sellars' Kontrast bezieht sich auf den Raum der Gründe und das Reich der Gesetze und impliziert nicht notwendig, daß der Raum der Gründe fremd gegenüber dem Natürlichen ist.

Um zu vermeiden, daß Denken und Wissen als etwas Übernatürliches aufgefaßt werden, sollten wir betonen, daß Denken und Wissen Aspekte unseres Lebens sind. Der Begriff des Lebens ist der Begriff des Werdegangs eines lebendigen Dings und daher offensichtlich der Begriff von etwas Natürlichem. Aber es gibt Aspekte unseres Lebens, deren Beschreibung Begriffe erforderlich macht, die im Raum der Gründe fungieren. Wir sind rationale Tiere. Die Muster unserer Leben können nur erkannt werden, wenn sie innerhalb des Raums der Gründe untersucht werden. Danach gehören Denken und Wissen zu unserer Lebensweise, obwohl wir sie als Phänomene auffassen, die nur innerhalb eines *sui generis* Raum der Gründe sichtbar gemacht werden können. Denken und Wissen sind Teil unserer Art und Weise, Tiere zu sein. Die Tatsache, daß wir Denkende und Wissende sind, enthüllt uns nicht als merkwürdig zweigeteilt, mit einem Fuß im Tierreich – ganz sicher Teil der Natur – und einer mysteriösen, davon getrennten Verstrickung in ein außernatürliches Reich rationaler Verbindungen.

Der erste Zugang – ein restriktiver Naturalismus – zielte darauf ab, die Begriffe des Denkens und des Wissens zu naturalisieren, indem er die begriffliche Struktur, der sie angehören, in den Rahmen des Reichs der Gesetze hineinzwängt. Dieser zweite Ansatz – ein liberaler Naturalismus – akzeptiert nicht, daß wir den begrifflichen Rahmen, innerhalb dessen die Begriffe des Denkens und Wissens fungieren, in das Reich der Gesetze integrieren müssen, um Denken und Wissen als natürlich darstellen zu können. Wir müssen nichts anderes tun, als zu betonen, daß sie Begriffe von Vorkommnissen und Zuständen in unserem Leben sind.

Dieser liberale Naturalismus gibt uns die Möglichkeit, wie die mittelalterlichen Aristoteliker mit der Vorstellung leben zu können, daß es sich bei unseren Fähigkeiten zum Wissenserwerb um natürliche Kräfte handelt. Aber anders als jene Aristoteliker können wir diese Vorstellung mit einem klaren Verständnis des *sui generis* Charakters des begrifflichen Rahmens verbinden, innerhalb dessen der Begriff der Fähigkeit zum Wissenserwerb operiert. Das gleiche gilt – wenn wir Sellars' Pointe verallgemeinern – für die Begriffe von propositionalen Einstellungen. Wir können eine genuine Errungenschaft der modernen wissenschaftlichen Revolution anerkennen, wenn wir naturwissenschaftliches Verstehen von der Art des Verstehens scharf unterscheiden, welches seine Gegenstände im Raum der Gründe verortet. Sellars hat also recht, es besteht die Gefahr eines Fehlschlusses. Aber wenn er darauf verweist, daß es ein *naturalistischer* Fehlschluß ist, den wir Gefahr laufen zu begehen, dann unterstellt er, daß der logische Raum naturwissenschaftlichen Verstehens mit dem logischen Raum der Natur gleichgesetzt werden kann. Und indem wir eben diese Gleichsetzung verweigern, können wir die Bedrohung durch das Übernatürliche abwenden.

Für den liberalen Naturalismus ist es von besonderer Bedeutung, die Vorstellung des Reichs der Gesetze klar vor Augen zu bekommen, weil es den damit verknüpften Modus der Intelligibilität zu isolieren gilt. Daran ist nicht die Folgerung geknüpft, daß die Begriffe des Natürlichen auf die Begriffe beschränkt sind, die diesem Modus der Intelligibilität zuarbeiten. Diese Folgerung zurückzuweisen, erlaubt uns, die philosophischen Ängste, die ich als grundlos bezeichnet habe, ähnlich zu sehen, wie Rorty es nahelegt. Allerdings ist dieser Exorzismus der Philosophie verbunden mit der Anerkennung des *sui generis* Charakters der Begriffe des Denkens und

Wissens. Wenn wir sehen, wie leicht die Voraussetzung gemacht wird, daß eine klare Vorstellung vom Reich der Gesetze zu bekommen zugleich heißt, eine klare Vorstellung von der Natur zu bekommen, können wir uns – auch wenn wir dagegen immun sein sollten – ein lebendiges Bild davon machen, wie diese philosophischen Ängste entstanden sind.

4.

Sowohl der restriktive als auch der liberale Naturalismus versuchen, das Übernatürliche zu vermeiden, indem sie einen Weg finden, wie Wissen und Denken als natürliche Phänomene gesehen werden können. Damit unterscheiden sie sich von einer anderen Antwort auf Sellars' Kontrast, für die Rortys Haltung gegenüber der Erkenntnistheorie ein Beispiel ist.

Rortys Lesart der traditionellen Erkenntnistheorie kreist um Sellars' Kontrast. Der Begriff des Wissens funktioniert nur im Raum der Gründe, und der Raum der Gründe ist – verglichen mit der Natur in der restriktiven Vorstellung – *sui generis.* Also ist ein restriktiver Naturalismus mit Blick auf Wissen ausgeschlossen. Für Rorty aber ist das Natürliche das, was auf der anderen Seite des Sellars-Kontrastes auftaucht, und womit aus seiner Sicht die Möglichkeit eines liberalen Naturalismus mit Blick auf Wissen ausgelöscht ist.[10]

Da nun beide Varianten des Naturalismus vom Tisch sind, hat Rorty keine andere Wahl, als zu leugnen, daß Wissen ein natürliches Phänomen ist. Für Rorty ist der Versuch, Wissen als ein natürliches Phänomens zu konzipieren, genau das alles lähmende Gebrechen der traditionellen Epistemologie – mit dem Ergebnis, daß die Philosophen großen Aufwand betreiben, die ganz unterschiedlichen Relationen, die die Gegenstände naturwissenschaftlicher Forschung organisieren, in den Dienst der Rechtfertigungsrelationen zu stellen, die allein den angemessenen Kontext für die Rede von Wissen bereitstellen. Die traditionelle Erkenntnistheorie zieht daher genau den Fehlschluß, vor dem Sellars warnt. Sie faßt Wissen als ein Syndrom in der »Physiologie des Verstehens« auf.[11] Um dem aus dem Weg zu gehen, schlägt Rorty vor, daß wir Wissen nicht als ein natürliches Phänomen begreifen sollten. Das soll natürlich nicht heißen, es als ein übernatürliches aufzufassen. Statt dessen fordert uns Rorty auf, damit aufzuhören, Wissen überhaupt als ein Phänomen – ein Merkmal des Wirklichen – zu begreifen, und dazu überzugehen, über die soziale Rolle von Wissenszuschreibungen zu reden.

Ich habe auf eine Parallele zwischen Sellars' Denken über Wissen und einem Gedanken über Intentionalität, der sich auf unterschiedliche Weise bei Davidson und Dennett findet, hingewiesen. Es gibt also Spielraum für eine Sichtweise der Intentionalität, die Rortys Sichtweise des Wissens ähnelt und leugnet, daß die Rede von Intentionalität von natürlichen Phänomenen handelt. Es ist ziemlich kurios, daß Rorty selbst diese Position nicht einnimmt. Für ihn sind Gedanken und sogar Bedeutungen, wenn sie überhaupt etwas sind, Setzungen innerhalb einer naturalistischen Psychologie, wobei »naturalistisch« auf einen Gegensatz zu der durch die Rede vom Raum der Gründe importierten Normativität verweist.[12] Ich zögere, jemanden zu nennen, der eine Position einnimmt, die Rortys Auffassung von Wissen mit der Weigerung verbindet, von natürlichen Phänomenen der Intentionalität zu reden.[13] Ein Hauch davon ist vielleicht in dem Zug von Dennetts Denken auszumachen, der den Vorwurf des Instrumentalismus auf sich zieht.[14]

Ich denke, daß vieles für Rortys Lektüre der traditionellen Erkenntnistheorie spricht. Rorty ist sehr überzeugend, wenn er darauf hinweist, wie nutzlos der Versuch ist, derartige Relationen, wie sie das Reich der Gesetze organisieren, für Rechtfertigungsrelationen dienstbar zu machen. Vor diesem Hintergrund scheint es zwingend zu sein, von Wissen nicht als einem natürlichem Phänomen auszugehen. Allerdings widerspiegelt dies bloß die Tatsache, daß er einen liberalen Naturalismus nicht in Betracht zieht. Ein liberaler Naturalismus ist immun gegen Rortys Angriffe auf die Verirrungen traditioneller Erkenntnistheorie. Ähnlich geschwächt in ihrer Überzeugungskraft wäre eine zu Rortys Überlegungen strukturell analoge – falls jemand überhaupt eine solche im Sinn haben sollte –, die auf den Schluß hinaus will, daß Intentionalität kein natürliches Phänomen ist.

5.

Ich habe betont, daß eine klare Vorstellung vom Reich der Gesetze eine moderne Errungenschaft war. Die Leichtigkeit, mit der diese Vorstellung mit einer Vorstellung des Natürlichen gleichgesetzt werden kann, bildet den Untergrund einer wohlvertrauten philosophischen Sorge hinsichtlich Wissen und Denken. Gegeben die Annahme, daß die Begriffe des Wissens und Denkens zu einem logischen Raum gehören, der dem Raum der Subsumption unter Gesetze entgegengesetzt ist, drohen Wissen und Denken aus der Natur ausgestoßen zu werden.

Betrachten wir nun ein frühes Stadium der Entwicklung moderner Wissenschaft. Stellen wir uns ein allmähliches Gewahrwerden vor, daß die Begriffe von Wissen und Denken etwas Besonderes sind verglichen mit denen, die in den aufstrebenden Naturwissenschaften eine Rolle spielen. Solch eine Intuition wird wahrscheinlich das Nachdenken über das Mentale beeinflußt haben, bevor eine klare Einschätzung darüber vorlag, was genau es ist, das die mentalen Begriffe zu besonderen macht – bevor es also eine klare Einschätzung davon gab, was bei Sellars als Kontrast zwischen dem Raum der Gründe und dem Raum naturwissenschaftlichen Verstehens deutliche Gestalt erhielt und in den Mittelpunkt rückte.

Diese Intuition, daß es um etwas Besonderes geht, reflektiert eine Vorstellung vom vermeintlich Natürlichen, die, ist sie erst einmal ins Zentrum gerückt, dazu beiträgt, das Mentale auszuschließen. Allerdings wird diese Intuition schon wirksam gewesen sein, bevor diese Tatsache vollends klar war. Bevor diese Tatsache aber klar war, wäre es durchaus intelligibel gewesen, die Frage nach dem Mentalen dadurch zu beantworten, daß man es als einen besonders auszuzeichnenden Teil der Natur auffaßt – wobei Natur entsprechend einer rudimentären Form genau der Vorstellung verstanden wird, die faktisch das Mentale ausschließt.

Das gibt eine Möglichkeit an die Hand, die cartesische Philosophie des Geistes zu verstehen, zumindest wenn man der Lesart von Gilbert Ryle folgt, die Teil der vertrauten zeitgenössischen Darstellungen der Entwicklung der moderne Philosophie des Geistes ist.[15] Danach lag Descartes viel daran zu zeigen, daß die Beziehungen, die das Mentale organisieren, Spezialfälle der Art von Beziehungen sind, die die Gegenstände der Naturwissenschaften organisieren. Allerdings verlangt die Besonderheit des Mentalen, die Descartes gemäß dieser Lesart erklären möchte, ohne über ein angemessenes Verständnis von dessen Grundlage zu verfügen, daß genau diese Relationen, die geeignet für naturwissenschaftliche Behandlung zu sein scheinen, den Relationen dienen, die den Raum der Gründe konstituieren. Genau aus diesem Grund erhält das cartesische Denken eine Form, die Ryle völlig angemessen als »para-mechanisch« bezeichnet hat. Der cartesische Immaterialismus ist verständlich innerhalb des Rahmens, den ich gerade beschreibe; kein Teil der materiellen Natur könnte besonders genug sein, um den grundlegend verworrenen Absichten eines solchen Denkens nützen zu können. Der Versuch, Verbindungen derart zu knüpfen, wie sie in Beschreibungen von gesetzesgesteuerten Prozessen vorkommen, und sie in den Dienst von Rechtfertigungsrelationen zu stellen, läuft unweigerlich auf einen Griff in die Zauberkiste hinaus – unter dem Deckmantel, die Wissenschaft von etwas Besonderem zu sein: Was mit Hilfe von postulierten Mechanismen einer besonderen Art angestrebt wird, degeneriert zu den von Ryle verspotteten Paramechanismen.

Die cartesische Philosophie des Geistes ist also eine verwirrte Version des ersten der beiden von mir unterschiedenen Naturalismen: ein Versuch, Denken und Wissen einer modernen Naturvorstellung gemäß zu integrieren – einer Vorstellung, die die zweite Art des Naturalismus zurückweist.

Was ich zu den Paramechanismen gesagt habe, harmoniert gut mit einem Element aus Rortys Sichtweise der modernen Erkenntnistheorie. Allerdings zeichnet er einen Gedankengang nach, dessen Ausgangspunkt die obsessive Beschäftigung mit der Fragilität der Gewißheit ist und der sich in einen Paramechanismus verstrickt, weil er jedwede Last der Verantwortung für unser vermeintliches Wissen ablehnen möchte: Worin sich der Wunsch zeigt, vermeintliches Wissen als eines darzustellen, das die Welt uns aufzwingt. Für mich ist diese Lesart weit weniger zufriedenstellend als diejenige, die ich skizziert habe, und zwar aus wenigstens zwei Gründen. Erstens scheint mir der Ausgangspunkt, nämlich die obsessive Beschäftigung mit der Gewißheit – die sicherlich ein Stück weit dazu verhilft, die Erkenntnistheorie bei Descartes zu charakterisieren –, immer noch erklärungsbedürftig. Nach meiner Auffassung könnte diese Gewißheitsbesessenheit als Ausdruck einer nachvollziehbaren Sorge ins Spiel kommen, welche auf die verspürte Bedrohung reagiert, daß sich das wissende Subjekt aus dem Rest der Welt zurückzieht, und nicht als Ausgangspunkt eines Gedankengangs, der sich der charakteristischen cartesischen Vorstellung des Mentalen widmet. Zweitens sind die Besonderheiten des cartesischen Subjekts nicht auf seine Rolle als Subjekt des Wissens beschränkt; dies ist der springende Punkt der Verallgemeinerbarkeit von Sellars' Kontrast, den Rorty – wie ich bereits anmerkte – übersieht.[16]

6.

In der von mir nahegelegten Perspektive besteht der grundlegende Fehler der cartesischen Philosophie des Geistes darin, daß sie den Kernpunkt des Sellarsschen Kontrastes verfehlt. Die Besonderheit von Begriffen des Mentalen ist, daß sie nur im Rahmen des Raums der Gründe Sinn machen. Das cartesische Denken nimmt zwar eine Besonderheit mentaler Begriffe wahr, mißversteht diese aber als Ausdruck einer besonderen Weise zur Natur zu gehören, wobei Natur gemäß einer Vorstellung verstanden wird, die in ihrer

klaren Fassung eigentlich dem logischen Raum, innerhalb dessen allein mentale Begriffe intelligibel sind, entgegengesetzt ist.
Die Idee eines Paramechanismus, der in einer immateriellen Substanz realisiert ist, taucht innerhalb dieser Lektüre als bloßes Resultat des Versuchs auf, die Besonderheit des Mentalen in diese unangemessene Form zu zwingen. Der grundlegende Fehler ist nicht die Rede von einem gespenstischen Mechanismus, sondern die Vorstellung, daß das Mentale von einem Standpunkt aus in den Blick kommen kann, der seinen Gegenstand im Stil der Naturwissenschaften einordnet.

Dennoch ist diese Vorstellung in der zeitgenössischen Philosophie des Geistes immer noch weit verbreitet. Einer von vielen geteilten Auffassung zufolge besteht zumindest ein Teil der Wahrheit über das Mentale in der Wahrheit über einen abgesonderten Bereich der Natur, aufgefaßt als das Reich der Gesetze; vor allem in der Wahrheit über die innere Maschinerie, die das Verhalten in Reaktion auf Umwelteinflüsse steuert. Das ist zwar nicht die ganze Wahrheit über das Mentale, so wird eingeräumt, weil der Einfluß, den mentale Zustände auf die objektive Wirklichkeit ausüben, dabei nicht berücksichtigt ist. Aber es ist ein vollständiger Teil der Wahrheit über das Mentale.[17]

Ich möchte darauf hinweisen, daß diese Vorstellung vom Geist als interne Maschinerie in einer bestimmten Hinsicht kein Fortschritt gegenüber der cartesischen ist. Natürlich hat sie die ontologischen Peinlichkeiten des Cartesianismus hinter sich gelassen. Sie redet nicht von immateriellen Substanzen und hat keine Verwendung für die Rolle, die Descartes der Zirbeldrüse als Sitz der geheimnisvollen Interaktionen zwischen einer immateriellen Substanz und dem Rest der Natur zugewiesen hat. Dennoch macht diese Art zu denken den gleichen fundamentalen Fehler, den ich beim Cartesianismus diagnostiziert habe. Es wird vorausgesetzt, daß die Wahrheit über das Mentale in Sicht kommen kann, wenn der Forschungsgegenstand im Rahmen des Reichs der Gesetze gesucht wird und nicht in einem *sui generis* Raum der Gründe. In dieser Hinsicht – die sich von der Wohltat, die ontologischen Peinlichkeiten verabschiedet zu haben, durchaus trennen läßt – ist die Suche nach regulären Mechanismen nicht viel besser als das Postulieren von Paramechanismen.

Tatsächlich ist sie in gewisser Weise sogar eine Veränderung zum Schlechteren hin. Denn das alte cartesische Denken registriert wenigstens, auf seine verwirrte Weise, die Intuition, daß das Nachdenken und Reden über das Mentale etwas Besonderes ist. Die moderne Fassung vermeidet den Immaterialismus und das Zirbeldrüsenmysterium, indem sie ihren Gegenstand als etwas betrachtet, was ganz und gar nichts Besonderes ist, sondern einfach ein mehr oder weniger gewöhnlicher Teil der Natur.

Natürlich ist gar nichts an einer internen Maschinerie auszusetzen, deren Sinn und Zweck es ist, Verhalten zu steuern. Der von mir beschriebene, wiederaufgewärmte Cartesianismus besteht nicht allein darin, sich mit diesem Stück der Natur zu beschäftigen, sondern in der Vorstellung, daß die dabei gefundenen Wahrheiten solche über das Mentale sind.

7.

Ich möchte dies in Verbindung mit einer bekannten zeitgenössischen Haltung gegenüber einer von Frege inspirierten Auffassung der Intentionalität illustrieren. Die Idee ist, daß sogenannte »externalistische« Überlegungen Freges Begriffsapparat aus Sinn und Referenz zerstört haben. Eine ganze Reihe von Theoretikern haben Positionen dieser Art vertreten.[18] Ich möchte aber auf eine besonders luzide Darstellung von Ruth Garrett Millikan eingehen, in der sie gegen Frege und den – wie sie es nennt – »Bedeutungsrationalismus« zu Feld zieht.[19] Dabei will ich zeigen, daß Millikans Argument durch das Festhalten an dem von mir identifizierten Restcartesianismus in Mitleidenschaft gezogen wird. Deshalb läßt sich an ihrer Position sehr gut sichtbar machen, wie klein der Fortschritt ist, der durch die Ablösung vom cartesischen Immaterialismus erzielt worden ist.

Die grundlegende These des von Millikan attackierten »Bedeutungsrationalismus« besteht in der Behauptung, daß Gleichheiten und Unterschiede zwischen Elementen gedanklicher Inhalte für ein rationales Subjekt transparent verfügbar sind.[20] Eine stärkere Fassung ergänzt noch, daß dies bei einem rationalen Subjekt der Fall ist, egal ob ein vermeintliches Gedankenelement wirklich ein solches ist, daß also die Annahme nicht berechtigt ist, ein denkendes Subjekt könne sich einbilden, einen Gedanken zu haben, obgleich es gar keinen Gedanken gibt, den es haben könnte.

Nun hängt Freges Begriff des Sinns an dem Grundsatz, daß wir Sinne immer dann unterscheiden müssen, wenn der Preis dafür, diese Unterscheidung nicht vorzunehmen, die Möglichkeit eröffnet, daß ein rationales Subjekt zur gleichen Zeit rational einander widersprechende Einstellungen haben kann – zum Beispiel an einen einzelnen Gedanken zu glauben und nicht zu glauben (wobei Gedanken Sinne sind, die durch Äußerungen ganzer Sätze, eventuell in entsprechenden Kontexten, ausdrückbar sind). Dies ist in der Tat eine Art »Bedeutungsrationalismus«. Freges Forderung, daß Sinne hinreichend feinbestimmt sein müssen, soll sicherstellen, daß wir rationale Subjekte zum Beispiel nicht als von der gleichen Sache überzeugt und nicht überzeugt beschreiben müssen. Und wenn der Unterschied zwischen *der gleiche Sinn zweimal* und *zwei verschiedene Sinne* den Möglichkeiten eines rationalen Geistes korrespondieren soll, Einstellungen miteinander zu kombinieren oder voneinander zu trennen, muß der fragliche Geist über diesen Unterschied verfügen.

Dieser »Bedeutungsrationalismus« ist schwächer als Millikans fundamentale These mit Blick auf Gleichheit und Differenz von Elementen des Gedankeninhalts. (Ganz abgesehen von der weiteren These, die ausschließt, daß die Existenz von solchen Elementen bloß vorgespiegelt sein könnte). Freges Prinzip erzwingt einen Unterschied im Sinn nur für den Fall, daß andernfalls rational einander widersprechende Einstellungen *zur gleichen Zeit* in einem rationalen Geist vorhanden wären. Frege sagt nichts, was ausschließen würde, daß ein Subjekt einen Gedanken im Verlauf der Zeit aufgibt – wodurch es möglich wäre, widersprüchliche Einstellungen gegenüber demselben Gedanken zu unterschiedlichen Zeiten aufrechtzuerhalten, ohne die Rationalität des Subjekts anzutasten.[21] Noch setzt sein Prinzip die Möglichkeit außer Kraft, daß ein Subjekt etwas, was in Wahrheit ein anderer Gedanke ist, für den gleichen Gedanken hält, den es zuvor gedacht hat, und so fälschlicherweise unterstellt, bereits auf eine dementsprechende Einstellung festgelegt zu sein.[22] Aber ich kann dies vernachlässigen; Millikans Argument gegen Frege hängt nicht davon ab, Frege einen stärkeren »Rationalismus« anzuhängen, als er selbst akzeptiert.[23]

Dieses Argument läuft folgendermaßen: Einen Sinn begreifen muß ein Ziel sein, das für einen intakten Geist charakteristisch ist. Aber für Frege besteht dieses Begreifen eines relevanten Sinns darin, ein Objekt – nämlich die entsprechende »Bedeutung« – im Geist präsent zu haben. Damit das der Fall ist, müßte die Rationalität, die in Freges Versuch, den Begriff des »Sinns« einzuführen, eine Rolle spielt, eine semantische Rationalität sein, eine Angelegenheit beispielsweise dessen, was zusammen wahr sein kann oder nicht. Freges Bild von Sinn und Referenz erfordert »die Annahme, daß der intakte Geist als solcher semantisch rational ist«[24]. Millikan argumentiert, daß diese Annahme zugleich wesentlich und nicht haltbar ist.

Sie betrachtet die Annahme als wesentlich, weil sie davon ausgeht, daß Intaktheit des Geistes bedeutet, »einen intakten Kopf zu haben, mechanisch in gutem Zustand, nicht krank, nicht beschädigt«.[25] Sie denkt, daß die einzige Art der (sogenannten) »Rationalität«, auf die sich Frege legitimerweise als Kontext für seine Rede vom Sinn beziehen kann, »mechanische

Rationalität« ist – daß der Kopf mechanisch in einem guten Zustand ist. Also besteht die wesentliche Annahme darin, daß die innere Maschinerie so angeordnet werden kann, daß ihre Zustände und Zustandsveränderungen stets den Erfordernissen semantischer Rationalität genügen.

Millikan scheint recht zu haben, daß diese Annahme nicht zu verteidigen ist. Wir können uns der Einschätzung der semantischen Rationalität, die Frege in seiner Theorie des Sinns heranzieht – vor allem in Zusammenhang mit möglichen und unmöglichen Kombinationen singulärer prädikativer Gedanken – nicht anschließen, solange wir nicht sichergestellt haben, daß die Dinge, die zulässiger- oder unzulässigerweise kombiniert werden können, auf bestimmte Gegenstände ausgerichtet sind. Und es gibt Modi des Gerichtetseins auf bestimmte Objekte, ausdrückbar zum Beispiel durch wahrnehmungsgestützte Demonstrativa, die sich nicht in unser Bild integrieren lassen, ohne daß wir auf Sachverhalte in der Umwelt zurückgreifen – Sachverhalte, die gegenüber der intraorganismischen Maschinerie, die Millikan meint, wenn sie vom »intakten Geist« spricht, extern sind.[26]

8.

Millikans Argument lautet dann so: »Die Annahme, daß der intakte Geist als solcher semantisch rational sei«, ist wesentlich und nicht zu verteidigen; daher hängen Sinn und Referenz nicht so zusammen, wie Frege annimmt. Nun, der Schluß ist makellos. Aber selbstverständlich läuft Freges Gedankengang andersherum. Sinn und Referenz hängen zusammen, genau wie er glaubt; das heißt, es sieht ziemlich schlecht aus für die These, daß die Intaktheit eines Geistes unabhängig von semantischer Rationalität ist. Diese Annahme ist nämlich keineswegs wesentlich. Millikan läßt sie nur so aussehen, weil sie darauf besteht, daß »der intakte Geist« eine gesunde Maschinerie im Kopf sein muß; und das ist ziemlich verheerend für ihre Interpretation mentaler Intaktheit. Es ist doch vielmehr so: Einen intakten Geist haben *heißt* semantisch rational zu sein.[27]

Frege ist berühmt für seine harten Attacken auf den Psychologismus in der Logik. Er hebt hervor, daß beispielsweise der Begriff der deduktiven Folgerung nur innerhalb eines normativen Rahmens gegeben ist und eine Untersuchung, die sich ohne Berücksichtigung dieses normativen Rahmens der Logik darauf beschränkt, üblicherweise im Geist vollzogene Übergänge zu erforschen, gar nicht bis zur Behandlung des deduktiven Schließens vordringt. Doch diese Überlegung gilt nicht nur mit Blick auf die Logik. Freges Angriff auf den Psychologismus ist eine Weise, die generalisierte Version von Sellars' Argument auszudrücken, mit dem wir uns beschäftigt haben. (Wenn man berücksichtigt, wie wichtig Kant für beide ist, so ist diese Übereinstimmung nicht weiter verwunderlich). Schon im Fall der Logik ist es nicht allein die Idee deduktiver Folgerung, die nur innerhalb eines normativ gefaßten Untersuchungskontexts verfügbar ist: Wovon deduktive Schlüsse ausgehen und worauf sie abzielen – nämlich Überzeugungen –, macht nur Sinn innerhalb des normativen Kontexts, dem sich psychologistische Logiker verschließen.

Nun, Millikans Vorstellung vom »intakten Geist« ist in einem generalisierten Sinn psychologistisch: Sie behauptet, von Zuständen und Operationen des Geistes zu handeln, obwohl sie diese nicht in einem *sui generis* Raum der Gründe situiert verstanden wissen will. Wir sollten uns nicht durch ihre Formulierung »mechanische Rationalität« in die Irre führen lassen. Wenn die Maschinerie im Kopf gut funktioniert, heißt das nicht, daß deren Zustände und Zustandsveränderungen durch die Art von Relationen verbunden sind, die den Raum der Gründe konstituieren, genauso wenig wie das für die Zustände und Zustandsveränderungen einer gesunden Niere gilt. Dies ist lediglich eine Formulierung von Millikans Argument. »Mechanische Rationalität«, wie sie es nennt, ist nicht in der Lage, semantische Rationalität zu sichern; aber es ist die semantische Rationalität, die den Raum der Gründe strukturiert.[28]

Eine psychologistische Konzeption des Mentalen ist also kein vielversprechender Kontext, um das zu finden, worum es Frege mit dem Begriff des Sinns ging. Da verwundert es nicht, daß seine Überlegungen so unbefriedigend aussehen. Für Frege sollte einen (einzelnen) Sinn aufgreifen einfach *heißen*, eine *Bedeutung* im Geist präsent haben (in einem bestimmten Darstellungsmodus) – das ist ein Sinnbegriff, der nur im Rahmen semantischer Rationalität funktioniert. Millikan dagegen faßt die Einführung des Sinns als die eines Werkzeuges auf, mit dessen Hilfe sich die inneren Mechanismen des sich auf ein Objekt richtenden Geistes charakterisieren lassen.[29] Sie schließt völlig zu Recht, daß das Begreifen eines Sinns, so wie sie ihn rekonstruiert, nicht das sein kann, worauf Frege hinausmöchte; aber sie sieht nicht, daß das gegen ihre Rekonstruktion sprechen könnte.

Ein blinder Fleck also, der meines Erachtens letztlich dafür verantwortlich ist, daß die Alternative eines liberalen Naturalismus gar nicht in den Blick kommt. Die eigentliche Heimat der Idee »Begreifen von Sinn« liegt in der Beschreibung der Muster unserer Leben – in diesem Fall unserer mentalen Leben –, die nur in Begriffen derjenigen Relationen verständlich sind, die den Raum der Gründe strukturieren. Diese Muster schließen genuine Rationalität ein, und nicht bloß (sogenannte) »mechanische Rationalität«. Der liberale Naturalismus braucht, um die Idee des »Begreifens von Sinn« zu einer unproblematischen werden zu lassen, nicht mehr als ein durchaus vernünftiges Insistieren darauf, daß solche Muster unsere Leben prägen.

Im Falle der Weigerung, den Begriff des Sinns als Werkzeug zur Charakterisierung der internen Mechanismen aufzufassen, welche für die Ausrichtung des Geistes auf seine Objekte sorgen[30], glaubt Millikan das Festhalten an einer gespenstischen Idee konstatieren zu können – daß nämlich »Bedeutungen direkt den Geist bewegen«.[31] Das Gespenstische daran ist der cartesische Paramechanismus. Millikan fällt in eine neo-cartesianische Suche nach regulären Mechanismen zurück und setzt voraus, daß Frege das gleiche im Sinn hat, obwohl sie seinen Versuch für gescheitert hält – zu Recht, betrachtet man ihre Rekonstruktion von Freges Denken. Doch Frege ging es um etwas anderes; dahinter mag zwar der Gedanke stecken, daß »Bedeutungen direkt den Geist bewegen«, doch in einer ganz und gar nicht gespenstischen Form. Die Vorstellung, daß ein Geist durch Bedeutungen bewegt wird, verwendet eine Metapher, die aus dem logischen Raum des mechanischen Verstehens stammt; die Art und Weise jedoch, in der diese Vorstellung funktionieren soll, muß im kontrastierenden Raum der Gründe verstanden werden. Der Versuch, die Metapher wörtlich zu nehmen, wiederholt den grundlegenden cartesianischen Fehler.

9.

Warum soll dies ein Fehler sein? Millikans Position ist an diesem Punkt ziemlich verführerisch. Genau wie der gewöhnliche Cartesianismus stellt auch sie eine Common-sense-Vorstellung davon, was denkende Dinge sind, in Frage.

Was ist das eigentlich, das denkt? Man könnte annehmen, es sollte das sein, was Millikan den »intakten Geist« nennt. Aber die Aktivitäten des »intakten Geistes« gipfeln nicht im Denken – denn nach Millikans eigenen Ausführungen verkörpern sie bloß »mechanische«, nicht aber semantische Rationalität.

Was aber sorgt für semantische Rationalität? Millikans Antwort auf diese Frage besteht in einer Erweiterung des betrachteten Systems, das nun nicht mehr nur den »intakten Geist« umfaßt, sondern auch das Tier, dessen Verhalten dieser steuert, und die Bedingungen in der Umwelt des Tieres. »Rationalität ist […] eine biologische Norm, hervorgebracht in einem integrierten Kopf-Welt-System unter biologisch idealen Bedingungen.«[32] Aber dieser »Externalismus« ist grotesk, wenn er impliziert, daß das Ausüben semantischer Rationalität die Tätigkeit eines »Kopf-Welt-Systems« ist – so als ob die Umwelt, die wir als Denkende üblicherweise miteinbeziehen, teilweise für den Vollzug des Denkens zuständig ist. Denken aber tut nur etwas, das in der Umwelt lebt, und das schließt selbstverständlich ein Nachdenken über sie ein. Dieses kleine Stück gesunder Menschenverstand wird durch Millikans Bemühungen um die Mechanismen des Denkens (also um die Frage, wie Rationalität bewerkstelligt wird) verdunkelt. Wenn wir das Tier als einen komplexen Mechanismus auffassen, so haben wir nicht mehr die Verwirklichung semantischer Rationalität im Blick, sondern seinen internen Steuerungsmechanismus, und nur dann sieht es tatsächlich so aus, als ob nichts anderes als ein »Kopf-Welt-System« helfen kann.[33] Wenn die einzig respektable Beschäftigung mit der Rationalität in der Erforschung dessen besteht, wie sie durch einen Mechanismus »bewerkstelligt« wird, verlieren wir den Zugriff auf Rationalität als etwas, das durch die Aktivitäten eines Tiers ausgeübt wird.

Millikans »intakter Geist« ist ein Gegenstück zu Descartes' *res cogitans*. Es gibt allerdings einen Unterschied: Millikan erkennt, daß ihr Gegenstück nicht wirklich eine *res cogitans* sein kann, obwohl sie es nach wie vor »den Geist« nennt – das ist reichlich seltsam, denn es tut nicht das, was Geist normalerweise tut, nämlich denken (semantische Rationalität ausüben). Hier haben wir es mit dem Ergebnis eines wohlvertrauten Tauschhandels zu tun: Der Preis dafür, den cartesischen Immaterialismus loszuwerden und zugleich in den Grenzen eines restriktiven Naturalismus zu bleiben, zeigt sich darin, daß der jeweils ausgewählte, spezielle Bereich der Natur nicht mehr speziell genug ist, um ihm die Fähigkeiten des Denkens beizulegen.[34] Aber trotz ihrer Befreiung vom Immaterialismus ähnelt Millikans Auffassung doch der ursprünglichen cartesischen Vorstellung darin, daß sie die solide Überzeugung bedroht, eine *res cogitans* sei immer auch eine *res dormiens*, *res ambulans* und so weiter. Millikans »intakter Geist« verkörpert nicht Rationalität; und das Rationalität verkörpernde »Kopf-Welt-System« ist nicht das Ding, das schläft und spazierengeht. Das rationale Tier findet in diesem Bild keinen Platz.

Richtig verstanden, ist die Behauptung absolut akzeptabel, daß die Aktivitäten des intakten Geistes einschließen, daß er auf Objekte gerichtet ist, wofür allerdings Millikan keinen Raum läßt. Dies ist eine Art zu sagen, daß es das rationale Tier ist, das denkt. Wir laufen nicht Gefahr, in irgendeiner Weise die Wirklichkeit des Mentalen auszusperren, wenn wir sagen, daß das Wort »Geist« eine Menge von Fähigkeiten und Neigungen bezeichnet, die ein mit Geist begabtes Wesen besitzt. Anzunehmen, daß »Geist« etwas Substantielleres sein müsse, andererseits aber doch weniger als das rationale Tier selbst, führt geradewegs ins intellektuelle Desaster – nämlich zur Annahme eines Organs, in dem das Denken stattfindet, das wir dem Tier aus dieser Perspektive in loser oder abgeleiteter Form zubilligen.[35] Das ist der ursprüngliche Sündenfall der cartesischen Philosophie, und die Buße besteht nicht darin, das von Descartes selbst postulierte Para-Organ durch ein reguläres Organ zu ersetzen, welches auch von einer anspruchsvolleren Biologie unserer Tage akzeptiert werden kann.[36] Natürlich gibt es ein entscheidendes Organ, das Gehirn, und nichts von dem, was ich gesagt habe, möchte die Erforschung seiner Funktionsweise in Frage stellen. Aber wenn wir uns selbst wirklich als denkende Dinge begreifen wollen, müssen wir unterscheiden zwischen der Untersuchung von Mechanismen, welche dafür verantwortlich sind, daß der Geist sich auf ein Objekt beziehen kann, und der Untersuchung dessen, was es bedeutet, ein Objekt im Geist vor sich zu haben.

10.

Ich habe mich in diesem Text mit einem kulturelle Effekt beschäftigt, der mit der Entfaltung der modernen Wissenschaft einherging. Die mit ihr verbundene Herausbildung einer anderen Form der Intelligibilität, die sich von jener absetzte, welche ihre Gegenstände im Raum der Gründe verortete, war zweifellos in sich selbst ein intellektueller Fortschritt. Aber ich habe mit einigem Nachdruck auf eine Strömung in der Philosophie des Geistes verwiesen – am Beispiel von Descartes wie auch von Zeitgenossen, die sich von Descartes' Verworrenheiten befreit glauben –, die man als giftiges Nebenprodukt einer Geisteshaltung ansehen sollte, welche erst durch diesen Fortschritt möglich wurde – des Szientismus.

[Aus dem Englischen von Eva Gilmer]

1 Wilfrid Sellars, »Empiricism and the Philosophy of Mind«, in: Herbert Feigl und Michael Scriven (Hg.), *Minnesota Studies in the Philosophy of Science*, Vol. 1, Minneapolis 1956, S. 253–329, S. 298f. Richard Rorty zitiert diese Bemerkung gleich zweimal in seinem Buch *Der Spiegel der Natur: Eine Kritik der Philosophie*, Frankfurt am Main 1981, S. 160, 421.

2 Vgl. in diesem Zusammenhang S. 257 von Sellars' *Empiricism and the Philosophy of Mind.*

3 Vgl. *Der Spiegel der Natur,* S. 176, wo Rorty scharf unterscheidet zwischen dem, »was Sellars den logischen Raum der Begründungen nennt« und »dem [Raum] der kausalen Relationen zu Gegenständen«.

4 Ich schlage vor, daß wir auf die Vorstellung von Naturgesetzen zurückgreifen sollten, um den Kontrast, auf dem Sellars beharrt, auszudrücken und dabei darauf zu verweisen, daß der Kontrast wesentlich ein moderner ist. Dadurch ignoriere ich im übrigen nicht die schlichte Tatsache, daß der Begriff des Naturgesetzes – genauso wie der Begriff der Natur – der Moderne zeitlich vorausgeht. Der Ausdruck selbst reicht offenkundig in eine Zeit zurück, in der die Vorstellung von Naturgesetzen nicht im Gegensatz stand zur Idee einer normativen Organisation eines Gegenstandsbereichs. Dies unterläuft nicht den von mir ausgeschlachteten Punkt, der davon handelt, was aus der Vorstellung von Naturgesetzen geworden ist.

5 Vgl. besonders Donald Davidson, »Geistige Ereignisse« in: *Handlung und Ereignis*, Frankfurt am Main 1990, S. 291–320. Die von mir zitierte Wendung findet sich auf S. 313.

6 Vgl. Daniel C. Dennett, *The Intentional Stance,* Cambridge, Mass./London 1987.

7 Vgl. dazu die Diskussion des *Normativen Prinzips* auf Seite 342f. von *The Intentional Stance.*

8 Einige Leuten meinen, daß Empfindungsfähigkeit eine ganz andere Angelegenheit ist, aber ich denke, das ist nicht richtig (obwohl ich es an dieser Stelle nicht diskutieren kann). Einige Hinweise in diese Richtung gebe ich in meinem Aufsatz »One Strand in the Private Language Argument«, in: *Grazer Philosophische Studien* Vol. 33/34 (1989), S. 285–303. Jedenfalls ist Verstandesfähigkeit für meine gegenwärtigen Ziele ausreichend.

9 Ich habe eine vielsagende Parallele zwischen Sellars' Rede vom »logischen Raum der Gründe« und Davidsons Rede vom »konstitutiven Ideal der Rationalität« ausgebeutet. Allerdings sollten wir einen Unterschied zwischen Sellars' Punkt über Wissen und dessen Verallgemeinerung festhalten. Ein Zustand oder eine Episode gilt als eine des Wissens nur dann, wenn sie oder er unter Normen der Rechtfertigung fallen kann. Wenn wir dies mechanisch extrapolieren, so werden wir annehmen, fälschlicherweise, daß ein »Raum der Gründe«-Verständnis von Denken und Handeln dort nicht zur Verfügung steht, wo Rationalität nicht ganz vollkommen ist.

10 Dieses steht in Zusammenhang mit einer anderen Sache, auf die ich zuvor hingewiesen habe: Rorty siedelt Verursachung, einfach als solche, auf der anderen Seite der von Sellars vollzogenen Abtrennung von Überlegungen über Rechtfertigung oder Berechtigung an, die die angemessene Umgebung für die Klassifikation von Zuständen oder Episoden als Fälle von Wissen bilden. Das bedeutet, daß Rorty kein Instrument zur Verfügung hat, das aber sicherlich vonnöten wäre, versucht man den Gedanken, daß die Fähigkeiten des Wissenserwerbs natürliche Kräfte sind, genauer zu erläutern.

11 Vgl. dazu Kants Bemerkung über Locke, in: Immanuel Kant, *Kritik der reinen Vernunft*, Frankfurt am Main 1968, AIX (S. 12), zitiert nach Rorty, *Spiegel der Natur*, S. 156.

12 Vgl. Kapitel V von Rorty, *Spiegel der Natur.*

13 Kripkes Wittgenstein wäre so ein Fall: Vgl. Saul A. Kripke, *Wittgenstein über Regeln und Privatsprache*, Frankfurt am Main 1987. Ich habe allerdings eher nach einem real existierenden Vertreter dieser Position gesucht, und nicht nach einerfiktionalen Figur.

14 Man beachte vor allem Behauptungen wie, daß »Überzeugungen [...] in Aussagen zugeschrieben werden, die nur dann wahr sind, wenn wir sie von einem gewissen Maß an wörtlicher Bedeutung befreien« (*The Intentional Stance*, S. 72). Man halte dem den Vorschlag entgegen, daß das Subjekt, dem zugeschrieben wird, daß ihm Dinge so und so erschei-

nen, »lediglich eine Fiktion des Theoretikers« ist: Daniel C. Dennett, *Consciousness Explained*, Boston/Toronto/London 1991), S. 128.

15 Diese Spezifikation ist wichtig. Ich mache in dieser Vorlesung keine Behauptungen über den historischen Descartes. Diese Lesart orientiert sich an: Gilbert Ryle, *Der Begriff des Geistes*, Stuttgart 1969.

16 Ich behaupte nicht, daß der Wunsch, sich von Verantwortung zu entlasten, nicht zentral für ein angemessenes Verständnis der Entwicklung moderner Philosophie sei. Doch ich glaube nicht, daß eine vermeintlich autonome Gewißheitsobsession der richtige Kontext ist, um diesen Wunsch zu verstehen.

17 Für eine Formulierung in diesem Sinn vgl. S. 232 von Colin McGinns »The Structure of Content«, in: Andrew Woodfield (Hg.) *Thought and Object*, Oxford 1982, S. 207–58.

18 Beispiele sind unter anderem John Perry, »Frege on Demonstratives«, *Philosophical Review* LXXXVI (1997), S. 474–97, und McGinns *The Structure of Content*.

19 Vgl. insbesondere Ruth Garrett Millikan, »Perceptual Content and Fregean Myth«, in: *Mind* C (1991), S. 439–59 und »White Queen Psychology«, in Ruth Garrett Millikan, *White Queen Psychology and Other Essays for Alice*, Cambridge, Mass./London 1993. Ähnliche Annahmen scheinen auf der Seite 570f. von Robert B. Brandoms *Making it Explicit: Reasoning, Representing and Discursive Commitment*, Cambridge, Mass. 1994, aufzutauchen.

20 Millikan, *White Queen Psychology*, S. 286f., besonders aber S. 287: »Eine dieser [...] Behauptungen, das Gegebensein von Bedeutungsidentität ist am zentralsten.«

21 Siehe dazu Gareth Evans »Understanding Demonstratives«, in: Herman Parret/Jacques Bouveresse (Hg.), *Meaning and Understanding*, Berlin/New York 1981, S. 280–303. Millikan verwischt diesen Punkt durch eine merkwürdige Lesart des Prinzips, das Evans »Russells Prinzip« nennt (vgl. dazu Kapitel 4 von Gareth Evans, *The Varieties of Reference*, Oxford 1982) – des Prinzips nämlich, das besagt, daß »um über einen Gegenstand zu denken, man wissen muß, um welchen Gegenstand es sich handelt – man muß wissen, welcher Gegenstand es ist, über den man nachdenkt«, ebd, S. 65. Evans zeigt, wie dieses Prinzip in einen Fregeschen Rahmen paßt, und Millikan (*White Queen Psychology*, S. 287f.) liest es so, als ob dadurch gefordert würde, daß eine Denkende in der Lage ist, zu sagen, wann sie wieder an den gleichen Gegenstand denkt (oder in einer schwächeren Form, daß sie in der Lage ist, zu sagen, wann der Gegenstand später in ihren Gedanken im gleichen Darstellungsmodus vorkommt). Aber konträr zu dem, was Millikans Zitate nahelegen, ist die Forderung, daß eine Denkende sagen kann, wann sie wieder über den gleichen Gegenstand nachdenkt, nicht Teil dessen, was Evans mit »Russells Prinzip« meint. Und sogar die schwächere Fassung, in Begriffen von Darstellungsmodi, liegt weit jenseits von Freges einschränkendem »Gleichzeitigkeits«-Prinzip.

22 Es ist bemerkenswert, wie viele Philosophen davon ausgehen, daß Frege ein Problem mit Gedanken hat, wie dem, den Rip Van Winkle ausgedrückt haben könnte, wenn er sagt »Heute ist der Tag, an dem ich eingeschlafen bin«, nachdem er nach einem zwanzig Jahre währenden Schlaf aufgewacht ist.

23 Transparenz ist wirklich eine Finte. Auf den Seiten 121–130 von *The Intentional Stance* präsentiert Dennett den üblichen Fall gegen eine vermeintlich Fregeanische Auffassung propositionaler Einstellungen. (Obwohl Freges »Gedanken« faktisch in seinem Katalog der möglichen Dinge, die mit »Propositionen« gemeint sind, nicht auftauchen.) Dennett faßt das Argument als ein Problem für die Idee des »Begreifens von Sinn« auf oder, wie man sagen könnte, dafür zu »wissen, was man denkt«. Dies kommt durch die Tatsache ins Spiel, daß man das, was man denkt, aus den Augen verliert oder durch Doppelgänger getäuscht wird, und so weiter. Würde Dennett argumentieren, daß meine, bei entsprechendem Anlaß geäußerte Behauptung zu wissen, daß es Daniel Dennett ist, den ich vor mir habe, unterlaufen wird, falls ich durch einen Doppelgänger hinters Licht geführt würde (was mir sicher passieren könnte)? Warum wird das Wissen darüber, was ich denke, mit strengerem Maß gemessen? (Auf S. 129 ebd. schreibt Dennett: »Man kann das Ganze [...] so zusammenfassen:

Propositionen sind nicht begreifbar, weil sie uns durch die Finger schlüpfen können.« Sind lebendige Küken nicht greifbar? Natürlich können sie uns durch die Finger schlüpfen). In ähnlichem Geist, auf S. 200 von *The Intentional Stance*, bietet uns Dennett eine weitere merkwürdige Lesart von Russells Prinzip an, als eines, das der Idee Ausdruck verleiht, »daß wir eine Art von Darübersein definieren können, das sowohl eine wirkliche Relation zu etwas in der Welt ist, als auch etwas, zu dem der Zugang desjenigen, der Überzeugungen hat, vollkommen gegeben ist.« Warum muß der Zugang vollkommen sein (d. h. daß wir es bewiesenermaßen nicht mit Doppelgängern und ähnlichem zu tun haben)? Das, worüber Dennett behauptet zu reden, ist nicht Russells Prinzip, wie Evans es gebraucht. Es wäre eine interessante Fingerübung herauszuarbeiten, wie die strikt cartesische Vorstellung von Selbst-Wissen, die Dennett hier den Fregeanern anhängen will, mit Dennetts eigener psychologistischer (obgleich natürlich nicht-dualistischer) Vorstellung davon zusammenhängt, was es für etwas heißt, anders zu sein als »psychologisch träge« (Ebd., S. 130).

24 Millikan, *White Queen Psychology*, S. 290.

25 Ebd., S. 289.

26 Ich habe den Fokus meiner Überlegungen von der Frage der Transparenz von Sinngleichheit und -verschiedenheit verschoben auf die Frage nach der Fähigkeit eines Sinnbegriffs, überhaupt für die Ausrichtung auf Objekte zu sorgen (welche Teil der Semantizität singulärer Gedanken ist). Millikans grundlegender Einwand gegen Frege läßt sich auch innerhalb dieses Kontextes formulieren: Sinne begreifen wäre ein Ausüben »mechanischer Rationalität«, und Sinn und Referenz können zusammenhängen, so wie Frege es sich vorstellt, nur wenn »mechanische Rationalität« für Semantizität hinreichen würde, was sie nicht tut. Der Vorteil der Verlagerung ist der, daß sich dadurch jeglicher Schritt in sumpfiges Gelände, wie das von Kripkes Pierre–Fall, (den Millikan heranzieht: *White Queen Psychology*, S. 290 f.) erübrigt. Der Vollständigkeit halber möchte ich eben noch festhalten, daß Kripkes Pierre kein Problem für eine Fregeanische Sicht der Dinge darstellt; nach Freges Prinzip müssen wir sagen, daß er über zwei Darstellungsmodi von London verfügt. Es ist eine grobe Fehlauffassung, anzunehmen, daß dies die Abspaltung eines vermeintlichen Begriffs der Rationalität vom Gerichtetsein auf Gegenstände in der objektiven Welt einschließt (»eine Umsiedlung der Rationalität in ein inneres, reines, sicheres Reich«: *White Queen Psychology*, S. 348).

27 Das heißt, rational genug, um als ein Denkender zu gelten (und es wäre dumm zu fragen, »wie rational ist das?«). Formulierungen wie die im Text implizieren nicht, daß der begriffliche Apparat, über den ich rede, verlorengeht, wenn sich ein Subjekt als nicht ganz so perfekt rational erweist.

28 Dieser Punkt deckt sich mit dem, den Dennett macht, wenn er sagt, daß »das Gehirn [...] lediglich eine *syntaktische Maschine* ist« (*The Intentional Stance*, S. 61). Gerade weil dies einer der Wege ist, Millikans Denken darzustellen, kann ich ihren Naturalismus über den »intakten Geist« dem restriktiven, und nicht liberalen Naturalismus zuordnen. Sie argumentiert, daß sich »die biologischen Wissenschaften, einschließlich Physiologie und Psychologie von der Physik unterscheiden, weil ihre Interessen nicht in naturgesetzlichen [...] sondern in biologisch angemessenen Ereignissen liegen« (*White Queen Psychology*, S. 363). Doch dies schließt das Biologische, so wie Millikan es versteht, nicht aus dem von mir so genannten »Reich der Gesetze« aus: Es gilt lediglich, daß die relevanten Gesetze durch Überlegungen über angemessene Funktionen verbürgt werden und nicht induktiv aus dem Geschehen gefolgert werden. Es bleibt bei dem Kontrast zum »Raum der Gründe«

29 Vgl. dazu eine außergewöhnliche Passage auf S. 442 von *Perceptual Content and Fregean Myth*, wo sie die Idee des »Begreifens von Sinn« als einen Fall des »Postulierens von Vermittlungen« auffaßt, mit Blick auf theoretische Aussagen über die »zugrundeliegende Natur des Trägermediums des Denkens [vehicle of thought]«.

30 Eventuell, um damit einer gewissen Skepsis darüber Ausdruck zu verleihen, ob es überhaupt irgendeine solche innere Mechanik geben muß. Vgl. dazu zum Bei-

spiel Wittgensteins berühmt berüchtigte Bemerkungen über »das Vorurteil [...] des psychophysischen Parallelismus«. Ludwig Wittgenstein, *Zettel*, hg. von G. E. M. Anscombe und G. H. von Wright. Frankfurt am Main 1984, S. 416f. (§§ 608ff.) Das Zitat stammt aus § 611.

31 Millikan, *Peceptual Content and Fregean Myth*, S. 442.

32 Millikan, *White Queen Psychology*, S. 280.

33 Ist es eine Schwierigkeit, daß das »Kopf-Welt-System« selbst lediglich eine syntaktische Maschine ist? Millikan muß darauf hoffen, daß, wenn wir es auf eine Weise beschreiben, die entsprechend in Begriffen biologischer Funktion organisiert ist, wir es dann auf eine Weise beschreiben werden, die dazu führt, daß es sich als genuine Rationalität instantiierend herausstellt – als eine semantische Maschine. Dies scheint mit ein Hirngespinst zu sein, das ich aber nicht weiter ausführen muß. Gegenwärtig geht es mir darum zu zeigen, daß selbst wenn wir Millikan das, worauf sie hofft, zugestehen, dies nicht auf eine zufriedenstellende Antwort auf die Frage »Was denkt (Was übt semantische Rationalität aus)«? hinausläuft.

34 John Searle ist der einzige unter den zeitgenössischen Neocartesianern, der denkt, daß er beides kann: das cartesische *res cogitans* de-immaterialisieren und dessen bemerkenswerte Kräfte beibehalten.

35 Vgl. dazu mein Aufsatz »Putnam on Mind and Meaning« in meinem Buch *Meaning, Knowledge, and Reality*, Cambridge, Mass. 1998.

36 Dennetts Denken zeigt in Teilen diesen Makel. Er billigt Millikans Angriff auf Frege. Betrachten wir diese Passage aus *Consciousness Explained* (S. 41): »Dualismus, die Idee, daß ein Gehirn kein den kendes Ding sein kann, so daß ein denkendes Ding kein Gehirn sein kann, ist aus vielerlei Gründen verlockend, aber wir müssen der Versuchung widerstehen [...] Irgendwie muß das Gehirn Geist sein [...].« Aber ein Gehirn *kann kein* denkendes Ding sein (es ist, wie Dennett selbst festgestellt hat, bloß eine syntaktische Maschine). Der Dualismus sitzt nicht in dem vollkommen richtigen Gedanken, daß das Gehirn kein denkendes Ding ist, sondern im Postulieren von etwas Immateriellem, welches das denkende Ding sein soll, das aber das Gehirn nicht ist, anstatt daß erkannt wird, daß das denkende Ding das rationale Tier ist. Dennett kann sich auf dem Gedanken, daß das Gehirn der Geist sein muß, in Kombination mit seiner Einsicht, daß das Gehirn bloß eine syntaktische Maschine ist, nur ausruhen, weil er denkt, daß in dem Sinn, in dem das Gehirn nicht *wirklich* ein denkendes Ding ist, überhaupt nichts ein solches ist: Der Status eines Besitzers von intentionalen Zuständen wird einem Objekt durch die Übernahme auf ihn gerichteter intentionaler Einstellungen verliehen, und das trifft auf Tiere so wenig zu wie auf Gehirne, genauso wenig wie auf Thermostate. Dies ist allerdings eine Gratiszugabe zu der eigentlichen Einsicht, die in der Berufung auf die intentionale Einstellung steckt. Rationale Tiere sind genuin »semantische Maschinen«. (Für diese Behauptung ist es nebensächlich, daß die Intentionalität rationaler Tiere ein Produkt der Evolution ist, ein kausales Resultat von »Intentionalität« auf seiten von Mutter Natur: vgl. *The Intentional Stance*, S. 287–321.) Der Makel ist also abwaschbar: Das meiste des Materials zum Beispiel in *Con-sciousness Explained* wird unabhängig von Dennetts Neocartesianischen Gedanken, daß das Gehirn der Geist sein muß, erläutert. Es liefert einen Beitrag zum Studium der »Mechanik des Bewußtseins« in einem akzeptablen Sinn, der nicht gleichzusetzen ist mit dem Sinn von Millikans Annahme, daß Frege sich mit der Mechanik der Intentionalität beschäftigt haben muß.

MICHAEL HAGNER / CORNELIUS BORCK

Brave Neuro-Worlds

Als im Jahre 1990 die neunziger Jahre als »Dekade des Gehirns« ausgerufen wurden, waren sich die Planer dieser Inszenierung vermutlich nicht darüber im klaren, daß kurz vor Ablauf der Dekade nicht wenige Auguren um eine Potenz höher greifen und das nächste Jahrhundert als das »Jahrhundert des Gehirns« bezeichnen würden. Die Erwartungen sind hochgesteckt, denn es geht darum, das Rätsel der Rätsel zu lösen und eine naturwissenschaftlich fundierte Erklärung für das Verhältnis von Gehirn und Geist zu liefern. – Schon wieder? fragt man sich etwas verwundert, wenn man die Geschichte der Hirnforschung in den letzten 200 Jahren betrachtet und feststellt, daß Hirnforscher immer wieder ambitionierte Programme zur empirischen Entschlüsselung des Geisteslebens auf der Basis der Hirnfunktionen entworfen haben. Es scheint, als wirkten die Jahrhundertschwellen dabei als Katalysatoren: Am Beginn des 19. Jahrhunderts versuchte der Arzt und Anatom Franz Joseph Gall menschliche Talente, Neigungen und Eigenschaften in voneinander abgegrenzten Regionen der Gehirnrinde zu lokalisieren. Kritik an dieser materialistischen Doktrin meldeten vor allem Verteidiger der christlichen Seelenlehre und des cartesischen Dualismus an: beide insistierten auf der Eigenständigkeit und Unsterblichkeit der menschlichen Seele. Die Ablehnung der als Bedrohung empfundenen Gallschen Lehre wurde den Kritikern leichtgemacht, weil Gall die Konfiguration des Schädels – quasi ein getreues Abbild des Hirnbaues – als zentralen Bestandteil seiner Theorie ansah. Hegel machte sich über das tote Stück Knochen lustig, und die Naturforscher fanden alle möglichen Argumente für die Falschheit der Schädellehre. Dennoch wurde die einmal gesäte Idee der cerebralen Lokalisierung geistiger Qualitäten vor allem in der zweiten Hälfte des 19. Jahrhunderts zur zentralen Stütze der rasch expandierenden Hirnforschung.

Sigmund Freud eröffnete termingerecht mit der auf 1900 vordatierten Publikation der *Traumdeutung* eine neue Front in dem Streit über die

Frage, ob der Mensch im eigenen Haus das Sagen habe. Fortan waren freier Wille und unsterbliche Seele weniger gegen die Neuroanatomen als gegen die unbewußte Welt der Triebe und Verdrängungen zu verteidigen. Der Brandsatz war präzise kalkuliert, und Freud scheute nicht vor der riskanten und berühmt gewordenen Anmaßung zurück, sich selbst zu den großen Entzauberern zu rechnen: Die drei Kränkungen der Menschheit seien die kopernikanische Wende, wonach der Mensch nicht mehr im Mittelpunkt des Universums lebt; Darwins Evolutionslehre, wonach der Mensch keinen göttlichen Ursprung mehr vorweisen kann, sondern vom Affen abstammt; und schließlich die Psychoanalyse, wonach das geistige Leben des Menschen vom Unbewußten regiert wird.[1]

Gewiß, bei Gall und Freud handelte es sich um schwarze Schafe in der großen Familie der Gehirnwissenschaftler, aber beide vertraten nur zugespitzt, was andere in etwas weniger spektakulärer, aber für die Hirnforschung enorm wirkungsvoller Weise postulierten. Die Theorie der geistigen Reflexmaschine, wie sie vielleicht von Pavlov am elaboriertesten entwickelt wurde, oder das umfassende Konzept einer Verschmelzung von Neurobiologie und Psychologie, wie es das Hirnforscherehepaar Cécile und Oskar Vogt zu Beginn des zwanzigsten Jahrhunderts in Angriff nahm, waren kaum weniger radikale Vorstellungen. Noch Norbert Wieners kompromißlose Umdeutung der Teleologie zur Kybernetik und die »Künstliche Intelligenz« der Computerforscher in den fünfziger und sechziger Jahren markierten ähnlich weitgehende anthropologische Positionen. Alle genannten Forscher teilten die Überzeugung, an einem visionären Projekt zu arbeiten und mit ihrer Hirn- bzw. Bewußtseinsforschung alte Vorurteile über den Menschen aus dem Weg zu räumen; und sie taten zumindest so, als ob es einen mühsamen intellektuellen Kampf bedeutete, für ein wissenschaftlich besseres Verständnis des Menschen einzutreten, – einen Kampf, den es mit der Widerspenstigkeit des Objekts selbst ebenso wie mit den Widerständen der Zeitgenossen auszufechten galt.

Von einem solchen heroischen Skeptizismus, die Wahrheit auch wider unseren menschlichen Stolz und unsere Geistesgeschichte ans Licht bringen zu wollen, ist an der jetzigen Jahrhundertschwelle nicht mehr viel zu spüren. Vielmehr geht es jetzt darum, die Frage nach Bewußtsein und Geist so zu beantworten, daß damit zugleich Selbstbewußtsein und Kreativität angemessen begründet werden. Unterlegt werden solche Überlegungen mit den schönen neuen Bilderwelten von Gehirn und Geist. Sie unterstreichen den Eindruck, heutzutage werde kein Bild des Heroismus inszeniert, sondern vielmehr dem Imperativ der Zauberflöte gefolgt: »Seid edel, tapfer und gut!« – Selbsterkenntnis ohne inzestuöse Verstrickung oder verstümmelnde Blendung wie einst bei Ödipus, so lautet der Leitsatz der Hirnforschung für das nächste Jahrhundert. In der hellen Reinlichkeit des modernen Forschungslabors hat sie die Odeurs psychodynamischer Abgründe des zwanzigsten Jahrhunderts gleich mit dem Leichengeruch der Hirnforschung des vorangegangenen Jahrhunderts abgestreift.[2] Zu allem Überfluß werden an solche Szenarios nicht selten windelweiche New-Age-Visionen angedockt, und die internationalen Kongresse zur Bewußtseinsforschung formen sich so zu wahrhaft interdisziplinären Veranstaltungen, auf denen seriöse Hirnforscher, Gurus der neuesten Hirntheorien und Jünger esoterischer Welterkenntnis gleichermaßen versammelt sind. – Eine entsprechende Teilnahmegebühr für den gewöhnlichen Besucher charakterisiert solche Spektakel vollends als Fortsetzung von Selbsterfahrungswochenenden mit den Mitteln der modernen Informationsgesellschaft.

Auch wenn die von den Hirnforschern des 19. Jahrhunderts und von Freud inaugurierte Kränkung mittlerweile ihre Anstößigkeit verloren hat und im Gewande der Neurowissenschaften als geistreiche Selbstaufklärung daherkommt, scheint die ideengeschichtliche Einordnung der Hirnforschung heute ebenso gerechtfertigt wie damals: Kosmos, Leben, Geist – das sind drei Stichworte, die für die Naturwissenschaften in diesem Jahrhundert immer wieder eine zentrale Rolle gespielt haben. Vergegenwärtigt man sich die spektakulären Entwicklungen in Physik und Kosmologie sowie in der Molekularbiologie, werden die großen Anstrengungen der Neurowissenschaften verständlicher: In der Erforschung von Kosmos und Leben wurden umwälzende Erkenntnisse erzielt, und nun scheint es für nicht wenige vorrangig darum zu gehen, im Bereich der Gehirn- und Bewußtseinsforschung nachzuziehen. Manche mögen auf den *Einstein des Gehirns* oder einen neuen Darwin warten, der den revolutionären Schritt tut. Ironischerweise verstaubte ausgerechnet Einsteins Gehirn über Jahrzehnte unbeachtet in der pathologischen Sammlung eines obskuren Neuropathologen. Daß es kürzlich wieder medienwirksam inszeniert wurde, illustriert den hoch gespannten Erwartungshorizont, der die Hirnforschung an der Schwelle zum nächsten Jahrtausend umgibt.

Es ist dieser Erwartungshorizont, den wir im folgenden genauer untersuchen wollen. Woraus speisen sich die Hoffnungen auf eine umfassende empirische Erklärung des Geisteslebens? Was sind die Erwartungen, die in die Neurowissenschaften im Verhältnis zu anderen Wissenschaften gesetzt werden? Immerhin erfreuen sich die uralten Metaphern des »Abenteuers« und der »Eroberung des unbekannten Landes« nicht erst seit den neunziger Jahren einer großen Beliebtheit; und auch die Ankündigungen tiefgreifender epistemologischer und psychologischer, klinischer und den gewöhnlichen Alltag betreffender Umwälzungen sind nicht neu. Sie eilen der Verbreitung neuer empirischer Befunde, Konzepte oder Theorien typischerweise voraus und lassen sich nicht unbedingt reinlich trennen von den Befunden und Theorien. Folgt daraus, daß die Neurowissenschaften heute nichts anderes sind und leisten als vor hundert oder zweihundert Jahren? Mitnichten. Unzweifelhaft hat die Forschung zum Gehirn in den vergangenen zwei bis drei Jahrzehnten quantitativ enorm zugenommen und sich auch qualitativ in ganz neue Richtungen entwickelt. Das wird allein schon durch Dutzende neuer Zeitschriften zu Spezialgebieten innerhalb der Hirnforschung dokumentiert: In Journalen wie »Neurocognition« und »Brain Topography«, »Neuroimage« oder »Neurobiology of Learning and Memory«, die alle erst seit wenigen Jahren existieren, erscheinen Ausgabe für Ausgabe Hunderte Seiten mit neuen Forschungsergebnissen. Auch in den wissenschaftlichen Traditionsjournalen wie *Nature* oder *Science* spielen neurowissenschaftliche Veröffentlichungen eine herausragende Rolle. Kein Zweifel: wir sind eindeutig Zeugen einer immensen Vergrößerung und Vertiefung dieses Wissensraums um das Gehirn.

Unsere These ist jedoch, daß die von Hirnforschern, Wissenschaftsautoren und Journalisten im akademisch-öffentlichen Diskurs geführten erkenntniskritischen und wissenschaftspolitischen Debatten um dieses neue Wissen traditionelle Züge trägt, für die es in der Geschichte der Hirnforschung viele Parallelen gibt; und daß dabei eine Revolutions-Rhetorik angestimmt wird, die dem Vorbild anderer Wissenschaftsbereiche und vor allem der Molekularbiologie entlehnt ist. Um diese zweiteilige These zu erhärten, wählen wir eine historisch-vergleichende Perspektive, weil wir davon ausgehen, daß hier plausible Erklärungsangebote enthalten sind, die den Blick für die Gegenwart zu schärfen vermögen. Grundlage unserer Überlegungen ist dabei die Annahme, daß die Neurowissenschaften in ihrem Selbstverständnis, ihren programmatischen Absichten und in ihren Praktiken mit anderen kulturellen Bereichen wissenschaftlicher und nichtwissenschaftlicher Art verflochten sind. Eine solche Kontextualisierung der Neurowissenschaften folgt also gerade nicht dem Ziel, ihre (post-)modernen Fortschritte zu ignorieren oder historisch einzuebnen, sondern nimmt die Bedenken ernst, daß die Rhetorik der Umwälzung nicht völlig identisch mit der Sache selbst ist.

Voraussagen: Mogelpackungen und Trojanische Pferde?

In der Renaissance gehörten Vorhersagen zum Geschäft der Astrologen, im zwanzigsten Jahrhundert sind die Voraussagen zum legitimen Bestandteil der Naturwissenschaften geworden, insbesondere bei der Formulierung von groß angelegten Forschungsprogrammen. In den Neurowissenschaften folgen die Prophezeiungen neuerdings dem Vorbild der grenzenlosen Kommunikation im Internet. Der Zukunftsforscher Christoph Santner phantasierte kürzlich in der ZEIT über die schöne neue Welt einer elektrischen Datendirektübertragung zwischen menschlichen Gedächtniszentren inklusive der durchlebten oder durchlittenen Gefühlswelten per Gedankenfilm und Hirnkamera.[3]

Man mag das immer noch in der Rubrik Science-fiction abheften, aber es ist doch Ausdruck einer Mentalität, bei der die im kulturellen Gedächtnis verankerten Sehnsuchtsphantasien in der technologischen Zuversicht aufgehen. Das ist nicht neu. Als der englische Mathematiker Alan Turing 1950 sein berühmtes Simulationsspiel (»Turing-Test«) entwarf, in dem eine Maschine einen menschlichen Fragesteller über ihr Wesen täuschen soll, sagte Turing voraus, daß am Ende des Jahrhunderts die Maschine einen Fünfminutentest in drei von zehn Fällen besteht.[4] Diese Voraussage hat sich als falsch erwiesen, auch wenn viele Gehirn- und Bewußtseinsforscher jahrzehntelang argumentiert haben, das Gehirn sei im Prinzip nichts anderes als eine Turing-Maschine. Im gleichen Zusammenhang hat Turing noch eine weitere, weniger häufig zitierte Voraussage getroffen: Die allgemeinen Ansichten und der Sprachgebrauch hätten sich im Jahre 2000 so weit verändert, daß man widerspruchslos von denkenden Maschinen reden könne. Auch das werden viele nicht unterschreiben wollen, gleichwohl erfreut sich der Vergleich von Geist, Gehirn und Maschine nach wie vor großer Beliebtheit. Ohne solche Abgleichungen, die beinahe alle öffentlichen und kulturellen Räume durchdrungen haben, wäre der Computer alltagspraktisch wohl kaum zu diesem höchst eigenwilligen Wesen geworden.

Versprechungen und Ankündigungen dieser Art hat es im zwanzigsten Jahrhundert zahlreiche gegeben. In den Jahren nach 1900 skizzierten die bereits erwähnten Berliner Hirnforscher Cécile und Oskar Vogt eine empirische Lösung des Leib-Seele-Problems, indem sie für jedes Element der Bewußtseinserscheinungen ein materielles, neuroanatomisches Korrelat finden wollten, um damit die seelischen Phänomene zu identifizieren. Sie setzten ein für die damalige Zeit enormes interdisziplinäres Forschungsprojekt in Gang, an dem sich Hirnforscher, Ärzte, Genetiker, Psychologen,

Chemiker und Techniker beteiligten und das 1930 zum Bau des damals weltweit größten Instituts für Hirnforschung führte.[5] Die Resultate waren zwar für verschiedene Bereiche der biomedizinischen Wissenschaften des zwanzigsten Jahrhunderts wegweisend, aber das eigentliche Ziel wurde nicht erreicht und nicht nur deshalb, weil die Nationalsozialisten den Forschungsspielraum des Instituts ideologisch beschnitten.

Seit dem späten neunzehnten Jahrhundert gab es immer wieder erhebliche Anstrengungen, die Psychiatrie gemäß ihrem von Wilhelm Griesinger schon 1845 geforderten Ideal einer neurowissenschaftlichen Fundierung zu reformieren. Der Wiener Psychiater Julius Wagner-Jauregg hatte 1927 den Nobelpreis für seine nach dem Ersten Weltkrieg begonnenen Malariainfektionen bei Geisteskranken erhalten – wegen der vielversprechenden therapeutischen Perspektive. Ein paar Jahre später wurden dann eine ganze Reihe invasiver Therapien entwickelt, die direkt am Kopf ansetzten und eine kurative Psychiatrie versprachen: Medikamente und Stromstöße, die »heilende« epileptische Anfälle auslösen sollten. Noch schwerwiegender waren die Voraussagen amerikanischer Psychochirurgen der vierziger Jahre, die die Heilung der Geisteskrankheiten versprachen und in der Tat das Leben von Zehntausenden Patienten veränderten, aber in einer ganz anderen Weise, als man es ursprünglich erwartet hatte.[6]

Die Hoffnung auf innovative Techniken und Therapien blieb keineswegs auf Bereiche beschränkt, die heutzutage eher moralisches Befremden auslösen. Nach dem zweiten Weltkrieg trat die Psychosomatik mit dem Anspruch an, das Verhältnis psychischer und somatischer Prozesse bei Erkrankungen ins rechte Lot wissenschaftlicher Aufklärung zu setzen. Medizin und Wissenschaft sollten auf ihre anthropo-phänomenologischen Fundamente gestellt und so gleichsam zur Besinnung gebracht werden. Nach einer nicht zuletzt politisch und kulturell motivierten Anfangseuphorie setzte alsbald Ernüchterung ein. Unter dem Stichwort »Psychoneuroimmunologie« kam es um 1980 zwar zu einem kurzen Revival dieser Hoffnung auf eine Versöhnung von Körper und Geist, aber mittlerweile strahlt die Psychosomatik kaum noch Zukunftshoffnung aus, sondern scheint zur Entlastungsdisziplin im arbeitsteiligen Medizinmarkt geworden zu sein, die am Ende langer Patientenkarrieren nichtsystemkompatible Krankheitsbilder versammelt.

Die wenigen Beispiele, die ohne Schwierigkeiten vermehrt werden könnten, illustrieren, daß vieles von den Verprechungen der Neurowissenschaften nicht eingelöst wurde, einiges in eine ganz andere als die vorhergesehene Richtung lief, manches uns heute so fremd erscheint, daß wir nur noch

Kopfschütteln dafür übrig haben, und anderes kaum so revolutionär war wie anfänglich dargestellt. Braucht man also nicht allzuviel darauf zu geben, wenn das 21. Jahrhundert bereits als das Jahrhundert des Gehirns bezeichnet wird? Nach den Erfahrungen unseres Jahrhunderts zählen Gelassenheit, Skepsis und Bescheidenheit sicher wieder zu den Tugenden. Und Grund zur Gelassenheit besteht heute möglicherweise mehr als je zuvor paradoxerweise gerade wegen der Produktivität der Neurowissenschaften. Nicht aus Mangel an Forschungsergebnissen, sondern umgekehrt: weil so unübersehbar viele Forschungsergebnisse vorliegen, wäre es immerhin auch möglich, daß die große Synthese, der erhoffte Durchbruch gar nicht im Bereich des vernünftigerweise zu Erwartenden liegt. Zumindest können die Ergebnisse ganz anders aussehen, als es in der gegenwärtigen Ausfüllung des Erwartungshorizonts stilisiert wird. Diese Ambivalenz zwischen Erwartung und Unwissenheit hat Francisco Varela in merkwürdiger Weise auf den Punkt gebracht, wenn er schreibt, daß die Kognitionswissenschaft bereits jetzt schon die bedeutendste theoretische und technische Revolution seit der Atomphysik darstelle, dann aber hinzufügt, daß man die Kognitionswissenschaft noch nicht als etablierte, reife Naturwissenschaft bezeichnen könne und dementsprechend ihre zukünftige Entwicklung alles andere als klar sei.[7]

Die Uneinheitlichkeit des Wissens, oder: Das Gehirn als Fetisch

Kürzlich hat der Physiker Steven Weinberg darauf hingewiesen, daß die meisten Ergebnisse der gegenwärtigen Kosmologie keinerlei Relevanz für das kulturelle Selbstverständnis des Menschen hätten.[8] Mit den Neurowissenschaften verhält es sich nur scheinbar anders. Was für die gesellschaftliche Debatte zählt und in den Medien unermüdlich hervorgehoben wird, sind das Verhältnis von Geist und Gehirn, die Natur der Sprache, der kognitiven und der emotionalen Prozesse, und die Möglichkeit, die normalen oder die pathologisch veränderten Bewußtseinsprozesse abzubilden und therapeutisch zu beeinflussen. Der allergrößte Teil der Forschungsergebnisse in den Neurowissenschaften läßt sich jedoch kaum diesen zentralen Fragen zuordnen, sondern folgt weitgehend einer intrinsischen Forschungslogik. Mehr noch, die aktuellen Fachdiskussionen haben, auch wenn sie um eine so allgemeine Frage wie die nach den neuronalen Korrelaten zum Bewußtsein arrangiert sind, mittlerweile eine solche disziplinäre Komplexität angenommen, daß sich ihre Winkelzüge nicht einfach auf die

Fragen einer Selbstverständigung des Menschen an der Schwelle des Jahrhunderts der Hirnforschung umbrechen lassen.

Die großen Fragen verstellen – bei aller qualitativen Bedeutung – den Blick dafür, daß die Neurowissenschaften eine heterogene Wissenschaftslandschaft darstellen, die keinen allgemeinen Überblick mehr erlaubt. Wer die Jahrestagungen der American Association for Neuroscience mit ihren mehr als 20 000 Teilnehmern besucht und sich den zahllosen Themengebieten zuzuwenden versucht, wird wohl noch bemerken, daß die von den Vertretern der verschiedensten Disziplinen – Anatomie, Physiologie, Neurologie, Psychiatrie, Molekularbiologie, Biochemie, Physik, Statistik, Computerwissenschaften, Linguistik, Psychologie usw. – vorgestellten Forschungen zwar alle in irgendeiner Weise um das Gehirn oder ein anderes Nervensystem situiert sind; aber er wird vermutlich daran zweifeln, daß sie alle es mit ein- und demselben, geschweige denn einem einheitlichen Forschungsgegenstand zu tun haben. Auch solche Mammut-Tagungen vermögen »The Neurosciences« nur noch als einen Jahrmarkt der Unübersichtlichkeit zusammenzuhalten.

Es ist ein zu wenig beachtetes Faktum, daß die verschiedenen Forschungszweige innerhalb der Neurowissenschaften trotz solcher gemeinsamen Meetings bis zur gegenseitigen Verständnislosigkeit auseinanderdriften. Gewiß wird man nicht erwarten, daß Neurolinguisten mit ihren Analysen der Sprache und Neuroanatomen, die sich mit Invertebraten beschäftigen, sogleich einander verstehen. Doch ein großer eigenständiger Forschungsbereich wie z. B. die Beschäftigung mit subzellulären Prozessen von der Hirnentwicklung bis zur Signaltransduktion auf der einen, und die Konzeptualisierung von Gehirnfunktionen mit systemischen Ansätzen von der Gestaltwahrnehmung bis zur Visualisierung von Hirnaktivitätsmustern auf der anderen Seite, markieren nicht nur sachlich weit auseinanderliegende Gegenstandsbereiche innerhalb des riesigen Gebietes der Hirnforschung. Hier handelt es sich um unterschiedliche Forschungskulturen, bei denen Korrespondenzen und Interaktionen außerordentlich schwer herzustellen sind. Das heißt mitnichten, das solche interdisziplinären Anstrengungen nutzlos wären. Wenn heutzutage etwa Hirnanatomen mit klinischen Neurologen kooperieren und traditionelle mikroskopische Hirnbilder mit solchen vergleichen, die durch modernes Neuroimaging erzeugt wurden, so ist das ein höchst faszinierendes Unternehmen mit offenem Ausgang, das jedoch nicht vorschnell als Zeichen einer Konvergenz und bevorstehenden Synthese des neurowissenschaftlichen Wissens gewertet werden kann. Denn erstens tauchen solche Konjunkturen unterschiedlicher Methoden und Forschungskulturen in der Geschichte einer Wissenschaft an bestimmten Punkten immer wieder auf (um dann auch wieder vorüberzugehen), und zweitens mutieren gerade solche Kombinationen verschiedener Methoden und Fragen nicht selten zu völlig unvorhergesehenen Ereignissen, die in eine ganz neue Richtung weisen.

Wenn diese Diagnose richtig ist, stellt sich allerdings die Frage, wie trotz der skizzierten Ausdifferenzierung der Neurowissenschaften in oftmals inkommensurable Forschungsrichtungen dennoch der allgemein wahrgenommene Eindruck einer bereits bestehenden Einheit der Hirnforschung (»Vom Neuron zum Bewußtsein«) zustande kommt und welche Funktion er erfüllt. So wie von Descartes einst die Zirbeldrüse wegen ihrer Singularität zum Sitz der Seele erklärt worden war, scheint heute »das Gehirn« eine Einheit stiften zu sollen, die in der Forschungspraxis obsolet geworden ist bzw. nur in zeitlich und thematisch begrenzten Forschungsprojekten wissenschaftswirklich wird. Ist das Gehirn also zum letzten Stützpfeiler der abendländischen Metaphysik geworden, um hinreichend naturwissenschaftlich fundiert, aber auch anthropologisch befriedigend Auskunft über uns selbst zu geben?[9] Als der Psychiater Hans Berger in den zwanziger Jahren das EEG entdeckte, glaubte er, das Korrelat für die Bewußtseinstätigkeit gefunden und so Psychologie und Physiologie miteinander versöhnt zu haben.[10] Das EEG ist eine vorzügliche klinische Untersuchungsmethode, aber die daraus abgeleiteten Bilder des Geistes sind – etwa im Vergleich zur Wirkmächtigkeit der Psychoanalyse – nicht sehr erfolgreich gewesen. Deren Erfolge können unmöglich an ihrer naturwissenschaftlichen Zuverlässigkeit und Präzision gelegen haben, sondern darin, daß die Psychoanalyse uns viel interessanter und facettenreicher machte als jede Geistestheorie, die sich allein auf solide Hirnforschung stützen wollte. Hatte Freud seine gesellschaftlich so folgenreiche Theorie noch aus der Hirnforschung heraus und in kritischer Abgrenzung zu ihr entwickelt, so scheint sich heute mit dem Siegeszug des Neuroimaging die Waage endgültig zugunsten der Naturwissenschaften zu neigen. Die farbigen Bilder der Geistesblitze im denkenden Hirn oder das Hineinschwingen verzweigter hochspezifischer Hirnareale in den gemeinsamen Rhythmus einer kurzzeitigen kreativen Interaktion sind typische Produkte moderner Hochleistungshirnforschung, deren Faszinationskraft wie im Sport mit jedem neuen Rekord zu verblassen droht. Ist es mehr als eine Ironie der Geschichte, daß diese modernen Inszenierungen des Gehirns als eines anschaulichen Orts naturwissenschaftlichen Fortschritts dabei so ausgeprägte Züge einer Fetischisierung im Freudschen Sinne, also einer

Überblendung von wunschgerechter und realitätsgerechter Darstellung des Gehirns tragen?[11]

Konstruktionen der Hirnforschung: Das Richtige im Falschen und das Falsche im Wahren?

Was Hirn- und Bewußtseinsforscher als wegweisend einschätzen bzw. für anthropologisch relevant halten, ist nicht unbedingt identisch mit dem, was andere daran reizt, die sich mit »Geist« beschäftigen – wie z. B. Linguisten, Ethnologen, Philosophen, Kulturwissenschaftler und Künstler. Selbstverständlich haben Kognitionsforscher vollkommen recht, wenn sie darauf hinweisen, daß es die Kognitionswissenschaften selbst sind, die über die Richtigkeit der von ihnen selbst aufgestellten Prämissen, Hypothesen und Definitionen zu urteilen haben.[12] Das gleiche gilt für Neurophysiologie, genetische Verhaltensbiologie, Neuroimaging usw., denn nur so ist eine sinnvolle fachwissenschaftliche Arbeit möglich. Aber daraus folgt noch nicht, daß die Definitionen von Bewußtsein, Aufmerksamkeit oder Gedächtnis, wie sie der Kognitionswissenschaft zugrunde liegen, automatisch auch für andere Wissens- oder Erfahrungsbereiche gelten oder gelten sollten. Denn die Ausbreitung forschungsleitender Paradigmen über die einzelnen Fachkontexte hinaus unterliegt typischerweise gerade nicht den Legitimationsstandards ihrer internen Anerkennung und kann ihnen auch gar nicht unterworfen werden. Hier besteht vielmehr ein Spielraum für Moden und Zeitströmungen, dessen Stilisierung als Domäne aufklärerischen Wissenschaftsfortschritts zu den zweifelhafteren Triumphen der Dominanz einzelwissenschaftlicher Forschungsprojekte gehört. Die Denunzierung alltagsweltlich gesättigten und lebenspraktischen Wissens als »Folk Psychology« im Hinblick auf ihre angebliche Überwindung in einer »Neurophilosophy« in den Debatten zum Gehirn-Geist-Problem in den achtziger Jahren bot dafür reichlich Anschauungsmaterial.[13] Restriktive Definitionen sind zweifelsohne oft die Möglichkeitsbedingungen für Resultate in spezifischen Fragestellungen. Aber die Summe solcher Resultate gleicht nicht dem Ganzen möglicher Antworten, sondern spiegelt vielmehr den konkreten, realisierten Ausschnitt. Es gehört zum paradoxen und gleichwohl konstruktiven Charakter wissenschaftlicher Produktivität, daß die Selektion der Probleme und Fragestellungen zugleich eine Absage an gar nicht weiter bestimmbare Alternativen einschließt. Über die Ergebnisse, die solche Forschung dann in Erfolge verwandelt, entstehen neue

Ontologien, die nicht nur die weitere Selektion neuer Fragestellungen vorantreiben, sondern die ihrerseits nicht mehr fachwissenschaftlich kontrollierbar sind. Drei Beispiele sollen diese Dynamik veranschaulichen:

1. Die zweihundertjährige Maxime einer naturwissenschaftlichen Selbstaufklärung des Geistes durch die Hirnforschung hat ihr Pendant in einer sehr viel längeren Geschichte des menschlichen Sich-Entwerfens in technischen Systemen. Allerdings ist erst im zwanzigsten Jahrhundert daraus ein Wettrennen mit offenem Ausgang geworden. Geist und Bewußtsein werden mehr und mehr als die Leistungen eines komplexen informationsverarbeitenden Systems angesehen. Das menschliche Gehirn ist nur vorläufig das einzige System, das solche Leistungen realisiert. Die Erforschung der materialen, im weitesten Sinne physikalischen Grundlagen des menschlichen Geistes ist dabei Selbstaufklärung in einem doppelten und ambivalenten Sinne: Einerseits geht es um die Freilegung neuronaler Funktionsprinzipien der Repräsentation und Interpretation von Umwelt, also um eine Naturalisierung von Epistemologie. Andererseits korreliert diese Forschung den menschlichen Geist mit dessen technischer Reproduktion in Rechenautomaten, Robotern und *Artificial Minds*. Die Beschränktheit des menschlichen Geistes wird heute nicht mehr am ›bestirnten Himmel über uns‹ bzw. an Grenzen der konstruierten technischen Leistungen vermessen, sondern anhand der Grenzen der menschlichen Sinnes- und Nervensysteme gegenüber den Sensor- und Rechnerleistungen. Lange bevor Roboter tatsächlich Menschen ersetzen oder Brain Chips implantierbare Erweiterungen des menschlichen Gehirns werden, sind wir so heute bereits zu Cyborgs geworden, die ihre spezifischen Leistungen und Eigenheiten nur mit und gegen künstliche Systeme zu ermessen vermögen.

2. Ein Beispiel dafür, daß solche Tendenzen älter sind als der Computer, ist die Neurolinguistik. Mit der topographischen Zuordnung distinkter Teilaspekte des menschlichen Sprachvermögens zu bestimmten Arealen des Gehirns begann vor 150 Jahren die Eroberung dieses bis dahin weitgehend unbekannten Kontinents. Gehirn und Sprache zerfielen fortan gleichermaßen und idealerweise deckungsgleich in geographisch zu vermessende Territorien; die Zentren der Spracherkennung und -verarbeitung galten als Spiegelbild der phonetisch-syntaktisch-semantischen Hierarchie der Sprache selbst. Über die Einschreibung hochspezialisierter sprachlicher Teilvermögen in ein immer höher auflösendes Raster der Hirnwindungen und Rindenschichten zerfielen bis dato universale und einheitliche intellektuelle Phänomene zu einer nicht näher verortbaren Gesamtleistung des Systems. Schon Ernst Mach hatte darauf hingewiesen, daß das sogenannte Ich

bestimmten psychophysischen Elementen nur nachgeordnet sei. »Nicht das Ich ist das Primäre, sondern die Elemente.«[14] Das Ich war unrettbar. Was wir als einheitliches Ich oder als einheitlichen Körper erfahren, wurde zum Resultat des Spiels der Elemente in den Beschreibungen der Psychophysiologen und Neurowissenschaftler. Ist es 100 Jahre später berechtigt oder auch nur sinnvoll, zu sagen, daß sich das *Denken* verflüchtigt? Löst sich in und durch die Hirnforschung die in der europäischen Tradition zentrale Fähigkeit des Menschen auf, Sinnesdaten und Erinnerungsbilder zielgeleitet miteinander in Beziehung zu setzen? Zweifellos lassen sich bei den erforderlichen experimentellen bzw. technologischen Restriktionen Ergebnisse hervorrufen, die nur eine positive Antwort nahelegen. Das Haltbarkeitsdatum solcher Antworten ist allerdings (noch) nicht wesentlich länger als das des Joghurts im Kühlregal. Bisher haben sich die kulturhistorisch etablierten und gesellschaftlich verankerten Vorstellungen vom Ich, vom Denken oder vom Bewußtsein als resistenter erwiesen als die neuroszientifischen Aufklärungspostulate, mit denen sie überwunden werden sollten. Gleichwohl illustriert das Beispiel der Einschreibung sprachlicher Fähigkeiten ins Gehirn, daß auch ohne einen geradlinigen Erfolg aller Theoreme 100 Jahre Forschung das Terrain, auf dem sich Konzepte und Theorien nun zu bewähren haben, massiv mit- und umgestaltet haben.

3. Als letztes Beispiel führen wir die neuen Verfahren zur Visualisierung des Gehirns an, die am Erfolg der Dekade der Hirnforschung so maßgeblich beteiligt sind. Veranschaulicht wird das Gehirn als dreidimensionales Organ, als Raum kleinster, abgrenzbarer Orte, als Adresse von verschiedenen Aktivierungszentren. Wie bereits aus dem vorangehenden Beispiel deutlich wurde, sind die mittels des modernen Neuroimaging transportierten Theorien nicht neu, aber es ist ebenso klar, daß die Repräsentationen mehr sind als nur nachträgliche und illustrative Veranschaulichungen neurowissenschaftlicher Forschungserträge; sie sind zentraler Gegenstand dieser Forschungen selbst. Es entstehen Bilder- und Vorstellungsräume des Wissens, die die Repräsentationen immer schon als Interventionen erscheinen lassen, auch solange sie lediglich im Raum wissenschaftlicher Theorien verbleiben. Daß sie das im Falle der neuen Hirnbilder jedoch nicht tun, sondern der Weg in die populären Medien kaum länger ist als der in die wissenschaftlichen Publikationsorgane, legt nahe, daß die neuen Repräsentationen der Neurowissenschaften Interventionen im öffentlichen Raum darstellen: Werden sie dabei zum integralen Bestandteil unserer Kultur als Wissensgesellschaft? Man könnte sich zumindest prinzipiell vorstellen, daß die philosophischen Fragen nach Leib und Seele, Hirn und Geist zu visuell

Felicitas Hoppe

160 Seiten.
Gebunden.
DM 29,80
öS 204,–
sFr 26,–

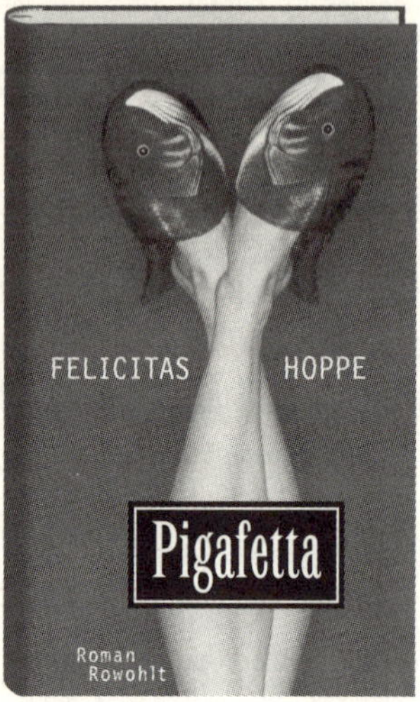

IN NEUN NÄCHTEN um die Welt: Ein Containerschiff bricht zu einer Fahrt über die Meere auf, mit rätselhaften Passagieren, unbekannter Ladung und einem Chronisten, der seit Jahrhunderten auf der Suche nach dem «geographischen Geheimnis der Ewigkeit» ist. Felicitas Hoppes erster Roman: geheimnisvoll, verspielt, poetisch.

«Wer Felicitas Hoppes ‹Pigafetta› liest, wird es zu jenen raren Dingen zählen, aus denen er sich etwas macht.» *F.A.Z.*

Klaus Mann (1906–1949)

332 Seiten,
600 Abb.
Gebunden.
Großformat.
DM 98,–
öS 715,–
sFr 89,–

Rowohlt im Internet: www. rowohlt.de

AM 21. MAI 1949 starb er in Cannes an einer Überdosis Schlaftabletten: Klaus Mann, die schillerndste Figur in der «Dynastie Mann», ein ruheloser Moralist, ein Außenseiter, der oft bis an die Grenzen der Selbstzerstörung ging. Aus Anlaß seines 50. Todestages erscheint erstmals ein umfassender Bildband über sein Leben und Werk.

«Er war homosexuell. Er war süchtig. Er war der Sohn Thomas Manns.»
Marcel Reich-Ranicki

Rowohlt

evozierten Oberflächenphänomenen degenerieren und gleichzeitig in Kategorien technologisch und pharmakologisch erzeugter Machbarkeiten verhandelt werden.

Immerhin hat die Hirnforschung bereits tief in das Alltagsleben der Menschen eingegriffen. Über fast zwei Jahrtausende waren die Emotionen keine Domäne des Gehirns, sondern einer Affektenlehre, die sich an Konstitutionen, Temperamenten und Mischung der Säfte orientierte. Erst seit dem neunzehnten Jahrhundert – und auch dann noch nicht durchgängig – wurden Emotionen im Gehirn lokalisiert, dabei aber oft von kognitiven Funktionen streng getrennt. Diese Trennung entsprach der soziokulturellen Vorstellung des Menschen als eines Wesens, das in Verstand und Gefühle aufgeteilt ist. An die Stelle dieses Dualismus sind diverse dichotomische Systeme getreten, die zwischen linken und rechten, männlichen und weiblichen, hemmenden und aktivierenden Hirnarealen unterscheiden. Andere Hirnforscher favorisieren ein mehrschichtiges Modell, das den gemeinsamen Anteil kognitiver und emotionaler Anteile bei bestimmten Verhaltensweisen analysieren soll, indem es die Komplexität der Hirnwelt mit der Kompliziertheit und Buntheit unserer Erlebniswelt verschaltet. Daran ist gar nichts auszusetzen, aber irgend etwas scheint dann doch gründlich falsch zu laufen, wenn die Wissenschaftsjournalistin Rita Carter in einem soeben erschienenen, als »first illustrated guide to the new science of the brain« angepriesenen Buch wie im Slapstick über den Fetisch des neuen emotionalen Gehirns stolpert: »Looked at coldly, romantic love is a chemically induced form of madness and a terrible basis for social organization, as the divorce rate in the Western world demonstrates. From the brain's point of view, however, it is just about the biggest thrill there is.«[15] Im Horizont der cerebralen Erlebniswelt dieser Autorin könnte man sagen, daß die Dopamine mit ihr durchgegangen sind. Klar ist jedoch: Wer in dieser Weise behauptet, die »romantische Liebe« sei chemisches Irresein, das Gedächtnis des Menschen funktioniere wie das einer Schnecke, oder wer triumphierend verkündet, Affen könnten rechnen, der kann Aufmerksamkeit für einen Nachmittag beanspruchen, aber er wird alsbald der verdienten Vergessenheit anheimfallen, denn der Transfer von wissenschaftlichen Begriffen, Theorien und Werten in andere Bereiche unserer Kultur ist keineswegs eine zwangsläufige Erscheinung, sondern läuft über verschiedene Passagepunkte und Transmissionsriemen. Der Schach-Computer ist dafür ein gutes Beispiel. Inzwischen wissen wir zur Genüge, daß Deep blue unendlich viel mehr Züge in einer Sekunde berechnen kann als ein menschliches Gehirn, und doch möchten wahrscheinlich die meisten von uns lieber Kasparow sein als Deep blue, einfach aus dem Grunde, weil wir sicher sein können, daß wir als Kasparow unser Schachgenie beobachten und genießen, vielleicht auch daran leiden können; wohingegen wir sicher sind, daß wir als Deep blue niemals sagen können, wie es uns geht, wenn wir Kasparow schlagen.

Daraus folgt jedoch nicht, daß Deep blue schlechterdings inkommensurabel wäre. Die Arbeits-, Organisations- und Kommunikationsstrukturen, in denen Deep blue überhaupt erst wirksam werden kann, sind durchaus vergleichbar, beispielsweise mit den Mensch-Maschine-Hybriden in der Formel I, mögen sie nun Schumacherferrari oder Häkkinenmclaren heißen. Im einen wie im anderen Fall sind diese hochempfindlichen Konstrukte von einer unübersehbaren Zahl von hochspezialisierten Technikern, Monteuren, Managern und sonstwelchen Experten umgeben, deren schier unbezahlbare Qualität nicht nur in immer weiterer Leistungsoptimierung besteht, sondern vor allem auch darin, auf unvorhergesehene Situationen spontan und flexibel zu reagieren. Deep blue von diesem ganzen Expertennetzwerk entkleidet, wäre ungefähr so wie Schumacher auf der Kartbahn: immer noch gut, aber keine Millionen wert und schon gar nicht geeignet, Kultstatus einzunehmen. Insofern hat Kasparow kürzlich etwas getroffen, als er sich beklagte, daß es bei seinem Duell mit Deep blue nicht ganz mit rechten Dingen zugegangen sei – was immer sich dort zugetragen haben mag. Man sieht: der Vergleich zwischen Gehirn und Maschine in seiner schlichten Hardware ist eine Sache, und der Vergleich zwischen hochkomplexen anthropo-technologischen Netzwerken eine andere. Diese Netzwerke sind gleichermaßen geprägt durch technisch-naturwissenschaftliche und durch soziale Fähigkeiten. Erst in der Amalgamierung und ständigen Nachbesserung dieser verschiedenen Segmente entsteht das, was als Einheit mit einem Namen versehen wird und funktioniert. Es ist Geschmacksache, ob man solche Vorgänge als Naturalisierung oder als Technisierung bezeichnen möchte. Gewiß handelt es sich um mehr als soziale Konstrukte, aber wir möchten unsere Zweifel anmelden, ob der polare Begriffsapparat überhaupt tauglich ist, Phänomene wie Deep blue, Schumacherferrari oder eben auch die schöne neue Hirnwelt, so wie sie als mediales Ereignis inszeniert wird, angemessen zu beschreiben.

Revolutionen in den Neurowissenschaften

Spätestens seit Thomas Kuhn ist der Begriff der Revolution in den Naturwissenschaften zu einem Zauberwort geworden. Es wären schlechte Wissenschaftler, die nicht irgendwann einmal in ihrer Laufbahn, oftmals eher am Anfang, davon träumen, ihr Wissensgebiet völlig umzuwälzen und etwas ganz Neues entstehen zu lassen. Umgekehrt kommt es am Ende der wissenschaftlichen Karriere nicht selten vor, daß der Begriff der Revolution mit großer Skepsis behandelt oder gar abgelehnt wird.[16] Die Frage ist bloß, ab wann der Begriff für die eine oder andere Absicht überstrapaziert wird. Blickt man auf die Molekularbiologie der letzten 40 Jahre, so ist es keineswegs abwegig, von einer Revolution in den Lebenswissenschaften zu sprechen. Das begann mit Watsons und Cricks DNA-Modell, setzte sich mit zahlreichen neuen Entdeckungen, Erfindungen und Techniken fort und hat mit den bestehenden und zu erwartenden Möglichkeiten der Gen-Technologie einen vorläufigen Höhepunkt gefunden.

In den Neurowissenschaften der letzten 40 Jahre hat es keine vergleichbaren Durchbrüche und Revolutionen gegeben. Dennoch begann zeitgleich mit den ersten molekularbiologischen Bewegungen auch in den Neurowissenschaften eine kurze Erfolgsgeschichte des Konstruktivismus. Im Gefolge von Kybernetik und Steuerungstheorie entstanden die ersten universalen Rechenmaschinen im Sinne von Turing, wurden »General Problem Solver« konstruiert und Forschungsprojekte zur Informationsverarbeitung in neuronalen Systemen formuliert. Die künstliche Retina war keine implantierbare Bioprothese, sondern eine Nobelpreis-verdächtige Modellierung des optischen Systems. Genausowenig wie Grey Walters »Machina speculatrix« über Intentionalität im Sinne der modernen Philosophen verfügte, konnte die künstliche Retina »sehen« oder »lesen«. Dennoch wurden beide Beispiele gerade unter diesen Perspektiven diskutiert. Sie erschienen gegenüber allem bis dahin Hervorgebrachten als so revolutionär, daß der letzte Schritt, der noch bis zur Realisierung menschlicher Fähigkeiten fehlte, vernachlässigbar war. Heute wirken die damaligen Schocker als effektarmes Kinderspielzeug. Neue Generationen technischer Systeme erobern heute in so rascher Folge gleichermaßen Kinderzimmer wie Büros, daß die Lebensbedingungen zukünftiger Zeiten kaum noch extrapolierbar sein dürften.

Wenn also heute davon die Rede ist, daß es der Gehirn- und Kognitionsforschung aufgrund ihrer wissenschaftlichen Erkenntnisse gelingen wird, die Stellung des Menschen zur Welt zu verändern, so stellt sich die Frage, in welcher Hinsicht das geschehen soll. Philosophisch gesehen sind wir nur noch schwer zu überraschen, nachdem die Hirnforscher des neunzehnten Jahrhunderts mit der Vorstellung aufgeräumt haben, daß es einen Sitz der Seele oder des Bewußtseins gebe, und das Gehirn statt dessen als ein komplexes und funktional differenziertes Organ konzipierten. Ob wir über einen freien Willen verfügen oder nicht; ob das, was wir als Geist bezeichnen, nur eine Chimäre ist, die uns von einem bestimmten Neuronenverbund vorgegaukelt wird; ob in unserem Gehirn irgendwo ein Lust- oder ein Poesiezentrum, oder, wie jüngst ein wunderbar ironischer Hirnforscher vorschlug, ein »Carl-Schmitt-Modul« verborgen ist, mit Hilfe dessen wir Freund und Feind unterscheiden – all das sind seit beinahe 200 Jahren diskutierte Fragen, deren historische Persistenz sehr wohl zur Kenntnis genommen werden sollte. Mit ihrer Originalität ist es jedoch nicht so weit her, daß man gleich von einer Revolution sprechen möchte.

Ob für die absehbare Zukunft Innovationen zu erwarten sind, die einen Vergleich mit der Molekularbiologie berechtigt erscheinen lassen, bleibt für den Moment eine offene Frage. Vielleicht haben wir es bei den Neurowissenschaften aber auch mit einem grundsätzlich anders gelagerten Phänomen zu tun. Ist die anhaltende und erwartungsgesättigte Faszination auf die altbekannten Motive der Suche nach dem Selbstverständnis des Menschen (Was ist Denken? Was ist Bewußtsein? Was sind Gefühle? Wie hängen Leib und Seele zusammen?) oder auf den Wunsch nach einem gründlicheren Verständnis der Krankheiten zurückzuführen? Welche Funktion kommt dabei innovativen Techniken wie dem Neuroimaging zu, und zwar sowohl in epistemologischer als auch in praktischer Hinsicht?

Unser Eindruck lautet kurz gesagt, daß die Neurowissenschaften eine proleptische Struktur haben, das heißt, daß sie sich seit langer Zeit mit relativ gleichbleibenden Problemen beschäftigen und dabei zwar immer neue, faszinierende Wissensräume aufschließen, die zentralen Fragen jedoch, wie sie spätestens seit dem neunzehnten Jahrhundert formuliert wurden, stets nur thetisch zu lösen in der Lage sind. In diesem Erwartungshorizont, der durch neue Entwicklungen der Technologien und Wissensregister verändert wird und gleichsam einen chronischen Vorgriff auf die Lösung eines der *letzten großen Rätsel der Menschheit* bereithält, scheint ein nicht geringer Anteil der Faszinationskraft des Unternehmens Hirnforschung zu stecken. Auf einen Nenner gebracht, sind es weniger die theoretischen Annahmen und Zugänge und gerade nicht der philosophische Ast der Hirnforschung, die die Dynamik bestimmen, sondern die praktischen, durch neue Technologien ermöglichten Einblicke und Eingriffe.

Die von uns postulierte proleptische Struktur der Neurowissenschaften sollte nicht als Kritik an ihr mißverstanden werden. Ähnlich wie die Frage »Was ist Geist?« heute, wurde die Frage »Was ist Leben?« im neunzehnten Jahrhundert auch nur proleptisch gelöst. Die biologischen Theorien, vom Physikochemismus der Physiologie über die Biomechanik der Embryologie bis zum Protoplasma der Biologie, gaben auf die diskutierten Fragen allenfalls programmatisch zu nennende Antworten. Das hat dem Projekt einer »Materialisierung des Lebens« jedoch keinen Abbruch getan, sondern ganz im Gegenteil vermutlich wesentlich dazu beigetragen, daß die Frage nach einem Spezifikum von Leben selbst im Strudel der mit diesen Programmen erzeugten empirischen Befunde obsolet geworden ist. Die Frage wäre also, welche Mobilisierungseffekte die moderne Hirnforschung zuwege bringt, und ob sie möglicherweise mit ihren Rekonstruktionen des menschlichen Geistes in ähnlicher Weise nicht den Geist verifiziert oder falsifiziert, sondern die Frage nach dem Geist selbst dekonstruiert.

Ein solches Szenario ist durchaus vorstellbar, und es hätte seine Vorteile, wenn die jahrhunderteschweren Fragen, die die Neurowissenschaften so zu drücken scheinen, von ihren Schultern genommen würden. Vielleicht gelingt es dann, den schöpferischen Rahmen auszufüllen, den der große französische Molekularbiologe François Jacob in seinem jüngsten Buch abgesteckt hat, und der inzwischen häufig genug zitiert wurde, um ihn als Motto für den Beginn des nächsten Jahrtausends zu küren: »Wir sind eine zweifelhafte Mischung aus Nukleinsäuren und Erinnerungen, aus Begierden und Proteinen. Das zu Ende gehende Jahrhundert hat sich eingehend mit Nukleinsäuren und Proteinen beschäftigt. Das kommende wird sich auf die Erinnerungen und die Begierden konzentrieren. Wird es solche Fragen zu lösen vermögen?«[17] Die Hirn- und Kognitionsforschung wird dabei eine wichtige, aber hoffentlich nicht die einzige Rolle spielen.

1 Wie sehr Freud sich damit in das positivistische Entzauberungsparadigma einschrieb, zeigt der Umstand, daß schon Emil du Bois-Reymond 1883 in seinem Nachruf auf Charles Darwin diesen in einem Atemzug mit Kopernikus nannte. Dieser habe die Erde zum unbedeutenden Planeten herabgedrückt, jener den Menschen mit dem Tier kommensurabel gemacht. Siehe Emil du Bois-Reymond, »Darwin und Copernicus. Ein Nachruf.« In: ders., *Vorträge über Philosophie und Gesellschaft*, Berlin 1974, S. 205–208, auf S. 206.

2 Hiervon gibt es eine gravierende Ausnahme: den Tierversuch. Die aktuellen Diskussionen um Tierversuche haben eine Reihe von Ursachen, auf die wir an dieser Stelle nicht eingehen können. Einer der Gründe scheint jedoch darin zu liegen, daß die unmittelbare Körperlichkeit und vermeintliche Brutalität der Vivisektion zu den öffentlich kursierenden reinlichen oder zumindest ästhetisch angenehmen Bildräumen der Hirnforschung in einem krassen Widerspruch steht. Wenn diese These stimmt, überrascht es nicht, daß gerade Hirnforscher zu Opfern antivivi-

sektionistischer Attacken werden, und nicht andere experimentelle Physiologen; was natürlich noch keine Erklärung bietet für den gezielt angewendeten, perversen Terror, auf den sich einige Tierschützer spezialisiert haben.

3 Die ZEIT Nr. 9, 25. Februar 1999, Zeitmagazin, S. 4.

4 Alan Turing, »Kann eine Maschine denken?« In: Walther Ch. Zimmerli, Stefan Wolf (Hrsg.), *Künstliche Intelligenz. Philosophische Probleme*, Stuttgart 1994, S. 39–78, auf S. 52. Die anhaltende Popularität des Turing-Tests zeigt sich in dem kürzlich erst wieder vergebenen Preis, den der New Yorker Philanthrop Hugh Loebner gestiftet hat. Der diesjährige Gewinner heißt Albert, ein von einem gewissen Robby Garner geschriebenes Computer-Programm. Albert vermochte sich auf die Frage, warum ihm Shakespeares Stücke gefielen, immerhin zu folgender entschieden postmodernen Antwort durchzuringen: »Well, there's a certain je ne sais quoi.« Vgl. *New Scientist* Nr. 2171, 30. Januar 1999, S. 9.

5 Michael Hagner, »Lokalisation, Funktion, Cytoarchitektonik. Wege zur Modellierung des Gehirns«. In: Michael Hagner, Hans-Jörg Rheinberger, Bettina Wahrig-Schmidt (Hrsg.), *Objekte, Differenzen, Konjunkturen. Experimentalsysteme im historischen Kontext*, Berlin 1994, S. 121–150.

6 Jack Pressman, *Last Resort. Psychosurgery and the Limits of Medicine*, Cambridge 1998; Joel Braslow, *Mental Ills and Bodily Cures. Psychiatric Treatment in the First Half of the Twentieth Century*, Berkeley 1997.

7 Francisco J. Varela, *Kognitionswissenschaft – Kognitionstechnik. Eine Skizze aktueller Perspektiven*, Frankfurt am Main 1990, S. 25–26.

8 Steven Weinberg, »Sokals Experiment«. In: *Merkur* 51, 1997, Heft 1, S. 30–40.

9 Die magische Zauberkraft des Gehirns als Schutzwall gegen die Flut der Forschungsergebnisse wird vielleicht durch nichts besser illustriert als durch den heftigen Streit, der vor einigen Monaten auf den Seiten der Mailingliste zur Geschichte der Neurowissenschaften darüber tobte, ob angesichts der Singularität des Gehirns überhaupt von Neurowissenschaften im Plural gesprochen werden dürfte.

10 Hans Berger, »Über das menschliche Elektroenzephalogramm«. In: *Archiv für Psychiatrie* 87, 1929, S. 527–570. Siehe auch Pierre Gloor: »Is Berger's dream coming true?« In: *Electroencephalography and Clinical Neurophysiology* 90, 1994, S. 253–266.

11 Vgl. Sigmund Freud, »Fetischismus«. In: ders., *Gesammelte Werke*. Bd. XIV, Frankfurt a. M. 1991, S. 311: »Der Fetisch wird wohl von seinen Anhängern als eine Abnormität erkannt, aber nur selten als ein Leidenssymptom empfunden; meist sind sie mit ihm recht zufrieden oder loben sogar die Erleichterung, die er ihrem Liebesleben bietet.«

12 Peter Gold, Andreas K. Engel, »Wozu Kognitionswissenschaften? Eine Einleitung.« In: dies. (Hrsg.), *Der Mensch in der Perspektive derKognitionswissenschaften*, Frankfurt am Main 1998, S. 9–16, auf S. 15-16.

13 Am deutlichsten wird das vielleicht bei Patricia S. Churchland, *Neurophilosophy. Toward a Unified Science of the Mind/Brain*, Cambridge/Mass. 1986.

14 Ernst Mach, *Die Analyse der Empfindungen*, 8. Aufl., Jena 1919, S. 19.

15 Rita Carter, *Mapping the Mind*, Berkeley 1999, S. 76. Es stimmt allerdings bedenklich, daß solch fahrlässiges Geschwafel durch eingeschaltete kurze Textauszüge bzw. Kommentare von renommierten Wissenschaftlern wie Francis Crick, Antonio Damasio, Steven Rose oder Roger Penrose nobilitiert wird.

16 Typische Beispiele für die eine und die andere Richtung sind James D. Watson, *Die Doppel-Helix*, Reinbek 1969, und Steven Weinberg, »Wissensrevolutionen. Zur Wissenschaftsgeschichte Thomas Kuhns«. In: *Lettre*, Heft 43, 1998, S. 64–67.

17 François Jacob, *Die Maus, die Fliege und der Mensch. Über die moderne Genforschung*, Berlin 1998, S. 198.

Porträt

Aussichtsturm unter der Erde.
Der ungarischsprachige Lyriker Géza Szőcs,
vorgestellt von Hans-Henning Paetzke

Aussichtsturm unter der Erde

Der ungarischsprachige Lyriker Géza Szöcs, vorgestellt von Hans-Henning Paetzke

In der Zeit des Umbruchs hat Géza Szöcs, der Mitte der siebziger Jahre als Herder-Stipendiat ein Jahr in Wien gelebt hat, eine ähnlich wichtige Rolle auf seiten der ungarischen Minderheit gespielt wie Mircea Dinescu auf rumänischer Seite. Nach zwangsweisem Exil in der Schweiz von 1986 bis 1989 ist er nach der Wende in die Politik eingestiegen und war gleichzeitig so etwas wie ein Medienzar. Neben seiner literarischen und verlegerischen Tätigkeit spielt er heute eine nicht unwichtige Rolle als Berater des ungarischen Ministerpräsidenten in Fragen der Beziehung zwischen Rumänien und Ungarn. Eine in vielerlei Hinsicht schillernde Figur, wenn auch meist dezent im Hintergrund.

Auf Budapests Straßen, Plätzen, an den Sockeln von Statuen und Häuserwänden sind vielerlei Inschriften zu lesen, Worte von längst verstorbenen Dichtern, Denkern und Staatsmännern. Doch in Stein gemeißelte Gedichtstrophen eines noch lebenden Autors sind in der ungarischen Metropole selten. Die Verse von Géza Szöcs haben die Stadtväter am Fuß einer Donaubrücke in Granit gravieren lassen. Wer ist dieser Dichter, und wie sind seine Zeilen auf die schwarze Granitplatte gelangt?

Am besten ist es, wenn wir die Worte von Dr. István Schneller, dem Chefarchitekten der Stadt Budapest, zitieren. Die Entscheidung der Stadtväter begründete er bei der Einweihung der Granitplatte aus Anlaß der eintausendeinhundertsten Wiederkehr der ungarischen Landnahme damit, daß das Gedicht des siebenbürgischen Dichters Géza Szöcs ein wichtiges Dokument für die Vorbereitungen auf den Sturz des Kommunismus in Ungarn und Rumänien sei: »Deshalb haben wir Géza Szöcs, der als Akteur im Prozeß der Wende eine wichtige Rolle gespielt hat, um seine Zustimmung gebeten, daß sein Gedicht hier auch in Stein gemeißelt erscheinen kann... Seine Person ist in mehrfacher Hinsicht ein Bindeglied entlang der Donau.«

Géza Szöcs, geboren 1953 in Marosvásárhely, das heißt Neumarkt, ist dank seiner nicht immer unumstrittenen Rolle in den zurückliegenden zwanzig Jahren der vielleicht bekannteste Dichter seiner Generation. Sein Leben im Kampf gegen die rumänische Ceauşescu-Diktatur ist abenteuerlich zu nennen.

Géza Szöcs war einer der Redakteure der ab 1981 im Untergrund erschienenen politischen Zeitschrift *Ellenpontok,* zu deutsch Kontrapunkte, der einzigen rumänischen Samisdatzeitschrift. Was mit ihm in den letzten Monaten des Jahres 1982 passiert ist, das ist uns nur zum Teil bekannt.

Was sich zuverlässig rekonstruieren läßt, kann kurz zusammengefaßt werden: Anfang November 1982 wurde der Dichter am hellichten Tage in der Klausenburger Wolfstraße festgenommen. Zweimal ist es ihm gelungen, aus dem Gewahrsam der Politischen Polizei zu fliehen. Während er sich vor den Ermittlungsbehörden versteckte, schmuggelte er Nachrichten ins Ausland, bis man ihn schließlich erneut verhaftete.

In den letzten Tagen des Jahres 1982 ist Géza Szöcs angesichts internationaler Proteste auf freien Fuß gesetzt worden. Sogleich mußte er ins Krankenhaus eingeliefert werden, wo er einen Monat lang lag, in lebensgefährlichem Zustand.

Nach 1982 wurde der Dichter permanent schikaniert, was im Laufe des Jahres 1985 auch auf seine Freunde und seine Familie ausgedehnt worden ist. Bei Strafandrohung war es ihm verboten, das Stadtgebiet von Klausenburg zu verlassen. Ab Herbst 1985 wurde über ihn praktisch Hausarrest verhängt. Trotz ständiger polizeilicher Überwachung konnten seine Aktivitäten als einer der oppositionellen Hauptakteure nicht verhindert werden. Als Wortführer in Fragen nicht nur der Nationalitäten, sondern auch der Menschenrechte in Rumänien baute er als Angehöriger der ungarischen Minderheit die Beziehungen zur Opposition der rumänischen Majorität aus und organisierte konzertierte Aktionen der zwei Gruppen. Zugleich fand er Mittel und Wege, dem Ausland wichtige Dokumente zugänglich zu machen. Übrigens muß nicht sonderlich hervorgehoben werden, daß auch viele seiner Gedichte am wachsamen Auge der Polizisten vorbei die Grenzen Siebenbürgens passiert haben.

An der Kolozsvárer beziehungsweise Klausenburger Universität erwarb Géza Szöcs ein Diplom im Fach ungarische Sprache und Literatur. Drei Gedichtbände erschienen in siebenbürgischen Verlagen.

GÉZA SZŐCS

Spiegeleule und Glasohren

Sechs Gedichte

Die tiefen Schichten

(Aussichtsturm unter der Erde)

Mir Flügeln und Spaten lassend
hat jemand nachts im Garten gewühlt.
Die Aussicht, gekippt und geschlitzt,
vom Regen unterirdisch umspült.

Und das verlorene
Engelskelett
phosphoresziert
im Grundwasserbett!

In seinem Spiegel sieht er sich selbst,
Schnee ist des Regens Maskerade.
Aus den Zähnen des vergrab'nen Gottes
fortwährend sprießen Blumen am Pfade.

Von der Spiegeleule und dem Urauge mitten auf der Stirn

Wenn das in den Spiegel gebannte Ebenbild der brennenden
Eulen peitscht,
in den zottigen Wassern der Flammen weichend, in den Fluren
des schmelzenden Spiegels, im bullernden
Spiegel
als spritzte der Sonnenuntergang,
sinkt nieder der Widerschein und pulsiert
an der Wand, rot blinzelt das Messer,
wirft seine weichen Ebenbilder in dich:
Und du spürst, es schrumpfen die Möwen in dir,
in das Auge, sich öffnend auf deiner Stirn, fallen Algen.

Der Dämon

Unter deinem Fenster in Hemdsärmeln, die Geige in
der Hand,
wacht ein Erdbeben-Kerl, eine Armbanduhr aus Gras,
ein schnaufendes gelbes Tier,
in seinem doppelten Wachhund-Herzen mit langsamen,
flüssigem Samtenem.

Und sein Messer fortwährend an der Kehle des Dämons
haltend liest und liest er
die kühlen Fußspuren der schlafenden Sterne am Strand.

Und mit den Fingerkuppen betastet er die weichen Schnal-
len deines Herzschlags, und im
Weggehen
– als in Panik der Morgen graut, mit einem Hanfstrick –
schreibt er mit gelber Kreide seine großen Buchstaben
an deine Hauswand:
BIST DU ES SELBST? BIST DU ES NICHT? BIST
DU ES?

Wintersonett. Der mit Glasohren Ankommende

Seit vielen Tagen habe ich dich nicht gesehen.
Meine Glasohren sind seither gewachsen!

Während mich der Zug durchrüttelt,
wie das Kind die Stoffpuppe, die da leidet,
werden andere vom bösen Schicksal geschlagen,
so ist es denn kein Zufall, daß man mich beneidet.

Und was treibt sie derweil? Es fröstelt sie,
in dieser klirrenden Kälte friert sie bestimmt,
in der die Eichenschmetterlingslarven,
vor Todesangst zitternd, ritsch, ratsch aufgeplatzt sind;

sie verbringt ihre Tage mit Schauspielerei,
kämmt das Haar, schminkt und begutachtet sich,
steht vor dem Spiegel; nicht lange hernach,
daß der Tag zu Ende geht, schläft sie dann endlich.

*

Glaszunge scheppert in meinem Mund, ich werde alt.
Ich komme an, Glasohren, grüne Glasaugen; es ist kalt.

Denn von wo ich fortwährend vernehme

In einem Hotel in Mexiko,
erinnerst du noch? Dort fand ich dich;
da wohntest du, stecktest in grünen Schuh'n
wie Hexen im allgemeinen so.

Und zu hören war aus dem Gemach
ein Rauschen, ein Schwirren, ein Wirbeln,
wie du aus dem Rock geschlüpft oder
der Jacke aus Haifischhaut hernach!

Ich sah mich um, da hab' ich dich entdeckt,
kaum ließen sie dir Platz, die Flügel,
in jenem mexikanischen Bett.

Ich schloß die Tür, sperrte dich ein,
nagelte Fenster mit Brettern zu,
irgendwie flogst du dennoch davon,
am Morgen warst du nirgendwo mehr.

Und auch seither horch' ich, steh' auf Wacht,
wandele umher und suche dich,
beobachte, von wo zu vernehmen
fortwährend Flügelschlag aus der Nacht,
und dein Lachen und dein Weinen.

Der Turm

Also dann an der Elfenbeinküste.

Dort habe ich einen riesigen Turm.
Wo ich meine politischen Gedichte schreibe.

Und ich habe einen winzigen Moloch.
In einer Kiste wohnt er, darin halte ich ihn, die ist
seine Provinz.

So ist seine Region, von mir genannt:
Molochien.

Im Vergleich zu mir ist das Molöchelchen ein Minderes,
ein Minderes gemessen an mir,
meine Minderheit,
wahrlich ein Graus,
wenn ich heimkehre in den Turm an der Elfenbeinküste,
herrsche ich ihn gehörig an, züchtige ihn,
was hast du schon wieder angestellt
in meiner Abwesenheit,
so rede ich mit ihm, was randalierst, was wühlst und
stänkerst du,
was soll das Zwiegequatsche, was für Legenden,
was für grausprachige molochige Universitäten
forderst du?
Da läßt der Graus die Ohren hängen, zieht den
Schwanz ein,
vergrault sich nach Molochien,
faucht mächtig,
später verzeihe ich dero Gnaden,
werfe ihm einige Knochen hin,

na ja, so leben wir im Turm,
der Moloch und ich.

Elfenbeinküste am 21. Dezember 1998

Forum

Marlene Streeruwitz
Samstag, 3. März 1990

Harald Hartung
Geräusch der Flammen

Martin Amis
Lage der Nation

MARLENE STREERUWITZ

Samstag, 3. März 1990

Die Sonne schien. Margarethe wachte auf und sah die Sonne auf der Palme. Es war früh am Morgen. Gegen sieben Uhr. Sie lag auf dem Rücken. Arme und Beine weit von sich gestreckt. Der Schlaf eine angenehme Erinnerung. Irgendwelche Träume. Aber schon vergessen. Sie lag ausgestreckt in der Wärme. Wohlig. Sie schloß die Augen. Sie wollte dieses Liegen länger haben. Streckte sich. Dehnte sich. Vorsichtig. Das linke Bein keinen Krampf. Streckte die Arme, bis die Muskeln zu zittern begannen. Blieb dann wieder liegen. Sah auf die Palme. Schloß die Augen. Lächelte. Sie mußte lächeln. So wohl. Hatte sie sich so wohl gefühlt. Irgendwann? Sie fühlte sich in vollkommener Ruhe mit sich. Ihr Körper Ruhe zur Antwort gab. Sie rollte sich dann ein. Dieses warme singende Gefühl im Bauch zu umfangen. Sie blieb so liegen. Sie würde dann Kaffee trinken und schwimmen gehen. Sie würde 20 Längen schwimmen und dann frühstücken. Dann ans Meer und Bücher kaufen. Und dann zu Manon und Albrecht. Vielleicht redete er heute mit ihr. Aber alles dann. Zuerst wollte sie noch liegenbleiben. Sie hörte Menschen auf dem Gang gehen. Spanisch sprechen. Vor dem Haus wurde etwas geschoben. Räder quietschten und dumpfes Holpern auf dem Betonboden. Wind ließ die Palmblätter schaukeln. Die Sonne verschwand kurz. Schien dann wieder und ließ die Palmenblätter grün funkeln vor der gelben Wand des Hauses gegenüber. Es rauschte. Die Bewässerungsanlage lief. Sie stand dann auf. Zog ihren Badeanzug an. Steckte die Haare hinauf. Wickelte sich in ein Badetuch und nahm ein zweites mit. Sie zog ihre Halbschuhe an. Sandalen wären gut gewesen. Sie sollte mit den Sportschuhen Sandalen besorgen. Auf dem Gang vor der Tür war es sehr kühl, und sie ging zurück und zog noch einen Pullover an. Im Freien fröstelte sie. Sie lief zum Swimmingpool. Eine alte Frau saß im Jacuzzi rechts. Im Pool war niemand. Sie legte die Handtücher und den Pullover auf eine Liege beim Einstieg in den Pool. Auf der tiefen Seite. Sie stieg ins Wasser. Das Wasser war wärmer als die Luft. Sie schwamm. Sie mußte nur achtgeben, im Wasser zu bleiben. Die Haare durften nicht naß werden. Dann gab es keine Möglichkeit, sich zu verkühlen. Sie schwamm. Stetig. Sie zählte die Längen. Wußte aber dann doch plötzlich nicht, ob es die 10. oder die 11. war. Sie entschloß sich, diese Länge als 10. zu rechnen. Sie wollte es sich nicht leichtmachen, und es war die Länge zum Einstieg zurück. Also mußte es eine gerade Zahl sein. Sie hörte die alte Frau »Betsy« rufen. Sie schwamm. Während der 13. Länge rief die alte Frau laut nach Betsy. Während der 14. verzweifelt. Sie schwamm die Länge zu Ende. Schaute über den Beckenrand. »Do you need help«, rief sie der alten Frau zu. Die saß mit dem Rücken zu ihr und schrie immer wieder »Betsy«. Klagend. Fordernd. Margarethe kletterte aus dem Becken und ging zum Jacuzzi. Die alte Frau saß auf einer Bank im Wasser. Ihr Rücken ragte zur Hälfte heraus. Altersflecken und schwarze Warzen auf der Haut. Der Rücken vom Hals weg nach hinten hinaus gewölbt. Aber leicht. Noch kein Buckel. Margarethe stand am Beckenrand und fragte die alte Frau, wie sie ihr behilflich sein könnte. Die alte Frau sah auf die Tür des Hauses an der Seite des Swimmingpools und rief »Betsy«. Sie rief den Namen immer wieder. Leute traten auf die Balkone des Hauses. »Betsy. Betsy. Betsy.« Die alte Frau rief nun jammernd. Margarethe redete auf sie ein. Streckte ihr die Hand hin. Ob sie Hilfe holen solle. Und wen. Wo sie wohne. Die alte Frau rief »Betsy« in endloser Folge. Trotzig und jammernd. Sie schlug mit den Beinen dazu. Als stampfe sie auf. Die Beine von oben im Wasser dünne Striche und auf und ab die Bewegung bis in die Schultern. Aber schwach. Margarethe zitterte. Sie hatte Gänsehaut am ganzen Körper. Gerade als sie weggehen wollte, sich ihre Handtücher zu holen und zur Rezeption zu gehen, lief eine Frau aus dem Haus. Sie war in Nachthemd und Morgenmantel. Weißes Nachthemd und dunkler Wollhausmantel in einem Schottenkaro. Sie hatte rosarote plüschige Hausschuhe an. »Mom«, rief sie. Und was sie da mache. »Betsy. I want out«, jammerte die alte Frau. Betsy stand am Beckenrand. Margarethe stieg zu der alten Frau ins Becken. Griff unter ihren Arm. Sie umfaßte den Oberarm. Die welke Haut und gleich der Knochen. Sich nicht zugreifen getraute. Dann faßte sie mit beiden Händen den Arm an und zog die alte Frau hoch. Die Haare der alten Frau waren naß. Hingen in dünnen, dunklen Strähnen gegen den Hals. Margarethe führte die alte Frau die paar Schritte durch das Becken. Sie redete auf sie ein. Murmelte »everything is all right« und »just one more step«. Betsy redete vom Beckenrand auf die alte Frau ein. »Mom. Please« und »Mom. Why did you leave the apartment?« Die alte Frau ließ sich von Margarethe führen. Sie hielt Margarethes rechte Hand fest. Sie gelangten zu den Stufen. Margarethe rechts. Betsy links. Die alte Frau stieg die vier Stufen hinauf. Stand am Beckenrand. Sie hatte die ganze Zeit Betsy vor sich hin gesagt. Plötzlich stand sie still. Sah gerade vor sich hin. Margarethe wollte sie weiterziehen. Die alte Frau rührte sich nicht. Margarethe zog am Arm. Sah hinunter. Die dünnen Beine der alten Frau lief es dunkelgelb bräunlich hinunter. Mischte sich mit dem abfließenden Wasser. Bildete eine Lache gelbschmutzig um ihre Füße. Betsy zog ihren Morgenmantel aus und legte ihn der alten Frau um die Schultern. Betsy war ein bißchen größer als ihre Mutter. Sie sah von der Lache auf und Margarethe an. »Thank you so much«, sagte sie. Margarethe konnte vor Kälte fast nicht sprechen. Sie flüsterte »You're welcome«. Betsy zögerte einen Augenblick und sagte: »My Mom. You know. She is on medication.« Margarethe zog den Morgenmantel über die rechte Schulter der alten Frau nach vorne. Sie sah auf den Morgenmantel und dann Betsy an. »My Mom is dead. So you see.« Sie ging weg. Sie drehte sich noch einmal um. Betsy führte die alte Frau ins Haus. Redete auf sie ein. Margarethe holte ihre Badetücher. Hängte sich eines um die Schultern. Ballte alles andere zusammen. Nahm die Schuhe in die Hand und lief zu ihrem Apartment. Der Betonboden kalt unter den Füßen. Sie bekam den Schlüssel vor Zittern kaum aus dem Schuh. Im Apartment stellte sie sich unter die heiße Dusche, bis ihre Zehen- und Fingernägel nicht mehr blau waren und das Zittern aufgehört hatte. Sie seifte sich ganz ein. Die Füße besonders genau. Sie genierte sich dabei. Wenn einem Kind das gleiche passiert wäre, hätte sie nicht einmal nachgedacht. Nach dem Duschen wickelte sie sich wieder in ein Badetuch und legte sich ins Bett. Ein Trick von Wagenberger. Sich naß nach dem Bad ins Bett legen. Sich gut zudecken und dann trocken und gewärmt herauskriechen. Sie lag da. Sie war mit Wagenberger in London gewesen, als man ihre Mutter gefunden hatte. Wann sie genau gestorben war, war nie ganz klargeworden. Auf dem Grabstein stand nur März 1981. Es hätte auch Februar sein können. Und was war das für eine Diskussion mit dem Steinmetz gewesen, weil kein genaues Datum hingeschrieben werden konnte. Wenn man kein genaues Datum wüßte, dann könnte man auch jedes hinschrei ben, hatte er gemeint. Aber es war wohl um die Gebühr für Ziffern und den Punkt gegangen, weswegen er den 1. März vorgeschlagen hatte. Sie waren im Theater gewesen. Jeden Abend. London damals ein Theatermekka. Anfang der 80er. Obwohl sie es schon damals verstaubt gefunden hatte. Schauspielertheater gewesen. Wie das Burgtheater. Und kein anderes Ziel als erweiterte Selbstdarstellung. Und überhaupt kein Anlaß, das Kunst zu nennen. Wagenberger war damals noch mehr ihrer Meinung gewesen. Und erfolgreich. Künstlerisch erfolgreicher jedenfalls. Und es war richtig gewesen, die Wohnung vollständig ausräumen zu lassen. Sie hatte das Haus der

Eltern erst wieder betreten, als es leer gewesen. Nur die Wände und Türen und Fenster. Die Mutter war nach Wochen gefunden worden. Sie waren drei Wochen in London gewesen, und vorher hatte sie nicht mit der Mutter geredet. Kaum mit der Mutter telefoniert. Die Mutter kaum mit ihr. Wegen der Trennung. Daß sie von Gerhard weg, das hätte sie vielleicht noch hingenommen. Aber das Kind. Daß sie Friedericke bei Gerhard gelassen. Die erste Zeit. Sie wachte auf. Sie hatte kurz geschlafen. Es war fast neun Uhr. Sie sprang aus dem Bett.

Sie trank Kaffee. Zog sich an. Es schien nicht so kühl zu sein. Auf dem Balkon war es schon lau. Frisch. Die dünne Jacke mußte reichen. Sie rief Friedericke an. Sprach mit Gerhard. Sie solle sich nicht sorgen, sagte der. Sie solle nur in Ruhe ihre Arbeit erledigen. Das sei jetzt das Wichtigste. Und die Friedl wollte etwas zum Anziehen von Esprit. Das wäre auf jeden Fall richtig. Auf keinen Fall dürfe es etwas von Ralph Lauren sein. Das wolle sie überhaupt nicht. Das trügen nur die schlimmsten Tussis. Margarethe räumte auf. Stellte im Badezimmer alles ordentlich hin. Vor dem Spiegel hielt sie kurz inne. Sie hatte noch nicht einmal daran gedacht. Hier. Sonst machte sie es in jedem neuen Zimmer. So bald wie möglich. In Hotels auf jeden Fall. War ihr die Lust vergangen? Oder war es unwichtig geworden? Aber früher. Nichts war so wichtig gewesen. Bisher. Einen Augenblick hatte sie dann doch Lust. Die Erinnerung an all die Spiegel in Hotelzimmern, vor denen sie gestanden oder gesessen. Sie ging einen Plastiksack für die Schmutzwäsche suchen. Sie füllte Wasser in die Kaffeekanne und die Tasse und stellte alles in das Abwaschbecken. Sie räumte ihre Tasche aus und steckte nur ihr Geld und die Kreditkarte ein. Legte den Paß und den Führerschein in eine Lade. Einen österreichischen Paß konnte hier kaum jemand brauchen. Sie ging nach vorne hinaus. Am Swimmingpool vorbei und durch die Halle zur Rezeption. Im Pool schwammen zwei ältere Männer. Kinder hüpften am Rand umher, und die Mütter richteten sich auf den Liegen ein. Legten Badetücher auf. Kramten in großen Badetaschen. Die Sonne verschwand hinter Wolken. Aber nur kurz. Dann schien sie wieder. Wärmte. Die Luft war klar, und alle Farben leuchteten. Der Rasen vor dem Gebäude der Rezeption smaragdgrün. Die Büsche alle Arten von Dunkelgrün und rosarote und weiße Blüten. Sie ging schnell. In den Büros Washington entlang wurde gearbeitet. Menschen saßen an Schreibtischen. Telefonierten. Schrieben. Sahen auf Computerschirme. Redeten. Alle hatten braune und blaue Kaffeebecher bei sich stehen. Im Hamburger-Restaurant an der Ecke zu Via Dolce waren alle Fenster geöffnet. Country-music war herauszuhören. Sie kaufte die *Los Angeles Times* bei der Asiatin. Querte Washington und ging zum Sidewalk Café. Das Meer war grau mit weißen Schaumkronen. Überall waren Geschäfte und Stände geöffnet. Schals. Sonnenbrillen. Schmuck auf Ständern vor die Türen gerollt. Die Plätze der Tarotkartenleser waren besetzt. Hocker standen da. Sitzpolster lagen. Und die Tafeln waren aufgestellt, auf denen die Preise für die verschiedenen Weissagungen angegeben wurden. Wahrsager waren keine da. Die lagen wohl im Gras unter den Palmen. Bei einem Haus war die Glasfront hochgekippt. Die Glaswand umgelegt. Lag quer in der Mitte der Fassade. Sie sah in einen Raum. Links eine Küchenecke. Rechts eine Sitzgarnitur und eine Stiege nach oben. Fenster nach hinten und auf die Seiten. Alles in Grau und Graugrün. Ein riesengroßer semmelblonder Hund saß am Rand und sah auf das Meer hinaus. Ruhig. Ein kleiner schwarzer Hund stand auf dem Weg und kläffte zu dem großen hinauf. Der große Hund saß ungerührt da. Sie kannte diese Rasse gar nicht. Der Hund war kein Bernhardiner, aber so groß wie einer. Im Sidewalk Café waren alle Tische am Zaun besetzt. Sie nahm einen Tisch in der zweiten Reihe. Sie bestellte fried egg und blueberry pancake. Sie trank Kaffee aus dem hohen braunen Becher. Sie hatte keine Sonnenbrille mitgenommen und mußte den Platz wechseln, um die Sonne nicht auf der Zeitung zu haben. Der Papst war in Afrika unterwegs. Er besuchte die Basilica of our Lady of Peace in der Elfenbeinküste. Der Bau dieses größten Doms in Afrika hatte 20 Millionen Dollar gekostet. In Äthiopien waren 4,5 Millionen Menschen am Verhungern. Und De Klerk hatte die verdeckten Operationen des südafrikanischen Militärs ziviler Kontrolle unterstellt. Er hatte dafür plädiert, diese Operationen auf einem absoluten Minimum zu halten. Mit den Operationen waren Morde an politischen Gegnern gemeint. Margarethe sah auf das rotweißkarierte Plastiktuch. Was war das absolute Minimum eines Mords. Und gab es jetzt Sparpakete beim Töten von Oppositionellen. Und der Mann, der die Erschießung des Ehepaares Ceaușescu angeordnet hatte, hatte Selbstmord begangen. Die Eidotter rannen über die Heidelbeerpfannkuchen. Sie goß Sirup darüber. Der Geschmack der salzigen Eidotter mit dem Pfannkuchen und dem Sirup war wunderbar. Kindisch. Sie aß vom Pfannkuchen, solange sie Dotter hatte. Den Rest ließ sie stehen. Der Sodageschmack im Teig war ohne das Salzige zu stark. Es war bald zehn Uhr, und der Buchladen würde aufsperren. Auf dem Sidewalk und am Strand kamen immer mehr Leute vorbei. Alle bunt gekleidet und in Bewegung. Und alle strahlten. Frisch. Keine einzige Person verschlafen oder langsam. Sie zahlte. Von ihrem Tisch aus konnte sie in der Tür zur Buchhandlung das

Schild »closed« hängen sehen. Sie schaute wieder in die Zeitung. Ein Bild von Häftlingen. Gefängniskleidung. Geschorene Köpfe. Warum war diese Kleidung immer gestreift? Gelächter und Rufe. Möwen. Das Rollen der Rollerblades auf dem Asphalt. Und das Klatschen der Laufschuhe und das Keuchen eines Joggers ganz nah. AZT wurde nun in früheren Stadien von Aids verabreicht. Man erhoffte sich damit eine Stabilisierung der Patienten zu einem früheren Zeitpunkt. Und der Republikaner Denkmejian fragte sich, was Harris zu sagen haben würde. Denkmejian hatte die Wiedereinführung der Todesstrafe in Kalifornien betrieben. Harris war der erste, der hingerichtet werden sollte. Es war ihm noch ein Hearing gewährt worden. Denkmejian war außerdem für das medfly spraying über Los Angeles verantwortlich. Malathion hätte noch niemandem geschadet, und die Öffentlichkeit würde in Kürze zustimmen, meinte er. Margarethe saß da. Die Sonne kam hinter einer kleinen Wolke wieder hervor. Ließ alles neu erstrahlen. Leuchten. Das Gelächter bei den Tarotständen war lauter geworden. Warum paßte immer alles so gut zusammen? Vertilgung. Sie stand auf und ging auf den Frontwalk hinaus. Sie ging am Café vorbei zur Buchhandlung. Die Tür stand jetzt weit offen.

Small World Books war leer. Nach dem Sonnenlicht draußen dunkel. Margarethe sah eine Frau ganz hinten. Sie ging durch eine schmale Tür hinaus. Margarethe war allein. Sie ging die Buchreihen entlang. Esoterik nahm eine ganze Wand ein. Vorne. Sie las die Titel. Ging mit schiefgelegtem Kopf, die Titel lesen zu können. Philosophie. Lyrik an der anderen Wand. Dazwischen Bildbände. Fiction. Non fiction. Classics. Sie zog Bücher heraus. Blätterte. Sah die Autorenfotos auf den Umschlägen hinten an. Stellte die Bücher zurück. Was half es zu wissen, wie jemand aussah. Sie legte ihre Zeitung zur Kasse, die Hände frei zu haben. Sie wollte Lyrik. Lyrik von einer Frau. Von einer Frau, die jeden Tag ans Meer ging. Sie schaute die Bändchen durch. Las die Angaben auf den Buchrücken. Dann nahm sie einen dicken Band Wallace Stevens. »The collected Poems«. Neu herausgegeben. Sie legte das Buch zur Zeitung. Ging wieder auf die Suche. Was sollte sie lesen hier. Gedichte. Da saß man darüber. Oder davor. Sie brauchte noch etwas, die Stunden zu füllen. Am Abend. Oder am Strand. Sie sah hinaus. Die Menschen vorbeizogen. Die Sonne. Das Gemurmel. Die Geräusche gedämpft. »In cold blood«. Sie hatte es nie gelesen. Immer nur gehört davon. Und dann sah sie noch einen Band oben auf der Lyrikstellage stehen. Eine alte Frau. Stolz. Ein schmales, langes Gesicht. Ein tiefer Schatten unter den Backenknochen. Die Frau sah nach rechts. Aus dem Bild hinaus. Leicht zurückgelehnt. Als wollte sie dem Fotoapparat ausweichen. Sah von der Kamera weg. Vom Beobachter. Margarethe holte das Buch herunter. H.D. »Selected Poems« stand da. Sie legte das Buch zu den anderen. Sie sah sich um nach jemandem, bei dem sie zahlen konnte. Sie wartete. Ging herum. Kam an den Krimis vorbei und nahm dann doch einen. Sie hatte keinen mehr lesen wollen. Hatte ihre Zeit nicht so verschwenden wollen. Sie nahm irgendeinen. Sie kannte den Umschlag nicht. Sie merkte sich die Krimis, die sie gelesen hatte, am Umschlagbild. Nach langem kam die Frau wieder herein. Sie hob eine Schachtel mit Büchern über die Türschwelle und zog die Schachtel dann über den Boden hinter sich her. Margarethe fragte, ob sie helfen könne. Nein. Nein. Lächelte die Frau. Das wäre doch ihr Job. Und sie lachte. Sie zerrte die Schachtel zur Kasse. Sie war groß. Schmal. Braungebrannt. Gegerbt. Nicht jung. Die dunklen Haare grau gesträhnt in einem langen Zopf. Sie trug einen flammend roten Pullover über einem lilafarbenen, gemusterten, weiten Rock. Sandalen. Keine Strümpfe. Auch die Füße braungebrannt und gegerbt. »I see, there is some serious reading intended«, sagte sie. Margarethe nickte. Die Frau scannte die Preise ihrer Bücher ein. Nahm Margarethes Kreditkarte. Ob sie das gespürt habe, fragte die Frau und zeigte auf die Zeitung. In großen Buchstaben stand da: 4,7 magnitude aftershock at 9.26 a.m. Gestern? Wo war sie gewesen, um diese Zeit. Nein. Sie hätte nichts bemerkt, sagte sie dann. Sie wäre hier gewesen. Hätte gefrühstückt. Im Sidewalk Café. Sie hätte gestern schon Bücher kaufen wollen. Hier. Aber es wäre zu kalt gewesen zu warten, bis das Geschäft geöffnet hätte. Die Frau legte ihr die Kreditkartenrechnung zur Unterschrift vor. Ob sie Ferien mache. Hier. Fragte sie Margarethe. Nein. Sie hätte hier zu tun, antwortete Margarethe. Sie arbeite hier. In L.A. Und ob sie eine Tragetasche haben könnte. Die Frau holte eine Tragetasche aus braunem Papier unter der Kasse hervor. Faltete sie auseinander und legte die Bücher hinein. Sie griff nach der Zeitung. »Mother Faces Prison in Toddler's Death«. Sie lasen beide die Überschrift. Die Frau hielt die Zeitung einen Augenblick. Dann steckte die Frau die Zeitung in die Tasche, und sie sahen einander an. Standen einander gegenüber. Margarethe sah in den Augen der Frau dieses Anbranden der Tränen. Dieses Anwallen. Aufsteigen. Sie hatte gelernt, dieses Ansteigen des Weinens schon am Grund ihrer Augen abzuwehren. Die Tränen wurden unterdrückt, bevor sie aufsteigen konnten. Blieben ein Druck in der Kehle und hinter dem Gaumen. Die Frau an der Kasse von Small World Books tat das nicht. Ihre Augen füllten sich am unteren Rand mit Flüssigkeit. Dann tropfte die Flüssigkeit über den unteren Lidrand. Zwei große Tränen. Rollten über die Wangen bis zum Kinn. Die Frau stand noch einen Augenblick. Sie sahen einander immer noch in die Augen. Dann schaute Margarethe, ob sie die Kreditkarte eingesteckt hatte. Verstaute die Geldbörse in der Jackentasche. Nahm die Tragetasche mit den Büchern. »Take care«, sagte die Frau. Sie lächelten einander an. »You too«, sagte Margarethe und ging. Sie ging wieder den Kanal entlang. Im Garten, in dem am Vortag gearbeitet worden war, war ein Wasserfall aufgebaut. Das Wasser stürzte laut rauschend über hüfthohe Felsbrocken. Das exotische Zimmer war genauso wie am Vortag. Licht brannte. Das Rot und das Pfauenblau beleuchtet. Musik war keine zu hören. Sie traf niemanden. Enten liefen vor ihr her. Entenmütter mit ihren Kleinen. Die Mütter stellten sich vor ihre Brut. Margarethe wartete, bis sie nach unten zum Kanal verschwunden waren. Das Erdbeben mußte gewesen sein, als sie hier gegangen war. Ungefähr. Aber sie hatte nichts bemerkt.

HARALD HARTUNG

Geräusch der Flammen

Vier Gedichte

Karte aus Sils Maria

Die Kutschen warten auf Kunden
Niemand belästigt die ruhigen Pferde
Die *Alpenrose* rottet die Jahre fort
Professoren besuchen den Ort
die karge Kammer der Obererde
und reden lange mit ihren Hunden

Der Fels am Ufer verlor die Plakette
Der Schauer ewiger Wiederkunft
ist notfalls auch so zu haben
Den Rest erklären dir Krähen und Raben
O Mensch gib acht! die Vernunft
geht hier vor zwölfe zu Bette

Unser Freund Anatol

Er hat sich gut gehalten
er weiß es und meint
aber innerlich sei alles morsch

Er liest wieder Max Frisch
aber nur die Tagebücher
da steht alles über ihn

Er erzählt gern von der Jugend
zum Beispiel daß er
Ulrike Meinhof gekannt hat

Er hat genügend zu tun (Aufträge)
doch ein Tag ohne Anruf
macht ihn nervös

Er will eigentlich ins Kloster
und träumt daß er Münzen findet
Berge von Münzen

Ja er hat Erinnerungen als Mann
Erinnerungen an
Erinnerungen

Die Mädchen hießen damals
Hedwig oder Gisela
eigentlich alle Mädchen

Juli. Weniger Silben

Nebenan auf dem Bett die
halbgelesene Zeitung
Ich höre noch wie im Bad
das Handtuch zu Boden fällt

Gedicht mit Kontrabaß

Mit zwei Koffern Vater und Mutter
und einem Kontrabaß
an einem Maiabend
auf einem Schützenpanzer

über die gepanzerte
Wand auf den Platz schauen
der vom Geräusch der Flammen hallt
die aus dem Rathaus schlagen

Am nächsten Vormittag dann
ohne Koffer und Kontrabaß
mit Vater und Mutter
in einem Straßengraben

Das gab eine Art Haiku

Der Panzer ist ausgebrannt
Mutter hält sich an der
geretteten Handtasche fest

Und der Kontrabaß? Er muß
geschrieen haben unter
der MG-Garbe o Gott
er muß geschrieen haben

MARTIN AMIS

Lage der Nation

Eine Erzählung

1. Handys satt

Big Mal stand in seinem zerknitterten Leinenanzug an der Rennbahn, in der einen Pfote die Zigarette, das Handy in der anderen. Er trug außerdem eine Wunde, der breite Bursche: einen schockierenden Schnitt seitlich im Gesicht, vom Ohrläppchen zum Wangenknochen. Das schlimmste an der Wunde war es, wie frisch sie aussah. Sie blutete nicht. Aber daß sie näßte, schien durchaus möglich. Den Anzug hatte er bei Contemporary Male in Culver City, Los Angeles, gekauft – fünf Jahre her. Die Wunde hatte er sich in einem mittelgroßen Parkhaus hinter dem Leicester Square geholt – letzte Nacht. Unter hoch dahinsegelnden, unten abgeplatteten Wolken und einem schrillblauen Himmel stand Big Mal da, am Rand der Rennbahn. Nicht sehr großgewachsen, aber massiv, gebaut wie das sprichwörtliche Betonscheißhaus, eins fünfundsechzig in alle Richtungen ... Mal hatte das Gefühl, daß er sich in einer klassischen Situation befand: die Frau, das Kind, die andere Frau. Es war Mitte September. Heute war Sportfest. Auf der Rennbahn, an der er entlangspazierte, würde bald sein neunjähriger Sohn ernst und konzentriert dahintrappeln, der kleine Jet. Jets Mutter Sheilagh stand auf der Treppe zum Vereinsheim, fünfzig Meter weg, bei den anderen Muttis. Mal konnte sie sehen. Sie hantierte ebenfalls mit einer Zigarette und einem Handy. Sie sprachen nicht mehr miteinander, von Handygesprächen abgesehen.

Er steckte die Zigarette in den Mund und tastete mit großen, weißen, kalten, erregten Fingern ihre Nummer ein.

»A!« sagte er. Ein gepreßter Laut, grell und scharf – das kurze »a« wie in »Mal«. Es war ein Laut, den Mal oft hervorstieß: seine übliche Reaktion auf Schmerz, auf Unerwartetes, auf irdische Unvollkommenheit. Diesmal machte er »A!«, weil er sich das Handy ans falsche Ohr geklatscht hatte. Ans schmerzende: das so geschwollen war, so üppig traumatisiert von den Ereignissen der vorigen Nacht. Dann sagte er: »Ich bin's.«

»Ja, ich seh dich.«

Sheilagh bewegte sich von dem Muttipulk fort, die Stufen hinunter, in seine Richtung. Er drehte ihr den Rücken zu und fragte: »Wo ist Jet?«

»Die kommen mit dem Bus. Menschenskind, Mal, was hast du denn angestellt? Wie dein Gesicht aussieht!«

Na, das war ja schön zu wissen: daß seine Verletzung auf fünfzig Meter zu erkennen war. »Haufen Scheiße«, sagte er als Erklärung. In gewisser Weise traf das zu. Mal war achtundvierzig, und man könnte sagen, daß er sich mit seinen Fäusten immer recht gut durchgebracht hatte – seinen Fäusten, seinen Schuhspitzen, seinem zustoßenden gesenkten Schädel. Die Abreibung der letzten Nacht war keineswegs die schlimmste, die er je bekommen hatte. Aber gewiß die bizarrste. »Warte mal nen Takt«, sagte er und zündete sich noch eine Zigarette an. »A!« fügte er hinzu. Wieder das falsche Ohr. »Wann kommt der Bus?«

»Hast du danach schauen lassen? Mußt du dich drum kümmern.«

»Ist alles erledigt«, sagte Mal vorsichtig. »Die ist voll ausgebildet, die's versorgt hat.«

»Ach ja, wer war das denn? Miss Indien? Wie soll die noch heißen? Linzi ...«

»Ach was. Nicht Linzi. Yvonne.«

Der Name (müde, aber entschieden auf der ersten Silbe betont) würde Sheilagh genug sagen.

»O Gott. Du warst mit dem Dicken Lol unterwegs. Habt einen draufgemacht. Na ja. Klar. Wenn's eine dreißig Jahre lang mit Dicki Lol hat ...«

Mal konnte folgen. Dreißig Jahre mit Dicki Lol, und man kennt sich aus in Erster Hilfe. Man ist eine voll ausgebildete Krankenschwester, ob man will oder nicht. »Yvonne hat's versorgt«, sagte er. »Saubergemacht und so Zeug draufgeschmissen.« Das stimmte völlig. Heute morgen hatte Yvonne bei Tee und Toast seine Wange mit Dicki Lols Aftershave abgesengt und dann mit einem Stück Küchenrolle zugepflastert. Dieses Stück war allerdings schon längst in den gurgelnden Tiefen der Wunde verschwunden. Wie dieser Film mit dem jungen Steve McQueen. Ah ja: *The Blob.*

»Pocht es?«

»Ja doch«, sagte Mal resigniert, »es pocht. Hör mal. Versuchen wir bitte, daß wir uns vor dem Jungen zivilisiert aufführen. Ja? Komm schon, She, bitte. Das schulden wir ihm. Stimmt's?«

»Stimmt. Und jetzt will ich mein gottverdammtes Geld.«

»Wasn gottverdammtes Geld?«

»*Wasn* gottverdammtes Geld? *Mein* gottverdammtes Geld.«

Sie unterbrach die Verbindung, und so versuchte er's erfolglos (und murmelnd: Wo biste, Kumpel?) bei Dicki Lol – versuchte, Dicki Lol auf dessen Handy zu erreichen.

In einem großen Bogen, in unveränderlicher Entfernung zu seiner Frau, trottete Mal an der Bahn entlang und marschierte dann auf die andere Seite des Vereinsheims zu. Das Vereinsheim mit seinem Fachwerkdekor: Vielleicht hatten die dort ne Bar drin. Mal zögerte, er schwankte sogar; die Sprungkraft fehlte, die Antriebsfeder der Persönlichkeit war sehr schwach gespannt. Und da waren nun all die anderen Papas, auf der Treppe um die Ecke, mit *ihren* Handys.

Mal verlangsamte den Schritt, lungerte noch etwas am Rasenrand herum und versuchte, Linzi auf *ihrem* Handy zu erwischen.

Jets Schule, St. Anthony's, hatte Stil oder war jedenfalls teuer. Mal war's, der diese verblüffenden Summen irgendwie aufbrachte. Der auch an Tagen wie heute antrat, was sich ja auch so gehörte. Er wollte und erwartete im übrigen, daß sein Junge sich gut hielt.

Bei den ersten Kontakten am Eltern-Lehrer-Interface war Mal weitgehend stumm geblieben, voll Peergroup-Panik: Er hatte immer nur daran denken können, daß irgendwas an ihm entsetzlich daneben war. Er wollte raus aus dieser Peergroup und rein in eine andere Peergroup mit schwächeren Gegnern. Mal ließ She das ganze Reden besorgen, die hatte mehr Selbstvertrauen – was wohl, wie's die Eheberaterin einmal formuliert hatte, von ihrer »fortgeschrittenen Kompetenz bei sprachlichen Techniken« kam. Tatsächlich machte Mal beim Schreiben keine besonders gute Figgur. Fikur. Figur. Um es vorsichtig auszudrücken. Und auch das Lesen ließ viel zu wünschen übrig. Angesichts eines (sagen wir) Plakats oder der Gebrauchsanweisung auf einer Heftpflasterschachtel bewegten sich Mals Lippen bebend und stellten mimisch seine Mühen dar. Er sprach auch schlecht – er wußte das. Aber das ganze Vorurteil gegen so welche wie ihn, das war ja heutzutage weg. Hieß es. Und vielleicht stimmte das auch einigermaßen. Jedenfalls konnte Mal in buchstäblich jedes Restaurant seiner Wahl gehen und dort ohne weiteres unter all den gepflegt schnatternden und näselnden Figuren rumsitzen und am Ende eine Rechnung vom Kaliber eines Flugtickets bezahlen. Er konnte dahin gehen und dorthin. Aber niemand konnte ihm garantieren, daß er sich da oder dort auch okay fühlen würde. Das konnte keiner garantieren, niemals. Big Mal, der fast zustimmend knurrte, wenn er eine Faust auf seinen Mund zufahren sah, konnte beim Anblick eines abgespreizten kleinen Fingers zusammenbrechen. A! Immer trug er's mit sich rum, zu jeder Stunde, wie ne Krankheit, wie ein Gespenst. Also gut, starrt mich doch an. Lacht mich schon aus. Warum hat's mir wohl in den Staaten so gut gefallen? L. A., Sportsfreund: für Joseph Andrews gearbeitet …

Mal fühlte sich als Mann in einer klassischen Situation. Er war zu Hause abgehauen (vor fünf Monaten) und zu einer jüngeren Frau (Linzi) gegangen, hatte seine Frau (Sheilagh) verlassen und sein Kind (den kleinen Jet). Und eine klassische Situation ist definitionsgemäß eine Situation aus zweiter Hand – aus dritter Hand, aus elfter. Das wird immer klarer, je länger es geht. Spätnachts dachte Mal manchmal so was wie: Wenn Adam Eva verlassen hätte und mit einer jüngeren Frau durchgebrannt wäre (mal vorausgesetzt, er hätte eine finden können) – dann hätte er vollkommenes Neuland betreten. Adam war dann, von mir aus, ein Arschloch, aber abgedroschen war die Sache noch nicht. Jetzt war alles Routine: altbekannt, ausgelutscht, tot. Und heutzutage gab es dann ja auch noch all das Vergleichsmaterial. Die ganzen Studien und Statistiken, das färbte ab, und jeden Abend sah man sich selbst im Fernsehen, in den Soaps und Sitcoms, meist war man gut für einen Lacher. Jeder zweite brachte das, daß er zu Hause abhaute. Natürlich war's auch abgedroschen, *nicht* abzuhauen, aber das war irgendwie kein Thema. Adam war auch mit dem Daheimbleiben auf unbekanntem Terrain gewesen.

Er spürte, daß er ein einziges Klischee war – und spürte ferner, daß er selbst das vergeigt hatte. Denken wir mal nach. *Er war zu Hause abgehauen und zu einer jüngeren Frau gegangen.* Abgehauen? Linzi wohnte ja gleich gegenüber. Zu ihr gegangen? Er hockte in seinem Bed-and-Breakfast am King's Cross. Eine jüngere Frau? Mal war sich mehr und mehr sicher, daß Linzi tatsächlich eine *ältere* Frau war. Einmal nachmittags, als sie ein zugedröhntes Nickerchen machte, war Mal ihr Paß in die Finger gekommen. Da war Linzis Geburtsdatum als »25. Aug. 19—« angegeben – die letzten beiden Ziffern waren mit dem Fingernagel weggekratzt. Unter der Tischlampe konnte man immer noch ein Pünktchen Nagellack erkennen – dasselbe vampirische Scharlachrot, wie sie es oft benutzte. Von der gegenüberliegenden Seite des Ausweises starrte ihn Linzis Gesicht an: Größenwahn in einer Woolworth-Fotokabine. Genau wußte er also bloß, daß Linzi in diesem Jahrhundert geboren war.

A! Falsches Ohr! Aber er *wollte* diesmal auch das falsche Ohr. Denn jetzt gesellte Mal sich zu den Papas – er mischte sich unter die Peergroup, und da würde ihm das Handy helfen, seine Wunde zu verbergen. Handys bedeuten soziale Mobilität. *Mobile phones.* Mit so einem mobilen Teil an der Backe kann man in die Arena treten und ist dabei doch eingehüllt in das Eigene, die eigenen Vorstellungen, die eigenen Angelegenheiten. »Hallo Jungs«, sagte er und schwenkte kurz den Arm, und dann starrte er stirnrunzelnd auf sein Handy. Er hatte Linzi angerufen und sagte deshalb nun Sachen wie: »Tatsache, Darling? … Trink ne Tasse Tee, nimm ein Nurofen … Geh wieder ins Bett. Mit den Prospekten … Sind das die runden Dinger oder diese Halbmonde? … Echt, Baby?« Über sein Handy gekrümmt, die Knie leicht gebeugt, sah Mal aus wie einer, der drauf wartet, daß er beim Kugelstoßen an die Reihe kommt. Er tat, was all die Väter hier taten: Er ließ sich mal sehen. Man zeigte sich, einander und der Welt. Und wie sah Mal aus? In der Welt des Kampfes, unter Kämpfern war das eine alte Sache – wenn man eine Wunde davontrug, mußte man das nicht nur aushalten, nicht nur ertragen: Man mußte es auch *tragen*, sichtbar, öffentlich, bis die Wunde abgeheilt war.

Nickend, augenzwinkernd, hier und dort rasch einen Arm umfassend oder auf eine Schulter klopfend, bewegte er sich unter ihnen hin und her. Blazer, modische Trainingsanzüge, Jeans und offene Hemden, sogar mal ein Dhoti oder Kaftan oder wie man's nennen will. Diese Papas: Die Hälfte davon war nicht mal Engländer und stolperte insofern bereits an der ersten Hürde, gesellschaftlich gesehen. Das hätte Mal jedenfalls früher wohl geglaubt. »Mandschit, na wie geht's«, sagte er. »Mikio. Nusrat!« Gesellschaftlich gesehen konnten ihn heutzutage selbst die Pakis ans Flattern bringen. Paratosch beispielsweise, der ein Sikh oder Pathane war, eine Krawatte trug, in Hörspielen mitwirkte und erlesene Manieren hatte. Und wenn ich schon merke, daß der erlesene Manieren hat, dachte Mal, dann sind sie wirklich einsame Spitze. »Pantosch, wie läuft's!« rief er jetzt … Aber Pantosch schenkte ihm nur ein knappes Lächeln und verschob gravitätisch ein wenig den Blickwinkel. Es kam Mal so vor, als machten sie das alle. Adrian. Fardus. Warum? War es die Wunde? Er glaubte es eigentlich nicht. Das waren, klar, die Papas aus der intakten Kleinfamilie, das waren die, die zu Hause geblieben waren, bis jetzt wenigstens. Und alle Welt wußte, daß Mal auf und davon war, vertragsbrüchig. Sprengung der Kleinfamilie. Diese Männer, einige davon jedenfalls, waren die Gatten von Sheilaghs Freundinnen. Während er zwischen ihnen herumstapfte und -stampfte, spürte Mal den alten Tadel in diesen Gesichtern, den ocker- und nußfarbenen, mokkadunklen, milchhellen. Er war der Paria, der Beflecker der Kastenreinheit, und er dachte, sie dächten, er habe versagt. Als Mann. Unbeholfen, massiv, eckig, unter einem dünnen schwarzen Haarbusch nervös zusammenzuckend, mit den Fingern zitternd am Umriß seiner beschädigten Wange entlangtastend, war Mal unberührbar wie seine Wunde.

Andere Papas sprachen in ihre Handys, ihre Gespräche waren körperlos, einseitig. Einen Augenblick lang hörten sie sich an wie Wahnsinnige, wie all die auf den Straßen der Stadt allein vor sich hin redenden.

2. *Asiatische Miezen*

Linzis richtiger Name war Shinsala, und ihre Familie stammte aus Bombay, ursprünglich mal. Nichts davon würde man ahnen, wenn man nur mit ihr telefonierte. Die meisten ausländischen Papas – die Nusrats, Fardus, Paratoschs – sprachen ein besseres Englisch als Mal. Und waren dabei doch wohl auch noch recht gut im Farsi, Urdu, Hindi oder wie oder was. Und er mußte sich fragen: Wie war das möglich? Wie kam es, daß für Mal *so wenig übrigblieb*? Linzi andererseits gab keinen Anlaß zu derartigen Vorwürfen. Sie sprach schlimmer als Sheilagh, schlimmer als Mal. Sie sprach so schlimm wie Dicki Lol. Sie sprach reinstes East-End-Englisch, abgesehen von einem einzigen exotischen Detail bei den Pronomina. Linzi sagte *he*, wo die Engländer *him* oder *his* sagen würden. Also etwa *compared to he*. Oder *driving he car*. Ebenso bei *she* – beispielsweise *the way she wears she skirts*. Oder *I hate she*. Manchmal erschrak Mal dabei, weil er dachte, sie rede von She, von Sheilagh. Und Linzi drohte ständig, eine Konfrontation mit She herbeizuführen. Heute beispielsweise. Mal mochte gar nicht daran denken, daß diese beiden aufeinandertreffen könnten. A!

Nun aber drängte sich der massive Mann durch den Eingang ins Haus. Er kam an einem Cola-Automaten vorbei, an Anschlagtafeln, am Eingang zu den Umkleideräumen, an der Imbißserviceklappe mit ihrem Hamburgermuff. Jesus. Mal war kein großer Säufer, nicht so wie manche andere. Aber letzte Nacht, nachdem man ihn abgebürstet hatte, da hatten er und Dicki Lol eine Flasche Scotch gezogen. *Jeder* eine. Also hatte er jetzt das Gefühl, daß er nach ein, zwei Glas Bier ein neuer Mensch sein würde. Er spähte um eine Ecke, hielt inne und schritt dann vorwärts, mit dem Geld in der Tasche klimpernd. Alles in ihm öffnete sich beglückt dem, was er sah: dort der Spielautomat, der Glaskrug voller Wechselgeld für einen guten Zweck, die feuchten grauen Lappen unter den wokgroßen Aschenbechern, die kopfüber hängenden Schnapsflaschen mit den pedantischen Markierungen an den Ausgießern, garantiert faire Bedienung. Und da wuchs auch der kunstvoll liebenswürdige Barkeeper aus dem Fußboden empor, zurück aus dem Keller.

»Mal!«

Er drehte sich um. »Bern, alter Sack!«

»Alles klar?«

»Alles klar? Wie geht's deinem Clint?«

»Kleiner Tunichtgut. Wie geht's ...?«

»Jet? Strammer Knabe.«

»Hier, Mal – das ist Toshiko.«

Toshiko lächelte mit ihrem japanischen Gebiß.

»Freut mich«, sagte Mal und fügte unsicher, hilflos, noch hinzu: »Ausgesprochen.«

Bern war der Papa, den Mal am besten kannte. Sie hatten bei einem früheren Sportereignis Bekanntschaft geschlossen, am Spielfeldrand hinter dem Tor, als sie ihren Söhnen zusahen, die für St. Anthony's Fußball spielten. Clint und Jet, zusammen im Sturm der Mannschaft unter neun. Die Papas sahen zu, zwei entsetzlich leidenschaftliche Talentscouts, und sie schrien laut »Manndeckung!« oder »Über die Flan-ken!« oder »Viervierzwei!«, während ihre Söhne und all die anderen in der Gegend rumrannten wie junge Hunde, die einem Ball nachjagen. Anschließend schlappten Mal und Bern rüber zur Kneipe. Sie versicherten einander, daß es ja kein Wunder war, Herrgottsscheiße noch mal, wenn ihre Jungs neun zu nix eingemacht worden waren. Die Verteidigung war ein einziger Witz, im Mittelfeld wurden null Spielzüge vorbereitet. Wie sollten die Jungs dann vorne die Karre aus der Kacke ziehen? Das sag mir mal einer.

»Ich hab neulich was Interessantes gehört«, sagte Bern plötzlich. Bern war Fotograf, ursprünglich Mode, jetzt Glamour und Society. Er sprach schlimmer als Mal. »Was Hochinteressantes. Ich hab die Chose da beim Bürgermeister abgelichtet. Bin ins Gespräch gekommen mit diesen Dingens, Detektiven da. Scotland Yard. Weißt noch den Burschen da, der im Buckingham Palace eingestiegen ist? Die ganze Aufregung da?«

Mal nickte. Das wußte er noch.

»Na und jetzt rat mal.« Und Berns Gesicht wurde ganz feierlich und pastoral. »Die glauben, er hat sie gefickt. Glauben, er hat's ihr besorgt.«

»Wem?«

»Der Königin. Weißt noch, sie haben ihn in ihrem Schlafzimmer da entdeckt, richtig?«

»Richtig.«

»Also die Typen glauben, er hat sie gefickt.«

»Mensch, das ist aber schon hart. Ich meine, echt?«

»Ja, also das glauben diese Typen. Glauben, er hat sie gefickt. Und du, ähh, du bist ausgezogen, was?«

»Ja Mensch. Hab's nicht mehr ausgehalten.«

»Weil, für jeden Mann gibt's ...«

»ne Grenze.«

»Richtig. Ich meine, wieviel Scheiß steckt man weg, was? Geht irgendwann nicht mehr, richtig?«

»Richtig.«

Es war gut, so mit Bern zu sprechen. Sich's von der Seele zu reden. Bern, der war abgehauen, als seine Frau *schwanger* war mit dem kleinen Clint. Nicht wegen der Toshiko hier, die wohl Japanerin war, sondern wegen einer anderen. Jedesmal, wenn Mal ihm über den Weg lief, hatte Bern ne andere am Arm: Eine Ausländerin, um die Dreißig. Als würde er sie Nation um Nation abhaken. Um sich jung zu halten.

»Schau dir die an«, sagte Bern. »Achtundzwanzig. Weißte was? Ist meine erste Japsin. Stimmt's, Tosh! Na, wo bist du bloß mein ganzes Leben lang gewesen?« Ohne die Stimme zu senken oder den Tonfall zu wechseln, sagte er: »Weißte, ich hab ja immer gedacht, die sind anders gebaut, die Schlitzaugen. Quer, mein ich. Unten. Aber so isses nicht. Genau wie alle anderen auf der Welt. Die Süßen. Spricht kein Englisch, was, Tosh?« fuhr Bern fort und beruhigte damit Mal einigermaßen.

Toshiko erwiderte quiekend etwas.

»Französisch kannse.«

Mal senkte den Blick. Die Sache war die ... Die entscheidende Sache bei Mal war die, daß seine Sexualität – wie seine gesamte gesellschaftliche Existenz – ihrem Wesen nach traurig und düster war. Als ob alles entscheidend schiefgegangen wäre, vor vierzig Jahren, an einem verregneten Samstag, als er in ein Kaufhausschaufenster gestarrt hatte auf die rehbraunen oder chamoisfarbenen, starren, wachsglänzenden Plastikweiber, die ihre Arme erhoben hielten, als reichten sie Gaben dar, als erläuterten sie geduldig etwas ... Im Bett schauten er und Linzi – Big Mal und Shinsala – zusammen *Asiatische Miezen* an. Mittlerweile hieß die Grundlage ihres gesamten Sexuallebens *Asiatische Miezen.* Das Magazin, das Video, die CD-Rom oder wie auch immer: *Asiatische Miezen*, das hatte Mal so im Gefühl, war ein Meilenstein in der Geschichte der Beziehungen zwischen den Rassen auf dieser Insel. Weiße Männer, fremdfarbige Frauen vermengten sich elektronisch. Jeder Videowichser in England hatte jetzt seine Fatima, seine Fetnab. Wenn *Asiatische Miezen* gerade mal pausierte oder wenn sie vor- oder zurückspulten und Linzis Fernseher frei war, dann war Zee TV das bevorzugte Programm – indische Musicals am laufenden Band. Und solch eine keusche Zivilisation! Wenn ein Paar sich küßte, schwenkte die Kamera eilig auf schnäbelnde, zwitschernde Turteltauben oder auf große Wogen, die gegen ein Felsenkliff schlugen. Frauen von dunkel-himmlischer Schönheit lachten, sangen, tanzen, schmollten, vor allem aber weinten, weinten, weinten sie – der Film melkte große, elastische, schimmernde Tränen aus ihnen heraus, auf Bergeshöhen, an Straßenecken, unter Bühnenmonden. Dann drückte Linzi auf PLAY, und wieder sah man ein arabisches Nuttchen, das lächelte, kicherte und sich zu lasziver Musik auszog, irgendwo in einer gleichzeitig modernen und moscheeartigen arabischen Wohnung, wo man sich auf einem mit Plastikplane abgedeckten Diwan oder einem knöcheltiefen weißen Teppich wälzen konnte ... Das andere Video, was sie immer wieder anschauten, war das von der Firma Kosmetique, das sich Linzi bestellt hatte. Brustkorrektur: Vorher/Nachher. Man sah, daß die Schönheitschirurgie hier ein bekanntes Naturgesetz außer Kraft zu setzen wußte, weil Nachher immer schöner war als Vorher, anstatt wie im Leben weit abgeschlagen auf dem zweiten Platz zu landen. Obwohl Mal Linzi mochte, wie sie war, war er trotzdem wahnsinnig scharf auf Kosmetique, was ihn beunruhigte. Aber er wollte ja auch aus seiner Haut. Einmal am Speaker's Corner, wo Männer auf Milchkästen einseitige Gespräche mit unsichtbaren Versammlungen führten, hatte er dagestanden, eine Hand auf Linzis Schulter, hatte den phantastischen Schuhcremeglanz ihres Haares betrachtet und hatte sich wunderbar weit entwickelt gefühlt – ein multirassischer Regenbogen, bereit, eine neue Welt zu umschließen. Er wollte was anderes. Die Sache, dachte er, diese ganze Sache hier war bloß passiert, weil er mal was anderes wollte. Er wollte was anderes, und England war nicht bereit, ihm etwas zu geben.

»Mit wem biste jetzt zusammen?« fragte Bern.

»Linzi. Ganz verrückt nach ihr.«

»Ah ja. Ist doch nett. Wie alt?«

Er überlegte, ob er »so um die Vierzig« antworten sollte. Ja, klar, *neun*undvierzig. Warum nicht einfach »sechzehn« sagen? Mal empfand besondere Dankbarkeit für Bern – weil der kein Wort über den Zustand seines Gesichts gesagt hatte. Na, das war eben Bern: ein Mann von Welt. Trotzdem sah Mal sich nicht in der Lage, eine Antwort zu geben, und Bern fing bald wieder von dem rätselhaften Verschwinden des Mannes an, der die Königin gefickt hatte (meinten die jedenfalls). Toshiko stand da und lächelte, die Zähne seltsam aufgereiht. Mal war nun bereits eine halbe Stunde in ihrer Gesellschaft, und immer noch wirkte sie auf ihn vollkommen furchterregend, wie was aus einem alten Weltkriegscomic. Dieses irgendwie Aufgeblähte im Gesicht, als trüge sie eine Maske aus Haut; die Stirn, und dann diese Augenhöhlen, diese tiefen, und diese facettierten Lider … Er hatte im Lauf der Jahre so den diffusen Eindruck bekommen, daß diese Japanbüchsen sich im Bett fast umbrachten, um's einem richtig zu besorgen. Was sie auch nötig hatten, seiner unmaßgeblichen Meinung nach. Innerlich zuckte Mal die Achseln. Herrgott, ja. Vielleicht ließen die sich ins *Auge* ficken.

Sheilagh rief ihn an und sagte, der Bus mit den Jungen sei jetzt endlich da.

3. Mortal Kombat

Er hatte das Gefühl, daß er ein Mann in einer klassischen Situation war. Die Merkwürdigkeiten dabei waren bloß merkwürdig – Zufall, keine Originalität. Als er an die frische Luft trat und die irischen Farbtöne der Bar (die sich am vollkommensten vielleicht im strudelnden Braun von Berns Bourbons ausdrückten) gegen die Polarhelle eines Septembermittags eintauschte, da gab es nur eines, was er sah: seine Situation. Die Sonne stand weder hoch noch schien sie heiß, sie war lediglich unglaublich intensiv, als könne man sie hören, mit dem bratheißen Brüllen ihrer Winde. Jedes Jahr tat die Sonne dies und unterzog das Königreich der glühendsten, kritischsten Prüfung. Sie kontrollierte die Lage der Nation. Sheilagh in ihrem limettengrünen Supertrainingsanzug kam her und stellte sich zu ihm. Er drehte sich fort. Er sagte: »Wir müssen reden, She. Ganz direkt.«

»Wann?«

»Später«, sagte er. Denn jetzt kamen die Jungen in ordentlichem Zug durch das Eingangstor vom Parkplatz. Mal stand da und schaute zu: eine Lektion in schlechter Haltung. An der Peripherie seines Gesichtsfeldes atmete Sheilagh und schwoll an. Wie leichtfüßig und schwerelos die Jungen aussahen, wie erstaunlich leicht.

Wegen einer jüngeren Frau. Ehefrau und Kind hat er dabei im Stich gelassen … Wie weit stimmte das? Mal hielt es für möglich, den Standpunkt zu vertreten, daß Sheilagh gar nicht seine richtige Ehefrau war. Gut, er hatte sie geheiratet, na schön. Aber erst vor einem Jahr. Als kleine Überraschung – wie ein Geburtstagsgeschenk. Ehrlich, das hatte im Grund gar nichts zu bedeuten. Mal hatte sich damals gedacht, daß She das alles zu ernst nahm. Monatelang war sie mit diesem gierigen Gesichtsausdruck rumgezogen. Und es war nicht nur die Miene – sie hatte über Weihnachten zehn Pfund zugenommen. *Das Kind im Stich gelassen*. Na ja, das war schon so. Da ließ sich nichts erwidern. Der Tag, als er damit rausrückte:

Der Plan war so gewesen, daß Mal es dem Jungen sagte, und dann würde She ihn mitnehmen in *Mortal Kombat*. Ein Film, den sich Jet monatelang gewünscht hatte – sehnsüchtig, schmerzlich. Und jetzt wollte er nicht. Mal sah zu, wie Sheilagh ihn die Straße hinunterzuzerren versuchte – seine Turnschuhe, seine graue Trainingshose, sein störrischer kleiner Hintern. Mal ging die Woche darauf mit ihm rein. Scheißblöd. Zwanzig Minuten lang traten die sich gegenseitig in die Fresse und hatten nicht mal ne dicke Lippe hinterher.

Da kam das Kind, die Mutter beugte sich bereits runter, um ihm den Kragen des Polohemds zurechtzurücken und ihm über das gestylte Haar zu streichen. Gestyltes Haar? Seit wann denn das? Jesus: ein Ohrring. Das war Sheilagh, die spielte jetzt die flotte junge Mutti voll Verständnis für die Jugend. Nimmt ihn auf den Markt in Camden mit und kauft ihm ne Lederjacke, so was in der Art. Mal sagte jetzt nichts, kauerte sich hin, um (A!) Jet einen Kuß auf die Wange zu geben und ihm mal kräftig – nee, das Haar brachte man am besten nicht durcheinander, das wollte er sicher nicht. Jet wischte sich die Wange ab und sagte: »Papa? Wer hat dich verprügelt?«

»Wir waren in der Minderzahl. Nicht zu knapp.« Er rechnete. Es waren vielleicht dreißig gewesen. »Fünfzehn zu eins. Ich und Dicki Lol.« Er sagte Jet nicht, daß fünfzehn davon Frauen gewesen waren.

»Papa?«

»Hmm?«

»Machst du mit beim Wettlauf der Väter?«

»Nee, da läuft gar nix.«

Jet schaute seine Mutter an, die sagte: »Mal, das mußt du aber.«

»Nee, ausgeschlossen. Ruiniert mir meinen Rücken.«

»Mal.«

»Nicht in Form, keine Chance.«

»Aber Papa.«

»Nix da. Schluß, aus, fertig.«

Mal schaute hinunter. Der Junge starrte mit großer, eng konzentrierter Aufmerksamkeit – fast schielend und mit offenem Mund – in die Hügel und Täler der Wunde seines Vaters.

»Denk nur dran, wo du jetzt selber antrittst«, sagte Mal zu ihm.

»Aber Papa. Du bist doch *Rausschmeißer*«, sagte Jet.

Rausschmeißer – das war eine Tätigkeit, ein Beruf, von dem man allgemein eine falsche Auffassung hatte. Das Rausschmeißen, so sah es Mal, wurde mißverstanden.

Die ganzen Siebziger hatte er die Nächte durch an manchem exklusiven Eingang Dienst getan, vor manchem Prestigeportal Posten geschoben, meist neben sich Dicki Lol. Das war das Team, Big Mal und Dicki Lol. Sie hatten zusammen im Palais in Hammersmith angefangen. Bald waren sie im West End angelangt, vor Lokalen wie Ponsonby's oder Fauntleroy's. Er machte das fünfzehn Jahre lang, aber man brauchte nur ne Woche, um zu merken, was los war.

Als Rausschmeißer hatte man nicht die Aufgabe, Leute aus dem Lokal zu entfernen – als Rausschmeißer sorgte man dafür, daß gewisse Leute nicht ins Lokal reinkamen. Das war so ziemlich die ganze Weisheit des Rausschmeißerberufs. Ach ja, und immer »Sir« sagen und »Gentlemen«.

Man sieht einen Besoffenen oder eine von diesen durchgeknallten kleinen blaßlippigen Figuren, und dann heißt's: »Tut mir leid, Sir, Sie können hier nicht rein. Warum? Weil Sie nicht Mitglied sind, Sir. Wenn Sie jetzt um diese Zeit kein Taxi finden können, rufen wir Ihnen gern eins.«

Man sieht einen Haufen offensichtlich schwerer Jungs in Schale um die Ecke kommen, und dann geht's: »Guten Abend, Gentlemen. Nein, tut mir leid, Gentlemen. Gentlemen, dies ist ein Klub nur für Mitglieder. He! Hört mal, Jungs, macht keine Zicken. Gentlemen! Lol! Okay. Alles klar. Wenn Sie noch so hellwach sind, Gentlemen, darf ich vielleicht Jimmy's empfehlen, Noel Street Nummer 32. Unterste Klingel. Links und noch mal links.«

Etwa einmal in der Woche, meist an den Wochenenden, kam Mr. Carburton zum Eingang runter, starrte einen an und sagte mit entsetzlicher Müdigkeit: »Wer zum Teufel hat *die* reingelassen?«

Und man fragte blöd zurück: »Wen – die?«

»*Wen?* Diese beiden wahnsinnigen Arschlöcher, zwei zwanzig groß mit schwarzem Kinn.«

»Sahen ganz in Ordnung aus.« Und vielleicht fügte man – in den frühen Tagen – noch hinzu: »Sind mit ner Schnepfe gekommen.«

»Die kommen *immer* mit ner Schnepfe!«

Aber die Schnepfe ist jetzt verschwunden, die Typen schmeißen Sodawassersiphons durch die Gegend, und man läuft die Treppe hoch und … Also kam man immer nur dann zum Rausschmeißen, wenn man als Rausschmeißer versagt hatte. Das Rausschmeißen war ein Noteingriff, der nur bei fehlerhafter Rausschmeißerpraxis notwendig wurde. Die besten Rausschmeißer mußten nie jemand rausschmeißen. Nur schlechte Rausschmeißer schmissen tatsächlich auch jemand raus. Hörte sich vielleicht kompliziert an, war's aber keineswegs.

… In ihren Rüschenhemden, ihren stinkenden Smokings, Mal und Dicki

Lol, auf Treppen, an Notausgängen, oder über die Kasse gebeugt um fünf Uhr früh, wenn das Licht plötzlich ganz anging und sich mit dem Umlegen eines einzigen Schalters alles von Opulenz zu Schäbigkeit verwandelte – Lackglanz, Glamour, Sex, Empire, Privilegien in einem Ansturm von Elektrizität ausgelöscht.

Das war auch die Zeit der echten Gefahr. Erstaunlich manchmal, was für eine Beharrlichkeit diejenigen zeigten, die man ausgeschlossen und weggeschickt hatte – weggeschickt, weggestoßen, fortgeschubst, abgedrängt, weggeohrfeigt, umgehauen, getreten, vertrimmt. Oder schlicht mit einem »Tut mir leid, Sir« abgewiesen. Die warteten die ganze Nacht – oder sie kamen wieder, nach Wochen und Monaten. Du bringst das bleiche frühstückshungrige Garderobengirl zu ihrem Mini, und dann gehst du die Seitengasse runter zu deinem eigenen Auto durch den Jack-the-Ripper-Nebel in der Morgendämmerung. Und da wartet er, er lehnt an der Mauer neben dem Wagen, trinkt gerade seine Milch aus und wiegt die Flasche in der Hand.

Weil es Leute gibt, die lassen sich nicht abweisen. Manche Leute setzen alles daran, zu zeigen, daß sie sich nicht ausschließen lassen … Mal schmiß hier raus, Mal schmiß dort raus, er machte Jahr um Jahr den Rausschmeißer, ohne ernsthafte Verletzungen. Bis zu der einen Nacht. Er machte schon früher Schluß, und auf den Stufen drängte sich das übliche Rudel von Chauffeuren und Taxifahrern, Nutten, Abstaubern, Zuhältern, Strichern, Flittchen, Dummchen, Pennern und Blödmännern, und als Mal sich jovial durch die Menge drängte, trat eine kleine Gestalt nah an ihn heran und sagte schwer atmend mit trockenem Mund: *Halt das hier mal, Freundchen…* Plötzlich taumelte Mal rasch zurück, er versuchte, sich selbst anzusehen: die Klinge in seiner Wampe und das Blut, das den Falten seines fleckigen weißen Hemdes folgte. Er dachte: Was erzählen die immer, daß es nicht weh tut, wenn man angestochen wird? Kommt dann erst später, der Schmerz, ja? Nein, Meister, der kommt jetzt sofort. Wie ein tiefer Schnitt durch Papier, ein Schnitt ins Herz. Mals Bauch, sein stolzer gelassener Bauch, war abrupt zum Schauplatz hysterischer Veränderungen geworden. Und er spürte den Drang, etwas zu sagen, ehe er umfiel.

Dieser Augenblick war ihm vertraut. Er hatte sie schon öfter umfallen sehen, die Smokingkameraden, die Bewacher des bronzenen Türklopfers und der Messinglaternen. Der große Sarotti, Darius, wie der am Laternenpfahl zu Boden glitt, nachdem er vor dem Ponsonby's einen Wagenheber über den Schädel gekriegt hatte. Oder Dicki Lol selber, im Fauntleroy's, war krachend von einem Tisch gegen den nächsten gewankt, eine halbe Bierflasche in der Stirn. Sie wollten was sagen, ehe sie abtraten. Mußte man an die Kriegsfilme aus den fünfziger Jahren denken. Wie ging das? »Mein Rückgrat hat's erwischt, Sir.« Nicht, daß der stürzende Rausschmeißer je noch derart viel herausbrachte: nur einen Fluch, einen Schwur. Im Blick lag's, dieses Suchen nach Anerkennung oder Respekt, denn schließlich fielen sie ja in einer Art Uniform – die große schwarze Krawattenschleife, die kleinen schwarzen Schuhe, und sie fielen im Dienst. Im Fallen wollten sie die Gewißheit, daß man ihre Pflichttreue würdigte. Wollten sie das Wort »Sir« sagen – oder hören?

Er ging rückwärts, bis seine Schultern gegen den Fenstersims krachten. Er landete schwer auf dem Arsch: A! Dicki Lol kniete sich hin, nahm ihn in die Arme und stützte ihn.

»Mensch, Lol, ich hab eins in den Bauch gekriegt«, sagte Mal. »Jesus, ich bin verratzt. Aus und vorbei.«

Dicki Lol wollte den Namen des Mannes wissen, der ihn fertiggemacht hatte. Die Polizei ebenfalls. Mal konnte ihnen nicht weiterhelfen. »Nie im Leben gesehen«, wiederholte er und glaubte selber, dem Kerl noch nie begegnet zu sein. Aber er kannte ihn doch. Schließlich fiel's ihm ein, als sein Gedächtnis von der Krankenhauskost stimuliert wurde.

Krankenhausessen. Eingestehen würde Mal es nie, aber er liebte das Zeug. Kein gutes Zeichen, wenn man anfängt, seine Krankenhauspampe zu genießen. Man hört das Quietschen des Küchenkarrens, sofort hängt im ganzen Saal der Geruch nach feuchtem Zeitungspapier – und mit einemmal lebt dein verwüsteter Wanst auf, abrupt wie ein angelassener Außenbordmotor, und du schluckst an einem halben Liter lüsternem Speichel. Zeigt, daß man auf übelste Weise in der Routine der Institution drinhängt. Mit den Pasteten und Quiches, die Sheilagh für ihn mitbrachte, fing er nix an. Entweder schmiß er sie in den Müll, oder er schenkte den Fraß an die alten Säcke auf seinem Zimmer weiter. Die Greise – im Schmelzofen der Nacht winselten sie wie Hunde im Pub, die unter den niedrigen Tischen Alpträume haben …

Als er seine zusammengeführten Fingerspitzen schnalzend küßte und der Küchenschwester zu ihrem jüngsten Triumph gratulierte, da fiel es Mal plötzlich ein. Da fiel ihm der Mann ein, der ihn fertiggemacht hatte. »Herrgott noch mal«, sagte er zu der Schwester mit ihrer Plastikschürze. »Lächerlich, was? Ich meine, ich hätt ja nie …« Vorsichtig machte sich die alte Küchenfee davon und ließ Mal zurück, wie er die Stirn runzelte, den Kopf schüttelte (und das Essen wegzuspachteln begann). Es war die Brathaut der Fischstäbchen: in dieser Oberfläche spiegelte sich für Mal plötzlich das Bräunlichrot der Haare seines Feindes. In der Nacht des Messerstichs und in einer anderen Nacht, Monate zuvor, *Monate* ... Es war spät, es war kalt: Mal stand auf den Stufen des Fauntleroy's und blockierte mit seinem massiven Körper das erleuchtete Vestibül wie ein Felsblock, und der kleine Typ da: »Wollen Sie vielleicht sagen, daß ich Ihnen nicht gut genug bin, ja?«

»Ich will bloß sagen, Sportsfreund, daß hier nur Mitglieder Zutritt haben, und sonst gar nix.«

Daß er ihn »Sportsfreund« nannte und nicht »Sir« – das bedeutete, daß Mals Geduld bereits auf eine harte Probe gestellt wurde.

»Weil ich bloß ein Arbeiter bin, ja?«

»Nein, Sportsfreund. Bin auch bloß Arbeiter. Aber ich arbeite hier nicht mehr lang, wenn ich Sie reinlasse. Gibt feste Regeln. Und überhaupt, das ist doch ne Neppbude. Was wollen Sie denn hier? Unbedingt irgendeiner Nutte ne Limo ausgeben? Ein Glas Lucozade für achtzig Hebel? Gehn Sie nach Hause.«

»Sie haben also was gegen so Leute wie mich.«

»Ja, klar, ist alles wegen Ihrer roten Haare, Meister. Rothaarige haben keinen Zutritt. Also Schluß. Ist schon spät. Ist kalt. Gehen Sie weiter.«

»Sie wollen sagen, daß ich Ihnen nicht gut genug bin, ja?«

»Halt jetzt dein Maul und verpiß dich.«

Und das war dieses. So was kam zehnmal pro Nacht vor. Aber dieser kleine Wichser wartet bis zum Frühjahr und kommt wieder und sticht Mal ein Messer in den Bauch: Halt das hier mal, Freundchen. Und jetzt mußte *Mal* die Lucozade trinken und aß Fischstäbchen von einem Tablett, das über das Bett geschwenkt wurde.

»Mein Rückgrat hat's erwischt, Sir« ... Aus *The Dam Busters*, das war der Film, auf den er als Kind so lange sehnsüchtig gewartet hatte. Wie Jet mit seinem *Mortal Kombat*. Er dachte an einen anderen Satz aus dem Film: »Nigger ist tot, Sir.« Mit verlegener Sanftheit gesprochen, der Soldat muß es dem Offizier mitteilen. Es geht um den Hund. Sie hatten einen Hund, der Nigger hieß. Ihr kleiner schwarzer Hund, das inoffizielle Maskottchen, stirbt, und der Hund hieß Nigger. Könnte man heute nicht mehr bringen. Nie und nimmer. In einem Film. Einen *Hund* Nigger nennen? Ausgeschlossen. Die Zeiten ändern sich. Einen *schwarzen* Hund Nigger nennen? Gottes willen. Die wären hinter einem her wie ... Einen toten schwarzen Hund in einem Film Nigger nennen? Vergiß es.

4. Burger King

Klasse und Rasse und Geschlecht waren, so hieß es, schon verschwunden (und andere Sachen waren angeblich am Verschwinden, Alter zum Beispiel und Schönheit und sogar Bildung): all die automatischen Zuordnungsweisen, mit denen die Leute sagen konnten, wer besser oder schlechter war – weg. Die Wohlmeinenden verkündeten allerorten, sie seien ohne Vorurteile, sie hätten sich endlich von den überkommenen Formeln gereinigt. Dafür hatten sie sich entschieden. Aber für die, auf welche diese ganze Operation zielte – die Ignoranten meinetwegen, oder die Häßlichen –, ging es nicht lediglich um eine Entscheidung. Manche hatten keine neuen Kleider. Manche kamen immer noch in der Uniform ihrer Defekte daher. Manche trugen immer noch den alten Scheißdreck.

Manche würden nie reingelassen werden.

Mal sah zu, was sich tat, und erstarrte. Der Sportlehrer ging vorüber, sein Lautsprecherhorn wirkte wie ein frühes Handy, ein Prototyp, er rief die Namen für den ersten Wettbewerb auf. Die Eltern stellten sich der Rennbahn und dem phantastischen Verhör der tiefen Sonne mit Ferngläsern, Kameras, Videorecordern und mit all ihren *anderen* Kindern – kleinen Schwestern, großen Brüdern, Babys (die weinten, gähnten, einen wohlverpackten Fuß baumeln ließen). Mal sah zu, er achtete darauf, daß zwischen ihm und Sheilagh mindestens zwei Eltern standen, zwischen ihm und ihrem limettengrünen Anzug, ihrem feinen, hellen, kastanienfarbenen Haar. Zwischen ihnen zuckten andere Köpfe auf und nieder, andere Proben des Friseurhandwerks – graue Strähnen, Pagenschnitt, Gamine, Karamelfärbung (und bei den Männern diverse Tragödien des Verlustes, auf verschiedene Weise gemeistert, und darunter natürlich immer ein Typ mit einer letzten schmalen Strähne, die quer über den kahlen Schädel geklebt ist, als hätte eine Kotelette der anderen ein Seil zugeworfen). Vielleicht starrte die Sonne die Leute nicht an, vielleicht drehte sie nur das Licht voll auf, wie im Fauntleroy's, wenn der Morgen kam (und man sich fragte, was das Zeug eigentlich wert sein sollte, das man bewacht hatte), damit alle selber sehen konnten, was los war.

Läufer in einheitlichen weißen Turnhosen und T-Shirts versammelten sich am Start. Mal schaute auf das Programm: ein einzelnes hektographiertes Blatt. In sich versunken (die Lippen bewegten sich), spürte er, wie ihn jemand am Arm zog.

»He!« sagte er. Denn es war Jet. »Geh besser rasch mal da rüber, Junge.«

»Das ist die vierte Klasse dort.«

»Wo machst du denn mit?«

»Siebzig Meter und zweihundertzwanzig.«

»... Da bist du ja noch ne Weile nicht dran. Also. Da sollten wir mal zusehen, daß du dich vorbereitest.«

Jet drehte sich weg. Das gestylte Haar, der goldene Ohrring. Eine Sekunde lang glühten die Rückseiten seiner Ohren orangerot, durchsichtig. Jetzt drehte sich Jet wieder her und schaute ihn mit diesem verlegenen Grinsen an, die Oberlippe hob sich von den Zähnen. Herrgott: die Zähne waren ja blau! Aber das ging in Ordnung, das war nur die Wirkung von irgendeinem Lutscher, den der Junge sich rasch reingezogen hatte, es war nicht irgendeine neue Methode, absichtlich furchtbar auszusehen. Die Gesetze der Mode besagten, daß jedes Kind seine Eltern ästhetisch brüskieren mußte. Mal hatte die seinen ästhetisch brüskiert: Röhrenhosen, Wildlederlatschen, das Haar wie eine Springflut schwarzes Maschinenöl. Jet war es gelungen, Mal ästhetisch zu brüskieren. Und Jets Kinder würden, wenn die Zeit reif war, vor der schwierigen Aufgabe von Jets ästhetischer Brüskierung stehen.

»Okay, konzentrier dich, ganz ruhig. Denk an deine Übungen. Nummer eins.«

Und wieder drehte sich der Junge weg. Blieb, wo er war, drehte sich aber fort. Zwei Jahre hintereinander war Jet der neunzehnte in einer Klasse von zwanzig Schülern gewesen. Mal wollte gerne glauben, daß Jet das mit seinen papastimulierten Leistungen beim Sport wieder ausglich. Sportstudio, Squashhalle, Schwimmbecken, Park: Das Training machte ihre gesamte Beziehung aus. In letzter Zeit hatte sich das naturgemäß stark eingeschränkt. Aber samstagnachmittags zogen sie immer noch los, mit der Stoppuhr, dem Fußball, dem Diskus, dem Päckchen Magnesia. Und Jet schien nicht mehr so begeistert. Und Mal hatte auch ein anderes Gefühl dabei. Wenn er jetzt Jet einen Kopfball versieben oder zu einem Sprint ansetzen sah, dann holte Mal tief Atem, um ihn zu schelten oder zu ermuntern, und ließ die Luft dann stumm wieder von sich. Und fühlte nichts als eine Übelkeit. Er hatte nicht mehr die Autorität, den Willen. Und dann kam die dunkelste Stunde: Jet wurde aus der Fußballmannschaft der Schule rausgenommen ... Eine Distanz tat sich auf zwischen Vater und Sohn, und wie schließt man die wieder? Wie macht man das? Jeden Samstagmittag saßen sie in der Kinderparty-Spielstadt von McDonald's, Jet mit seinem Happy Meal (Burger, Fritten und ein lustiges Plastikteil im Wert von zehn Pennys), Mal mit seinem Chicken McNuggets oder seinem Fisch McCod. Sie aßen nichts – wie ein Liebespaar bei der letzten Mahlzeit zusammen im

Restaurant: Das Essen wird nicht angesehen, geschweige denn angerührt. Außerdem reichte seit einiger Zeit der bloße Anblick eines Hamburgers aus, um Mals Magen zusammenzucken zu lassen. Es war, wie wenn man im ersten Gang Gas gab und die Handbremse noch drin hatte: ein Ruck nach vorne, der nirgendwohin führte. Mal hatte eine extreme Erfahrung mit Hamburgern hinter sich. Er kannte sich aus. Burger-Inferno.

»Papa?«

»Hmm?«

»Machst du beim Wettlauf der Väter mit?«

»Hab's doch gesagt. Kann nicht, Junge. Der Rücken.«

»Und das Gesicht?«

»Ja. Und das auch.«

Sie sahen den Läufen zu. Und, na ja, wie klar soll's noch werden, daß das Leben eines Jungen bloß aus Wettlauferei besteht? Die Schule ist ein Examen, ein Rennen, ein Popularitätswettstreit: Lauf, was du kannst. Und man sah, wie die Kinder schon von der Natur dafür ausgerüstet waren – die endlosen Übungen auf dem Sportplatz kann man vergessen, und vergessen kann man den großen krummen Daumen an der Stoppuhr: latschende Lulatsche, furchterregende Leistungsbringer, Faultiere, Hasen und alle Nuancen dazwischen. Sie fingen in einem geschlossenen Pulk an, die Läufer, und dann bewegten sie sich wie in einem natürlichen Prozeß voneinander weg, einige drangen weit vor, andere fielen (während sie weiter voranliefen) zurück. Je länger die Strecke, desto größer die Unterschiede. Mal versuchte sich vorzustellen, daß die Läufer die ganze Distanz in geschlossener Formation zurücklegten und so endeten, wie sie angefangen hatten. Und das war irgendwie nicht menschenmöglich. Man konnte es sich nicht vorstellen, nicht auf diesem Planeten.

Jets erster Lauf wurde aufgerufen.

»Jetzt denk dran«, sagte Mal, der sich tief neben den Jungen hockte. »Beschleunigung rein in den verlängerten Schritt. Rücken grade, Knie hoch. Die Luft mit den starren Handflächen zerteilen. Flacher Atem, bis du das Band da zerreißt.«

In der kurzen Zeit, die Jet brauchte, um in seine Bahn an die Startblöcke zu gehen – und trotz der Hitze und der Farbe von Sheilaghs Anzug, der jetzt direkt neben Mal auftauchte –, hatte sich dieser vollkommen in die Art von Sportplatz-Horrorvati verwandelt, von der man in den Zeitschriften lesen kann. Warum? Ganz einfach – er wollte sein Leben noch einmal leben, durch den Jungen. Die Fäuste, an denen die Knöchel weiß hervortraten, schwebten in Schulterhöhe; die Stirn war über der Nasenwurzel zusammengepreßt, und die blutleeren Lippen sagten mit verzweifeltem Flüstern: »Durchatmen! Fließende Bewegung! Locker! Locker!«

Aber Jet lockerte sich nicht. Er schüttelte sich nicht aus, wie Mal es ihm beigebracht hatte (so, wie Mal es im Fernsehen gelernt hatte), indem er auf der Stelle joggte, die Arme durch die Luft flattern ließ und keuchte wie eine eiserne Lunge. Jet stand bloß da. Und wie Mal ihn flehend anstarrte, hatte er das Gefühl, daß Jet irgendwie – vollkommen außergewöhnlich wirkte. Er konnte es nicht präzisieren. Nicht der Größte, nicht der Agilste. Aber Jet sah vollkommen außergewöhnlich aus. Die Startpistole gab ihr blechernes Signal. Nach zwei Sekunden schlug sich Mal eine Hand vor die Augen: A!

»Letzter?« fragte er, als der Lärm vorbei war.

»Letzter«, sagte Sheilagh ehern. »Du läßt mir jetzt den Jungen zufrieden.«

Bald drängelte sich Jet zu ihnen her, und Sheilagh sagte: Pech, und mach dir nichts draus, Liebling, und so fort; Mals Instinkt war es eigentlich, das zu tun, was sein Vater bei einem solchen Gesichtsverlust mit ihm gemacht hätte, und Jet ein paar Wochen ins Krankenhaus zu schicken. Soll mal sehen, wie ihm das schmeckt. Aber das war ja jetzt alles passé, und er hatte den Willen nicht, der Impuls erlosch. Außerdem drückte sich der Junge verlegen rum und wich seinem Blick aus. Mal hatte nun das Gefühl, er müsse ein Angebot machen, etwas Verücktes, Nobles, Kindisches.

»Hör zu. Am Samstag, da arbeiten wir auf dem Platz an deinem Schritt, an deinem Tempo. Du haust dir einen Burger rein, wegen der Kraft, und wir arbeiten an deinem Tempo. Und weißte was – ich esse einen Burger. Zwei.«

Das war ein Familienscherz, und mit Familienscherzen weiß man nie so recht, in welche Richtung es langgeht, wenn die Familie nicht mehr da ist.

Sheilagh sagte: »Na hör dir den Burger King an.«

Jet sagte: »Die Wiederkehr des Burger King!«

Burger King war eine Art Spitzname. Jet lächelte ihn unheimlich an: Die Zähne waren immer noch blau.

»Ich mach's. Ich schwör's. Für Jet. Scheiße. Ooh. Jesus. Jetzt passiert's. Keine Panik. Hier, She. Uooh.«

Einen Hamburger essen? Er konnte ja nicht mal »Burger« *sagen*.

Kalifornien. Damals, als Joseph Andrews' letztes Lifting so total denebenging und er die Sache in Vegas abblasen und mit seiner ganzen Operation an der Westküste einpacken mußte, da beschloß Big Mal, draußen in

L. A. zu bleiben und es mal selber zu versuchen. Er schickte sein großes Geld nach London, behielt aber ein paar Tausender da, als Startkapital. Es gab Angebote, Pläne, Projekte. Er hatte mittlerweile in der Geschäftswelt und im Showbusiness gute Freunde. Zeit, bei den Leuten vorbeizuschauen, denen er mal einen Gefallen getan hatte.

Und so lief's: Nach dreiundzwanzig Tagen schien es ihm, daß er unmittelbar vor dem klinischen Hungertod stand. Man hatte ihn schwer enttäuscht. Er hatte das Essen, das Trinken und das Rauchen aufgegeben, in dieser Reihenfolge. Er sah bereits merkwürdige Sachen, und hörte auch welche. Im Motel bewegten sich nachts fremde Leute, die nicht wirklich da waren, fürsorglich um ihn her. Wenn er irgendwo auf dem Rasen saß, fing in einem Baum ein Vogel an, ein Lied zu singen. Nicht das Lied eines Vogels. Einen Beatles-Song. Beispielsweise »Try and See It My Way«, mit komplettem Text. In diesem Stadium durchsuchte er die Abfallmulden der Supermärkte und stellte fest, daß die Lebensmittel, die so verschiedene Farben und Texturen hatten, ihre Identität verlieren und zu einer einzigen Substanz werden konnten. Wohin er auch ging, man wies ihn ab. Selbst die Supermarktmulden wurden oft bewacht, für den Fall, daß der Abfall was Giftiges enthielt, nachher aß noch einer davon und verklagte die Firma.

Morgendämmerung des letzten Tages: Es war Mals fünfundvierzigster Geburtstag. Er erwachte auf dem Fahrersitz des alten Subaru – auf einem Kinoparkplatz irgendwo draußen am Flughafen. Sheilagh hatte ihm von London aus ein Flugticket verschafft – noch vierzehn Stunden waren durchzustehen. Den Flug nach Hause sah er nicht als eine Reise, als eine Rückkehr, als eine Niederlage, sondern als Gratismahlzeit. Erst mal Erdnüsse, dachte er. Oder so indisches Reisgebäck.

Als er das Schild sah, hielt er es zuerst für eine weitere Halluzination. »Maurie's Birthday Burger« ... Man brauchte bloß den Führerschein vorzulegen. Dann gab's einen Burger umsonst und den herzlichsten Empfang. Maurie hatte über siebzig Filialen im Großraum Los Angeles. Und als Mal einmal angefangen hatte, schien es keinen guten Grund zum Aufhören zu geben. Nach dem dreißigsten oder fünfunddreißigsten Burger konnte man eigentlich nicht mehr sagen, daß es ihm ums Essen ging. Aber er machte weiter. Und zwar deshalb, weil Maurie etwas tat, was keiner sonst machte: Maurie ließ Mal rein.

Magenmäßig sahen die Dinge bereits nicht besonders gut aus, als er am Airport ankam und sein Gepäck aufgab – eine zerfetzte Reisetasche mittlerer Größe, die alles enthielt, was er besaß. Er schaffte es noch einigermaßen problemlos durchs Boarding Gate. Im Flugzeug aber geriet dann rasch alles außer Kontrolle. Anscheinend hatte man Maurie in dieser Woche eine Ladung recht problematisches Rindfleisch verkauft. Wie dem auch sein mochte – als Mal sich anschnallte, war ihm, als versuche er zwanzig Pfund Rinderwahnsinn zu knebeln.

Fünf Stunden später, über der Baffin Bay: ernsthafte Diskussionen im Cockpit über eine Notlandung in Disko auf Grönland, während Mal unaufhaltsam durch die Maschine torkelte und geduldig eine Toilette nach der anderen verheerte. Man ließ ihn sogar auf die Business Class los. Als sie dann endlich über County Cork tiefer gingen und die Passagiere wachgestupst wurden und einige, gähnend und sich reckend, mit ihren Toilettenbeuteln aufbrachen, um sich frischzumachen ... Nun, da schien es Mal (zusammengeschrumpft, von legendärer Blässe und wie ein Pilz in seinen Sitz eingewachsen), daß die einzige Möglichkeit ein Massenabsprung war. Dreihundert Fallschirme – wie dreihundert Burgerbrötchen – würden in die walisischen Täler hinabschweben, und die Maschine würde weiterfliegen, groß und blind ...

Am Flugplatz fragte er She, ob sie ihn heiraten wollte. Er zitterte. Der Winter kam, und er hatte Angst davor. Er wollte sich in Sicherheit bringen.

»Jet!« rief Mal. Er konnte den Jungen draußen herumtasten hören.

»Papa!«

»Hier drin!«

Mal stand in der Vereinsheimtoilette, allein, er kühlte seine Stirn am Spiegel und lehnte sich gegen das schmutzige Waschbecken.

»Alles in Ordnung?«

»Ja, Junge. Vorbei.«

»Tut's weh?« fragte Jet und meinte die Wunde.

»Nee, Junge. Bißchen unbequem.«

»Wie hast du dir das geholt? Wer war's?«

Er richtete sich auf. »Hör mal, Sohn?« begann er – denn er hatte das Gefühl, daß er Jet eine Erklärung schuldete, ein Vermächtnis, einen Abschied. Die Herbstsonnenstrahlen starrten durch das dicke geriffelte Glas. »Sohnemann? Hör mir gut zu.« Seine Stimme hallte gottgleich im Lucozadelicht. »Immer mal wieder kommst du in was rein. Du kommst in was rein, und es läuft nicht gut für dich. Manchmal sieht man's kommen, manchmal nicht. Und es gibt Dinger, die sieht man *nie* kommen. Also packst du einfach alles, was kommt. Okay?«

»Du und Dicki Lol.«

»Ich und Dicki Lol. *Den* solltest du sehen.«

Der Junge wies mit einem Kopfrucken zur Tür, das Haar wippte.

Mal sagte: »Was ist denn jetzt?«

»Zweihundertzwanzig.«

»Aha. Hör zu. Jet. Ich lauf, wenn du willst. Ja? Ich mach beim Wettlauf der Väter mit. Und hau voll rein, so gut ich nur kann. Wenn du das auch machst. Was meinste?«

Jet nickte. Mal schaute runter auf seine Haare: sah aus, als ob die am Rand mit dem Clipper oder wie entlanggefahren waren, da gab's eine zwei, drei Zoll breite Rasierspur ... Wie Mal dem Jungen hinaus folgte, begriff er etwas. Jet am Start mit all den anderen: Er hatte vollkommen außergewöhnlich ausgesehen. Nicht der Größte. Nicht der Agilste. Was also? Er war der Weißeste. Er war schlicht und einfach der Weißeste.

Jetzt, wo die ganzen Vorurteile weg waren, konnten sich alle entspannen und sich aufs Geld konzentrieren.

Sehr schön, wenn man welches hatte.

5. Rhyming Slang

Offen gesagt, konnte Dicki Lol es kaum glauben, daß Mal immer noch Interesse hatte.

»Du?« sagte er. »Du? Big Mal, der Aufpasser für die Superstars?«

Ja, das war's gewesen. Big Mal und seine Superstars. Mal sagte: »Wie läuft's bei dir denn?«

»Bei mir? Ich bin auf Stütze, mein Lieber. Auffe Straße. Ich staub halt ab, was ich so krieg. Aber du?«

»Das ist alles schon nicht mehr wahr. Joseph Andrews und so. Im Grund bin ich klamm. Momentan. Hoff ich mal. Mit dem, was ich um die Ohren hab, kann ich alles brauchen, was so nebenher anliegt.«

Ganz ungeniert konnte Mal nicht reden. Mit den beiden Männern saßen noch rund um den Tisch Dicki Lols Frau Yvonne und der sechsjährige Sohn der beiden, der kleine Vic. Sie aßen in Del's Caff zu Mittag, in der Paradise Street im East End – und es war wie eine andere Welt. Mal und Dicki Lol waren im selben Haus in derselben Woche geboren worden; aber Mal war vorangekommen, Dicki Lol nicht. Mal hatte sich entwickelt. Da saß er, in seinem flotten Trainingsanzug, mit seiner Sonnenbrille – ein moderner Mensch. *Sein* Sohn hatte einen modernen Namen: Jet. Mal konnte seine asiatische Mieze mit dem Handy anrufen. Und er war zu Hause abgehauen. Was man ja nicht tat. Und da saß Dicki Lol in seiner schmierigen Jacke, mit seinen schmierigen Jeans und seinen alten Wildlederlatschen, die Frau schaut aus wie eine Bankräuberin und der Sohn zuckt jedesmal zusammen, wenn eins von den Eltern nach dem Essig oder der braunen Sauce langt. Dicki Lol war immer noch in der Muskelbranche (dies und das). Er hatte nie den Reiz eines anderen Berufs verspürt. Er war dabei geblieben, so was wie Markentreue.

»Also«, sagte Dicki Lol, »wenn ich's recht verstehe, dann würdest du – wenn was läuft, dies und das, dann würdest du mit einsteigen.«

»Genau.«

»Auf Teilzeitbasis. Per Nacht.«

»Jawoll.«

Dicki Lol: Der Mann lieferte den dramatischen Beweis für den Satz »Man ist, was man ißt«. Dicki Lol war, was er aß. Was er jeweils gerade im Augenblick aß, und zwar aß er – zum Mittagessen – ein Englisches Frühstück, Dell's All Day Special zu drei Pfund fünfundzwanzig. Sein Mund war ein Streifen zäher Speck, seine Augen aus Eigelb und Dosentomaten angerührt. Seine Nase war wie die Spitze eines leicht angegrillten Schweinswürstchens – und dann der Weiße-Bohnen-Teint, die pelzigen Pilze seiner Ohren. Paradise Street pur, bis runter in die Arschritze – das war Dicki Lol. Eine Laib Röstbrot auf zwei Beinen. Mal betrachtete den Jungen: Der war schweigsam, vorsichtig, beäugte den Spielautomaten mit listiger Geduld.

Yvonne sagte: »Hast also Schwierigkeiten, über die Runden zu kommen. Seit du mit dieser Lucozade abgezogen bist.«

»Jetzt fang hier bitte nix an, Yv«, sagte Mal entsetzt. Heutzutage sahen die beiden einander nicht mehr so oft, aber viele Jahre lang war Yv Shes beste Freundin gewesen. Und Yv sprach gerne scharf, spitz, wie ihr Name, wie ihr Gesicht. »Außerdem istse gar keine Lucozade. Jetzt hör mal, Yv. Heutzutage? Jetzt komm.«

Yvonne fuhr fort, geschäftig zu essen, den Kopf gesenkt. Letzter Bissen. So.

»Außerdem istse gar keine Lucozade.« Die Leute dachten, *Lucozade* sei Rhyming Slang für *spade. Spade*, Neger, was wiederum von *spades*, der Kartenfarbe Pik kam. Aber Mal wußte, daß die Spades nicht Lucozades genannt wurden, weil sich's reimte. Spades hießen Lucozades, weil Spades jede Menge Lucozade *tranken*. Und so oder so, Linzi war aus Bombay und trank Gin. »Sie ist indischer Abstammung, aber direkt hier in der Paradise Street geboren.«

»Jacke wie Hose«, sagte Yvonne.

»Maul halten«, sagte Dicki Lol.

Wenn sie's hielt, wie jetzt, dann sah Yvonnes kleines Maul aus wie eine Kupfermünze, die in einem Einwurfschlitz steckte. Nein, kein Schlitz: Nur der geriffelte Rand des Pennys, der dort klemmte. Liebe Zeit, dachte Mal, wie schaut sie nur aus. Was hat sie fürn Boot. *Boat* war Rhyming Slang für *face* (über *boat race*). Dieser Ausdruck fürs Gesicht war ihm bis jetzt nie besonders angemessen oder suggestiv erschienen. Aber nun: Yvs ganzes Gesicht ein einziger Bugspriet, eine enge Flußschleife.

»Linzi – wenn sie unterschreibt, mit ihrem Namen«, sagte Yvonne, »macht sie da einen kleinen Kreis übers letzte ›i‹?«

Mal überlegte. »Ja«, sagte er.

»Dacht ich mir's. Genau wie jede andere kleine englische Gans. Macht sie das auch bei ›Paki‹?«

»Maul halten«, sagte Dicki Lol.

Später im Queen Mum fragte Dicki Lol: »Was machste heut nacht?«

»Nix Besonderes.«

»Gibt Arbeit, wenn du magst.«

»Ja?«

»Mit der Kralle.«

»Mit der Kralle?«

»Jawoll«, sagte Dicki Lol. »Falschparker. Zack.«

Yv hatte ein Gesicht, das schon allerhand gesehen hatte, und She ebenso. Shes Boot, so, wie er sich daran erinnerte – denn anschauen konnte er es nicht –, war vertrauensvoll, sanft, landpomeranzenmäßig, unter dem flachen Mop aus rotem Haar. Bald würde Mal gezwungen sein, dieses Gesicht anzuschauen, hinzusehen, dem Gesicht sein Gesicht zuzukehren.

Aber zuerst Jet über zweihundertzwanzig!

»Halt dich an den Plan«, sagte Mal zu ihm. »Denk dran. Lauf, wie wenn's drei Siebzigersprints wären. Einen nach dem anderen.«

Jet grinste zu ihm hoch. Mals Plan lief eindeutig darauf hinaus, daß Jet von Anfang bis Schluß jeden Schritt der Strecke volle Pulle rennen sollte.

»Hau rein, Sohn. Tu's einfach.«

Die erhobene Startpistole, der ungleichförmige Satz der Läufer aus den Startlöchern ... Auf halber Strecke hatte Jet einen schmalen Vorsprung rausgaloppiert. »Jetzt grab tief«, murmelte Mal auf der Plattform, neben sich undeutlich Shes Gestalt. »Jetzt kommts aufs echte Wünschen an. Grab, Junge, grab tief runter. Grab! Grab!« Als Jet mit schlegelnden Gliedmaßen in die Zielgerade bog – und als einer nach dem anderen alle Läufer an ihm vorbeizogen – suchte Mals kalte rechte Hand langsam nach der Stirn. Aber dann schien Jet nach vorne zu stürzen. Es war, als sei die ebene Bahn plötzlich in einen Winkel gekippt worden, und Jet lief nicht, er fiel. Er überholte einen Läufer, dann noch einen …

Als Mal rüberging, lag Jet immer noch in der braunroten Schlacke der Bahn, Gesicht nach unten. Mal kniete sich hin und sagte: »Vierter. Was fürn Comeback. Großartig, Junge. Das war dein Charakter, der hat dich da durchgezogen. Dein Herz war's. Ich hab da draußen dein Herz gesehen. Ich hab dein Herz gesehen.«

Sheilagh stand ein Stück weiter weg und wartete. Mal half Jet auf die Beine und steckte ihm ein Pfund zu, für was zu trinken, irgendeine Dose. Um die Rennbahn lief ein niedriger Zaun – dahinter lag eine Wiese oder was, in der Mitte davon ein Haufen Bäume und Büsche. Dorthin marschierte She. Mal folgte ihr mit gesenktem Kopf. Als er über den Zaun stieg, wurde er fast bewußtlos – ein Kulturschock: Die Rennbahn war ne Rennbahn, aber hier war man *auf dem Land* …

Er kam auf sie zu und schwenkte einen ausgestreckten Finger. »Hör mal. Klingt blöd«, sagte er, »aber geh jetzt hinter den Busch da, und ich melde mich.«

»Meldest dich?«

»Auf deinem Handy.«

»Mal!«

Er drehte sich um, beugte sich vor, er tupfte ihre Nummer. Und er fing an.

»Sheilagh? Mal. Also. Weißt du noch, die Frau, bei der wir da waren, die hat ja gesagt, ich hab ein Kommunikationsproblem? Na schön. Vielleicht nicht so unrecht gehabt. Aber jetzt. Seit ich dich und den Jet verlassen habe, da … Es ist, wie wenn ich Wundbrand hab oder wie. Zehn Minuten oder so ist alles in Ordnung, wenn ich die Zeitung lese oder Golf anschaue. Weißt schon. Abgelenkt. Oder mit Val und Rodge ein kleines Match mache.« Val und Rodge waren mit großem Abstand das älteste Ehepaar, mit dem Mal und Sheilagh bei Kentish Town Sports gemischte Doppel spielten. »Dann ist's nicht so schlimm. Zehn Minuten lang.« Mittlerweile hatte Mal beide Hände um den Kopf gepreßt, wie ein Mundharmonikaspieler. Weil er in sein Telefon sprach und in seinen Jackenärmel weinte. »Ich hab was verloren, und ich hab vorher nicht gewußt, daß ich's habe. Meinen Seelenfrieden da. Ich weiß jetzt irgendwie, wie ihr … wie Frauen zumut ist. Wenn ihr euch aufregt, dann habt ihr nicht bloß eine Wut. Ihr fühlt euch krank. Übel. Innendrinnen. Ich fühl mich wie ne Frau. Nimm mich wieder, She. Tu's. Ich schwör –«

Er hörte ein Statikknistern und fühlte ihre Hand auf der Schulter. Sie umarmten sich: A!

»Mensch, Mal, wer hat dir denn das Gesicht zugerichtet?«

»Lächerlich, wie? Ich meine, das waren Leute, das glaubt einem keiner.«

Und sie atmete aus, stirnrunzelnd, und fing an, seinen Kragen zurechtzurücken und die Schorfteilchen mit dem Handrücken wegzustreifen.

6. Autosalon

»Park in der Inn on the Park«, sagte Dicki Lol.

»Da bringen wir's doch nicht, oder?«

»Red kein Scheiß. Wir holen mein Lieferwagen.«

Der Zugang zu den Eingeweiden der Inn on the Park war durch Dicki Lols Bekanntschaft mit – und Entlohnung von – einem Garagenwärter des Hotels problemlos, und die beiden Männer rollten kühn in Mals BM die Rampe runter. Dann wuchteten sie sich in Dicki Lols Vauxhall Rascal und fuhren ostwärts durch Mayfair und Soho. Mal warf immer mal wieder einen Blick nach hinten. Da lagen die Krallen, ineinander verkeilt, wie Minen aus einem alten Krieg.

»Schauen nicht aus wie die normalen Krallen. Zu groß.«

»Frühes Modell. Eh sie die kompakteren eingeführt haben.«

»Wiegen sicher wahnsinnig.«

»Leicht sindse nicht«, räumte Dicki Lol ein.

»Und wie läuft das jetzt noch mal?«

Mal mußte zugeben, daß der Plan ihm ziemlich einleuchtete. Weil die Pointe dabei die Quantität war. Massenhaftes Anbringen von Krallen: Das war angesagt. Ganz offensichtlich (legte Dicki Lol dar) hatte es wenig Sinn, durchs West End zu amseln und alle paar Stunden mal einen Cortina an einer doppelten gelben Linie festzusetzen. Wenn man einen Wagen krallte, bekam man siebzig Mäuse fürs Aufschließen. Also brauchte man ein strammes Quantum. Und wo fand man massenhaft Autos? In großen Parkhäusern.

Jetzt aber einen Moment: »Wie kannste in einem Parkhaus einen Wagen krallen?«

»Wenn sie nicht richtig in der Markierung stehen.«

»Bißchen hart, was?«

»Völlig legal«, sagte Dicki Lol empört. »Man kann die jederzeit auch im Parkhaus festsetzen. Wenn sie schlecht geparkt sind.«

»Begeistert werden die nicht sein.«

»Nee, viel Freude kommt da nicht auf.«

Dicki Lol reichte Mal einen Windschutzscheibenkleber als Muster: »Warnung! Dieses Fahrzeug ist illegal geparkt. Versuchen Sie nicht, es in Bewegung zu setzen. Rasche Abwicklung – Rufen Sie …« Auf dem Seitenfenster des Rascal deuteten zusätzliche Aufkleber an, daß Dicki Lol alle gängigen Kreditkarten akzeptierte.

»Laß sie ein Weilchen schmoren, dann ham sie sich abgekühlt, wenn du anrückst. Wollen bloß noch nach Hause. Was soll's denn groß sein? Irgend so ein Provinzheinz aus Luton, der die Mutti mal einen Abend lang in London ausgeführt hat.«

Sie beschlossen, mit einem mittelgroßen Parkhaus gleich nördlich vom Leicester Square anzufangen. Kein Wächter, kein Rausschmeißer, um ihnen den Zutritt zu verwehren. Die Schranke hob sich wie zum Salut. Im zweiten Stockwerk: »Bingo!« sagte Dicki Lol. Zwanzig Luxusvehikel hockten eng aufeinander am einen Ende, wartend, glitzernd im gefährlichen Parkhauslicht.

Raus aus der Karre. »Der reinste Autosalon, Herrgott noch mal«, sagte Dicki Lol. Und es stimmte: diese Chromheraldik, dieser Edellack. Sie zögerten, als eine große Familienkarre von Stockwerk 3 runtergekurvt kam.

»Legen wir los.«

Enttäuschenderweise waren es nur vier Fahrzeuge, bei denen Dicki Lol entscheiden konnte, sie hätten die vorgeschriebene Markierung überschritten. Aber bald fand er einen anderen Weg.

»Okay. Jetzt schlagen wir zu, wenn sie die weiße Linie *berühren*.«

»Im Tennis«, sagte Mal maßvoll, »zählt die weiße Linie als drin.«

»Ja, also beim Krallen«, sagte Dicki Lol, »da zählt die weiße Linie immer mal als draußen.«

Es war schweißtreibende Schwerarbeit. Diese alten Geräte da, diese Krallen – wie gottverdammte Dampfwalzen. Man mußte sie aus dem Lieferwagen rauspopeln und voneinander lösen und sie dann an ihren Ort schleifen. Dann hockte man sich hin – A! – und fing mit der Rohrzange an, die Sperrklinke richtig hinzuhebeln. Dann: Rrums. Die Kralle saß mit ihren Kiefern fest am Autorad. Ein Detail war recht befriedigend: Den klebrigen weißen Aufkleber quer über die Windschutzscheibe zu pflastern.

Dicki Lol hockte da und besorgte es einem Jaguar, als Mal sagte: »He. Ich seh deine Arschritze.«

»Bück dich mal.« Dicki Lol stand auf. »Ich bei dir auch.«

»Hast doch gesagt: sportliche Kleidung.«

»Bei so nem Auto«, verkündete Dicki Lol heiser, »das zerreißt einem das Herz. Ich meine, bei so einem Auto, das möcht man gar nicht krallen.«

»Nee, klauen.«

»Ach was. So nen Wagen krallen, das ist ...«

»Ein Sakrileg.«

»Ja. Ein gottverdammtes Sakrileg ist das bei so einem Wagen.«

Mal hörte es als erster. Etwas, das sich löste vom Sirenengesang des Leicester Square, wo die alten Geräusche verschiedener abgewrackter und langgedienter Autos mit den Geräuschen des Neuen rangen, dem Fiepen, Beepen, Quieken und Kreischen und Röhren und Dröhnen ... Big Mal hörte es als erster und hielt inne, auf einem Knie, die Rohrzange in der Hand. Ein dicht konzentriertes Paket zielbewußter Konversation bewegte sich auf sie zu, Sopran- und Altstimmen von den Frauen, die blanken Tenöre und wuchtigen Baritone der Männer, jetzt bog das alles um die Ecke, wie ein Ballsaal, wie die Kultur, Smokinguniformen und dann Streifen und Federn, Türkis und Smaragd, Samt und Seide.

»Lol. He.«

Dicki Lol hockte ein paar Wagen weiter, klemmte einen Range Rover fest und fluchte mit gepreßter Stimme vor sich hin.

»Lol!«

Wissen Sie, wie's war? Eine umgekehrte Revolution – so war das. Zwei Arschritzenprolos, von den feinen Pinkeln aufgemischt und abgebürstet. Jesus: fertiggemacht von der Fettbourgeoisie. Was in der Rückschau am erstaunlichsten schien: wie rückhaltlos sie zusammensackten, die beiden massiven Kerle, wie ihre ganze Geschäftsgrundlage, ihre Legitimität in einem einzigen Augenblick verdampfte. Dicki Lol gelang es noch, auf die Füße zu kommen und was daherzustottern, diese Fahrzeuge hier sind illegal geparkt. Oder unzulänglich geparkt. Oder einfach schlecht geparkt. Das war das ganze Ausmaß ihres Widerstandes. Big Mal und Dicki Lol, diese flaschenscherbengezeichneten Veteranen des Nahkampfs, die in Seitengassen und Fabrikkorridoren ausgeteilt hatten, auf Tanzsaaltreppen, die sich mit harten Ellbogen aus Bowlingbahnen und aus den Klos von Billiardlokalen den Weg freiknackten, die keuchend und geduckt an mattschimmernden Ausgangstüren warteten – sie rollten einfach auf die Seite und blieben liegen. *Uns interessiert es nicht ...* Mal versuchte, unter den Lotus zu kriechen, an dem er gerade beschäftigt gewesen war, aber sie fielen wie der SAS über ihn her. Der erste Hieb mit der Rohrzange blies ihm die Lampe aus. Bald danach erwachte er und sah zu, in einer Lache aus Blut und Öl auf den Ellbogen gestützt, wie Dicki Lol an den Haaren langsam von Auto zu Auto gezerrt wurde, wobei die Damenwelt drängelte und Schlange stand, um ihm noch mal in den Arsch zu treten, so gut das mit den langen Kleidern ging. Die Damen! Die Ausdrücke! Dann fielen sie wieder über Mal her, und er bekam noch eins mit der Rohrzange ab. Mein Rückgrat hat's erwischt, Sir. Nigger ist tot, Sir ... Keine Ruh für den armen Sünder. Das kannste gottverdammt laut sagen. Sie hievten Mal hoch, knallten ihm dabei das Maul schön an den Scheinwerfer und ließen ihn von Kühler zu Kühler schwanken, wo er überall mit seinen kalten weißen Fingern die Aufkleber von der Scheiben kratzen konnte. Dieses Fahrzeug ist illegal ... Rasche Abwicklung ... Alle gängigen ... Und nach einer letzten Runde von Tritten und Hohngeschrei wurden ihre Autos trillernd und zuckend und surrend lebendig; weg waren sie und ließen Dicki Lol und Big Mal zurück, die durch den Abgasdunst und die hallenden Echos aufeinander zuwankten, über die ringsum verstreuten billigen Krallen weg, keuchend, triefend, Strandgut des Maschinenzeitalters.

7. Trauriger Sprinter

»Operngeher.«

Sheilagh sagte: »Operngeher?«

»Operngeher. Na schön, wir haben uns da schon irgendwie aus dem Fenster gehängt, ich und Dicki Lol. Man kann ja sagen, das war ein Übergriff ...«

»Bist du sicher, daß das Operngeher waren?«

»Hmm. Ich hab mir gedacht, das könnten so Premierenbesucher gewesen sein. Von so ner Royal Gala.« Mal und Linzi hatten kürzlich eine Royal Première besucht, für schweres Geld. Und er dachte sich, daß es bestimmt Jahrzehnte her war, seit er mit einem härteren Haufen beisammen gewesen war: fünfzehnhundert Amokganoven im Abendanzug plus ihre Miezen. »Nee, die haben Programme dagelassen. Coliseum. Das sind keine netten Leute, verstehst du, She?« warnte er sie. Sheilagh hatte eine Schwäche für Filme mit schnuckligen Aristos. »Diese Verachtung. *Brutal* waren die.«

»Im Coliseum war ich schon. Die bringen's auf englisch. Das ist besser, da weiß man, was vor sich geht.«

Mal nickte schwergeprüft.

»Man kann der Geschichte folgen.«

Er nickte noch einmal.

»Machst du beim Väterlauf mit?«

»Na ja, das muß ich jetzt ja.«

»Mit dem Gesicht? Alleine bringst du's nicht, Mal. Alleine bringst du's nicht.«

Mal drehte sich weg. Diese Sträucher, die fallenden Blätter – die Bäume: was waren das für welche? Selbst in Kalifornien … Selbst in Kalifornien war alles, was er von der Natur kannte, der milde Gestank von Rastplätzen, wenn er mit seiner Chauffeurmütze zwischen den großen Städten mal zum Pinkeln links ran fuhr (ein Klo aus Natur und Zigarettenkippen und Streichholzbriefchen), oder Restaurants im Lagunenstil, wo Mafiosi Hummer aßen – in dem einen Jahr kam She mit dem kleinen Jet ein ganzes Schulhalbjahr rüber (kein großer Erfolg), und Mal erfuhr, daß amerikanische Schulen Ketchup zu den Gemüsen zählten. Und sein ganzes Leben lang waren diese Symbole dagewesen, die Erdbeeren in den Fensterchen der Spielautomaten, Obstsalat im Krankenhaus, die Plastikfrüchte auf dem Hut seiner Mutter, vor vierzig Jahren, bei *seinem* Sportfest. Und der knappe Haarschnitt seines Vaters im Sonntagsanzug. Man konnte über seine Eltern und die ganzen anderen Eltern damals ja sagen, was man wollte, die Hauptsache an ihnen war's gewesen, daß sie verheiratet waren und auch so aussahen und sich so anzogen und es ernst nahmen.

Sie sagte: »Wenn du zurückkommst – tu's nicht, wenn's dir nicht Ernst ist.«

»Kein Problem. Schluß, aus, fertig. Alles klar.«

Sie nickte und ging los, und Mal folgte ihr. Mal folgte und betrachtete die rhythmischen, aber asymmetrischen Regungen ihres breiten fraulichen Hinterns, wo all ihre Stärke und Anständigkeit zu wohnen schien, ihr Charakter, ihr Grund. Und er konnte es alles sehen. Wie er durch die Tür kam, um Jet fest zu umarmen, und dann umhalsten sich Mama und Papa kräftig. Die tiefdurchatmende Wertschätzung für all das, was er zurückgelassen hatte. Und das Lächeln, das auf seinem Gesicht gerann. Zu wissen, daß er in zehn Minuten, zwanzig, zwei Stunden, vierundzwanzig, wieder aus der Tür kommen würde, Jets Arme um seine Knie, seine Knöchel, wie ein Griff bei der Footballabwehr, und She irgendwo hinter ihm, errötet, zerzaust, leicht erhitzt in der Bereitschaft, mit dem nächsten Fick oder Streit weiterzumachen – weiterzumachen damit, weiter. Und Mal würde aus der Tür rausgehen, über die Straße zu Linzi, *Asiatische Miezen* anschauen und sein Bewußtsein von allen Gedanken an die Zukunft leeren … Als er über den Zaun stieg, schaute er zum Parkplatz rüber, und, Obacht, da war sie ja, Linzi, seine asiatische Mieze, sie hockte auf dem niedrigen Kühler ihres MG Midget. Sheilagh hielt inne. Linzi auf ihrem Auto, She in ihrem Limettenoutfit. Kühlerhaube, Trainingsanzug. Wo war die Verwandlung?

Wenn Linzi neue Brüste wollte, einen neuen Po – wenn sie in ein Katzenkostüm aus Teenagergewebe steigen wollte –, dann ging das von Mal aus voll in Ordnung.

»Papa?«

»Jet, mein Junge.«

»Sie sind soweit.«

Mal kickte die Freizeitschuhe mit ihren Lederquasten von den Füßen und fing an, sich zu lockern: A! Er gab Jet seine Jacke zu halten, als das Handy klingelte.

»Lol! Hab's schon den ganzen Tag bei dir versucht, Mensch. Irgendein Araber war dran.«

Dicki Lol sagte, er hätte sein Handy verscherbeln müssen.

»Wie kommt's?«

Sein Lieferwagen war gekrallt worden.

»Was du nicht sagst. Mir haben sie den BM angenagelt!«

Jetzt geht's aber los!

»Tjaja. Hör mal, ich kann jetzt grad nicht. Muß bei einem Wettlauf antreten.«

Dicki Lol sagte, er würde heut abend was abziehen.

»Ja?«

Warnanlagen.

»Ja?«

»Papa? Die warten. Auf geht's.«

»Ich bin dabei, Kumpel. Bis dann, Sohnemann.«

»Und mach keinen Scheiß«, sagte Jet.

»Wann mach ich das schon?«

»Bist ein lausiger Sprinter, Dad.«

»Wie war das?«

»Bist ein *trauriger* Sprinter.«

»Ach ja? Dann schau jetzt mal zu.«

Die Papas standen am Start aufgereiht: Bern, Nusrat, Fardus, Someth, Adrian, Mikio, Paratosch und der Rest, keine sehr großen Altersunterschiede, aber alle an verschiedenen Punkten der Strecke angelangt bei Bauchumfang, Haaransatz, Weltläufigkeit, mit verschiedenen Varianten von Trennung, Zufriedenheit, Entfremdung, manche von *ihren* Vätern waren tot, manche von den Mamas lebten noch. Mal schloß sich ihnen an. Das war der Wettlauf der Väter. Aber Väter sind ja immer am Rennen, gegeneinander, gegen sich selber. Das ist die Beschäftigung der Väter.

Der Startschuß war's, der die Stampede der Herde auslöste. Sofort fühlte

Mal, wie an etwa neunzehn Punkten seines Körpers gleichzeitig Panik ausbrach. Die ganzen Verbindungen und Gelenke – Hüfte, Knie, Knöchel, Rücken, und dazu eine krisenhafte Verflüssigung seitlich im Gesicht. Nach fünf stolpernden Sätzen war die Schmerzgrenze bei ihm und wollte nicht aus dem Weg. Aber der massive Mann rannte weiter, wie man's eben muß. Die Papas rannten weiter, mit schwerfälliger Leidenschaft, sie donnerten dahin, ihre Füße steckten in Strümpfen, ein paar hatten Turnschuhe, aber alle trugen sie die schweren Holzpantinen ihrer Jahre. Den Kopf krampfhaft zurückgelegt, die Brust rausgedrückt, jappten und hechelten sie der Bahnkurve entgegen und dem Zielpunkt am Ende der Geraden.

[Aus dem Englischen von Joachim Kalka]

Einsprüche und Nachreden

DIETER THOMÄ

Der bewegte Amerikaner (3)

Nachrichten aus der immer noch Neuen Welt

Bruce Steinberg von der großen Investmentbank Merrill Lynch hält Amerikas Wirtschaftssystem für *die beste aller möglichen Ökonomien*, und er sagt: *Das Paradies ist gefunden.* Was dem einen sein Paradies ist, ist dem anderen seine Hölle. Wenn man beides zusammennimmt, Paradies und Hölle, ist das Bild – und das Klischee – komplett: Amerika ist das Land des unverfrorenen Reichtums und der ungeschützten Armut. Die Frage »Wie hält es Amerika mit seinen Armen?« führt auf einen Schauplatz, auf dem sich die Ethik der Bewegung, von der dieses Land getragen ist, einer ihrer härtesten Bewährungsproben stellt.

*

Hier sind ein paar Fakten, mit denen sich die Dimensionen des Schauplatzes zwischen Reich und Arm ermessen lassen.

Der Aktienindex *Dow Jones* kletterte im Jahr 1999 auf über 10000 Punkte, im Jahr 1987 lag er bei rund 2000.

97 Millionen Amerikaner hatten im Jahr 1998 Übergewicht; im Jahr 1992 waren es 34 Millionen.

68000 Amerikaner gab es 1995, die eine Million Dollar oder mehr im Jahr verdienten; 1979 waren es rund 13000. (Alle Dollarangaben hier sind inflationsbereinigt, verglichen werden also Realeinkommen.)

Der Einkommensunterschied zwischen dem reichsten und dem ärmsten Fünftel der amerikanischen Familien betrug im Jahr 1998 rund 114000 Dollar; im Jahr 1992 waren es knapp 84000.

440 Dollar verdiente ein Durchschnittsarbeiter im Jahr 1996 in einer vollen Arbeitswoche, und er arbeitete 1980 Stunden im Jahr. 517 Dollar bekam er für die selbe Arbeit im Jahr 1970, und er arbeitete rund 1850 Stunden im Jahr.

Rund 10 Prozent aller Beschäftigten in der Privatwirtschaft waren Ende der neunziger Jahre gewerkschaftlich organisiert.

4 Prozent betrug die Arbeitslosenrate im Jahr 1998; über 10 Prozent betrug sie im Jahr 1980.

15 Millionen Arbeitsplätze wurden seit 1992 in den USA neu geschaffen.

7,6 Millionen Amerikaner bezogen im März 1999 Sozialhilfe; 14,1 Millionen waren es im Jahr 1993.

13,3 Prozent lebten im Jahr 1998 unterhalb der offiziellen Armutsgrenze; im Jahr 1989 waren es 12,8 Prozent.

16 Prozent der Bevölkerung oder 43,4 Millionen Menschen hatten im Jahr 1997 keine Krankenversicherung; im Jahr 1992 waren es 36,6 Millionen.

*

Eine der zerschrundenen Geschichten, die von amerikanischer Armut handeln, trug sich 1998 in New York zu.

Im Februar dieses Jahres meldete sich die einundzwanzigjährige Tatiana Cheeks, eines von elf Kindern einer rauschgiftsüchtigen Mutter, mit ihrem eine Woche alten Baby Shannell beim *New York Methodist Hospital.* Weil sie für ihre Tochter keine Krankenversicherung vorweisen konnte, verlangte man von ihr, sie solle für die Untersuchung 25 Dollar bezahlen. Sie verfügte über das Geld nicht, verließ das Krankenhaus und rief bei ihrer Sozialarbeiterin an, um eine Bescheinigung zu bekommen, die die Kostenübernahme durch das staatliche *Medicaid*-Programm garantierte. Sie erhielt jedoch, so erzählt sie, die Auskunft: *Ich habe mit wichtigeren Fällen zu tun.* Ihre Bemühungen blieben in der Bürokratie stecken. Tatiana Cheeks ging nicht mehr ins Krankenhaus, sie kam jedoch mit dem Stillen nicht zurecht. Ein paar Wochen später starb der Säugling an Unterernährung. Im Mai 1998 wurde sie wegen Totschlags festgenommen. Ihr wurde vorgeworfen, Shannell vorsätzlich getötet zu haben. Nachdem Kinderärzte als Gutachter glaubwürdig versichert hatten, daß *selbst Mütter mit guter Vorbildung typischerweise nicht in der Lage sind, Unterernährung bei ihren Kindern selbst zu diagnostizieren*, wurden die Vorwürfe gegen Tatiana Cheeks im Juli 1998 fallengelassen. Das Krankenhaus bekam von der Gesundheitsverwaltung eine Rüge.

*

Im Hintergrund der Geschichte von Tatiana Cheeks und ihrer Tochter steht die Reform der staatlichen Sozialpolitik. In seinem ersten Wahlkampf 1993 versprach Bill Clinton, *die Sozialfürsorge, wie wir sie kennen, abzuschaffen.* (Seinem Satz wurde die amerikanische Form des Adels zuteil: die Abkürzung, die als Sprachbeschleunigung dem Ideal des bewegten Amerikaners zu Diensten ist. Aus *End Welfare As We Know It!* wurde im Washingtoner Regierungsapparat *EWAKI.*) Im Mittelpunkt des US-Wohlfahrtsgesetzes, das 1996 nach langen Verhandlungen zwischen Clinton und den Republikanern verabschiedet wurde, stand nicht die Versorgung von Bedürftigen, sondern der Kampf gegen Abhängigkeit. Peter Edelman, damals Staatssekretär im Gesundheitsministerium, trat 1997 aus Protest gegen diese Reform von seinem Posten zurück und verfocht die Hilfe für *die Bedürftigen*, für diejenigen, *die es nicht schaffen.* Statt dessen ging es nun aber darum, mit dem Wind des Aufschwungs im Rücken zu erreichen, daß alle es schaffen.

In New York ist im Jahr 1998 ein Teil der Sozialhilfebüros in sogenannte *Jobzentren* umgewandelt worden. Dieser neue Name sende, so sagt Elaine Ryan von der *American Public Welfare Association, die positive Nachricht an die Betroffenen und Sachbearbeiter, daß sich die Welt der Sozialfürsorge grundlegend ändert.*

Eines jener Jobzentren ist das *Linden Job Center* in Brooklyn. Aus einem Lautsprecher ertönt die Ansage: *Willkommen im Jobzentrum. Sozialhilfe ist von jetzt an zeitlich befristet. Man bekommt sie nicht mehr für unbegrenzte Zeit. Unser Ziel ist es, Sie unabhängig und selbständig zu machen.* Um dieses Ziels willen müssen die Arbeitslosen das Schreiben von Bewerbungen üben und Vorstellungsgespräche proben; damit ihre Anträge auf Unterstützung überhaupt weiter bearbeitet werden, müssen sie nachweisen, daß sie acht Stunden täglich zur Arbeitssuche unterwegs sind.

Ms. Dews war mit der Suche nach sechs Monaten erfolgreich. Sie arbeitet jetzt bei einer Kosmetikfirma, wo sie für 5,15 Dollar pro Stunde Schachteln für Cremes und Lippenstifte herstellt. Zwar klagt sie über den langen Fahrweg von Brooklyn nach Queens und über die Arbeitszeit (16.30 bis 0.30 Uhr), aber die Arbeit, so sagt sie, bringe ihr *Seelenfrieden.* Genaro Sanchez, der gerade aus dem Gefängnis entlassen worden ist, sagt: *Wenn du von der Straße kommen willst, kommt es auf dich an, ob du den Wechsel schaffst. Die Leute vom Jobzentrum helfen dir, den ersten Schritt zu tun.* Von den 5300 New Yorkern, die im ersten halben Jahr von den neuen *Jobzentren* beraten wurden, hat freilich nur jeder zwanzigste tatsächlich einen Arbeitsplatz gefunden.

Das US-Sozialhilfegesetz legt fest, daß

alleinstehende arbeitsfähige Erwachsene ihren Anspruch auf Essensmarken nach drei Monaten verlieren, sofern sie nicht wenigstens einen Halbtagsjob haben oder an einem Arbeitsprogramm (*workfare* statt *welfare*) teilnehmen, also zum Beispiel als Straßenfeger arbeiten. Die Gemeinden können Ausnahmen von dieser Regel beantragen, wenn sie darin eine unzumutbare Härte sehen. Die Stadt New York hat im Jahr 1999 keinen solchen Antrag gestellt. Deborah Sproles, die Sprecherin der Sozialverwaltung, sagt: *Dies ist Teil unserer allgemeinen Bemühungen, den Menschen dabei zu helfen, Selbstvertrauen zu gewinnen.*

*

Selbstvertrauen. Der sozialdemokratischste Präsident, den die Vereinigten Staaten je hatten, Franklin Delano Roosevelt, sagte im Jahr 1935, *daß die andauernde Abhängigkeit von Sozialhilfe eine geistige und moralische Auflösung herbeiführt, die eine grundsätzlich zerstörerische Wirkung auf den Charakter der Nation ausübt. Wenn man Sozialhilfe auf diese Weise vergibt, so trägt man bei zu einer schleichenden, einschläfernden Zerstörung des menschlichen Geistes. Dies ist unverträglich mit den Vorgaben für eine aufrechte Politik. Es verstößt gegen die amerikanische Tradition. (...) Wir müssen die Arbeitslosen nicht nur vor dem körperlichen Verfall bewahren, sondern auch vor dem Verfall ihrer Selbstachtung, ihres Selbstvertrauens, ihres Muts und ihrer Entschlußkraft.*

*

Selbstvertrauen. Wer je ein amerikanisches College besucht und halbwegs aufgepaßt hat, dem fällt zu diesem Wort ein Name ein: Ralph Waldo Emerson. In kaum einem Grundkurs zur amerikanischen Kultur fehlt dessen Essay *Selbstvertrauen*, das große Dokument des amerikanischen Individualismus (und des bewegten Amerikaners). Emerson schreibt: *Die Gesellschaft befindet sich überall in einer Verschwörung gegen die Menschheit in jedem ihrer Mitglieder. (...) Selbstvertrauen ist ihr ein Greuel. (...) Wer Mensch sein will, muß Nonkonformist sein. (...) Es ist leicht zu erkennen, daß ein größeres Selbstvertrauen eine Revolution in allen Aufgaben und Beziehungen der Menschen bewirken muß: in ihrer Religion und Erziehung, ihren Bestrebungen, ihrer Art zu leben und sich zu verbinden, ihren Eigentumsverhältnissen, ihren spekulativen Ansichten.*

In Emersons Essay *Selbstvertrauen* findet sich eine Passage über die Armut in Amerika, die so umstritten ist wie keine sonst in seinem Werk. Der Streit entzündet sich an den folgenden *unorthodoxen Überlegungen zum Gefühl des Mitleids* (George Stack): *Erzählt mir (...) nicht, wie dies heute ein guter Mensch tat, von meiner Verpflichtung, allen Armen zu guten Lebensumständen zu verhelfen. Sind sie* meine *Armen? Ich sage dir, du törichter Philanthrop, daß ich solchen Menschen den Dollar, den Dime, den Cent, den ich ihnen gebe, nicht gönne. Sie gehören nicht zu mir, und ich gehöre nicht zu ihnen. Es gibt eine Klasse von Menschen, denen ich ganz und gar, in geistiger Verwandtschaft, zugetan bin; für sie würde ich, wenn nötig, ins Gefängnis gehen. Aber deine diversen volkstümelnden Wohltätigkeiten: die College-Erziehung für Dummköpfe, die Errichtung von Versammlungshäusern zu dem eitlen Zweck, um dessentwillen es schon allzu viele gibt, die Almosen für Säufer, die zahllosen Hilfsorganisationen – auch wenn ich zu meiner Schande gestehen muß, daß ich manchmal klein beigebe und dafür einen Dollar spende, so ist es doch ein böser*

Dollar, den zurückzuhalten ich nach und nach Manns genug sein werde. (...) Wir kommen zu denen, die wie verrückt heulen, setzen uns zu ihnen und weinen in Gesellschaft, statt sie mit groben elektrischen Schocks zu Wahrheit und Gesundheit zu bringen (...). Willkommen bei Göttern und Menschen ist allemal der Mensch, der sich selbst hilft.

An der Debatte um Emersons Frage: *Sind sie* meine *Armen?* beteiligt sich eine illustre Gesellschaft: John Updike, der Großschriftsteller des Kleinbürgertums; Harold Bloom, der Zuchtmeister der Literaturwissenschaft; Michael Sandel, der Kritiker des liberalen Individualismus; Judith Shklar, die zu früh verstorbene *grande dame* der Politikwissenschaft; George Kateb, der Verteidiger des demokratischen Individualismus; Stanley Cavell, das philosophische *enfant terrible*, dessen Bücher u. a. von Wittgenstein, Shakespeare und Hollywood-Filmen handeln. Emersons härtester Gegner in diesem Reigen ist John Updike, sein glühendster Verteidiger Stanley Cavell. Lassen wir die Streithähne auftreten.

Für John Updike ist *Emersons große Entdeckung (...) die Kunst, entspannt zu sein und das zu tun, was man will.* Die fleißigsten Gefolgsleute dieser *Botschaft* von der vermeintlich *rechtschaffenen Selbstsucht* sind, Updike zufolge, die ruchlosen Kapitalisten einerseits, die Hippies andererseits. Beide verfechten auf ihre Art einen *krassen Individualismus.* Von ihnen wird, Updike zufolge, *die biblische Verfügung ›Liebe deinen Nächsten wie dich selbst!‹ bequemerweise zum ›Liebe dich selbst!‹ verkürzt.* Er schreibt: *Emerson wollte den Menschen den Mut zum Sein zusprechen, den Mut, ihren eigenen Instinkten zu folgen, er versäumte aber, deutlich zu machen, daß diese Instinkte räuberisch sein könnten. Er schien nicht zu verstehen, daß ein soziales Gewebe (...) zum Schutz seiner Mitglieder da ist. (...) Natürlich war nicht er es, der das amerikanische Eroberungsstreben und unsere besondere Art schwungvoller Ausbeutung erfunden hat, aber er gab ihnen seinen Segen und eine hochgestochene Verteidigung.* Updike entdeckt schließlich eine *furchtbare Verbindung* zwischen Emersons *höherer Seele*, Nietzsches *Übermenschen* und Hitlers *Herrenrasse*. Er meint, daß *Emersons Kälte und sein Sichheraushalten, sein Argwohn gegen Altruismus* in der Figur des *totalitären Führers* wiederzuerkennen sei, bei dem das *Selbstvertrauen Amok läuft.*

Harold Bloom bringt Emerson nicht mit Hitler, auch nicht mit den Hippies zusammen, wohl aber mit den Yuppies, in denen er die jüngsten Blüten des Liberalismus erkennt. Emersons Antwort auf die Frage *Sind sie* meine *Armen?* paßt nach Bloom wunderbar zu der Mentalität, die spätestens durch den Wahlsieg Ronald Reagans politische Anerkennung gefunden habe: *Emerson (...) besteht auf der Notwendigkeit, daß das einzelne Selbst totale Autonomie erreicht. (...) Er will uns an uns selbst zurückgeben, womit er freilich heutzutage nur Gläubige bekehren kann, denn wenn man dem Zeitgeist glauben darf, leben wir in einer narzißtischen Gesellschaft. (...) Wenn man das Selbstvertrauen vom inneren Leben auf den Markt der Öffentlichkeit bringt, dann läßt es sich schwer von der gegenwärtigen Religion der Selbstsucht unterscheiden.*

Auch Michael Sandel sieht in der individualistischen Selbstsucht eine Gefahr für den Zusammenhalt der Gemeinschaft. Aber er versteht Emersons Frage *Sind sie* meine *Armen?* als heilsame Provokation, die doch Gleichgültigkeit gerade nicht zulasse, denn immerhin werde damit zu einem bewußten Verhältnis zu den *Armen* aufgerufen. Während Emerson freilich die Vorstellung, es seien *seine* Armen, abzuweisen scheint, will Sandel, der Kommunitarist, sie mit offenen Armen empfangen. *Ein starker Begriff von Gemeinschaft* sei erforderlich, so sagt er – eine Gemeinschaft, in der alle, auch die Armen, zusammengehören und einander *wechselseitig verpflichtet* sind. Dieses *gemeinsame Leben geteilter Bestrebungen* will Sandel gegen Emerson, vor allem aber gegen die Auflösungserscheinungen des Liberalismus stärken.

Judith Shklar hält nichts von diesem heftigen Schutz der Gemeinschaft; darin liege, so erklärt sie, die Gefahr, daß die eigentliche Pointe Emersons verlorengeht: *Sich seine eigenen Regeln zu geben*, das heiße nämlich auch, die versteckten Zwangsmechanismen der *üblichen Familienbande abzuweisen*, und genau darauf habe es Emerson abgesehen. Er wolle, so sagt Shklar, *seine Leser schockieren. Er tut dies aber auch zu dem Zweck, seine Gleichgültigkeit gegenüber jeder Verpflichtung kundzutun, die nicht selbstgewollt ist. Zugleich ist die Stoßkraft seiner Aussage jedoch ironisch gemildert. Verschämt und voll Bedauern bekennt er, daß er doch zu schwach sei, dem Armen den Dollar zu verweigern. Das Prinzip bleibt also gültig, (...) er zieht sich aus der Gemeinschaft letztlich doch nicht zurück*. Judith Shklars beruhigende Auskunft ist, daß mit Emerson, nach Abzug seiner Rhetorik, eine Anteilnahme am anderen denkbar wird, in der selbständig gewonnene Bereitschaft und nicht bloße Anhänglichkeit zum Ausdruck kommt.

Während Emerson bei Updike als Verräter an der christlichen Botschaft der Nächstenliebe aufgetreten war, hält er nach George Kateb der christlichen Botschaft in bestimmter Weise doch die Treue. Kateb zieht eine Linie zwischen Emersons Frage *Sind sie* meine *Armen?* und dem *Schock*, den eine der aufrührendsten Geschichten aus dem Neuen Testament auslöst: die Geschichte, wie Jesus unmittelbar vor Judas' Verrat, ein paar Tage vor der Kreuzigung, von Maria mit kostbarem Öl gesalbt wird (Mt. 26, 7–13, Joh. 12, 3–8). Als sie dies tut, beschwert sich einer der Jünger (dem Johannesevangelium zufolge ist es eben Judas), man hätte das kostbare Öl doch besser verkaufen und den Erlös den Armen geben sollen. Jesus weist ihn zurecht: *Ihr habt allezeit Arme bei Euch, mich aber habt Ihr nicht allezeit.* Diese Botschaft ist deshalb schockierend, weil es den Anschein hat, als riete Jesus hier *zur Gleichgültigkeit gegenüber den Benachteiligten.* Dies jedoch sei, so meint Kateb, natürlich nicht gemeint. Jesus protestiere vielmehr dagegen, sich mit platter, am Ende gar scheinheiliger Wohltätigkeit zu begnügen, und er biete sich als Überbringer einer höheren Botschaft an. Eine solche Botschaft ist es nun auch, die – folgt man Kateb – bei Emerson anklingt. *Er will nicht*, so erklärt Kateb, *daß Unterstützung eine wechselseitig erniedrigende Routine wird.* Auch *will er nicht, daß Schuldgefühle die Wohltätigkeit zerstören. Vielmehr beharrt er auf Respekt als der Basis des Mitgefühls.* Am Ende möchte Kateb Emersons Plädoyer für das *Selbstvertrauen* zusammenbringen mit einem Mitgefühl jenseits bloßer Almosen, mit *wechselseitigem Austausch*. Hier stößt er freilich auf ein echtes Problem in der Idee des *liberalen Individualismus*. Diesem fällt es nämlich *nicht leicht (...), Wechselseitigkeit als ständigen Leitgedanken der öffentlichen Politik zu verfechten. Wenn diese Wechselseitigkeit über die Hilfe für Bedürftige hinaus die weitergehende Bemühung einschließen soll, Menschen dazu zu überreden oder anzureizen, sich aktiv um das Wohlergehen anderer zu kümmern, dann muß der Individualist daran doch Anstoß nehmen.* Kateb spürt hier eine Spannung im amerikanischen Modell selbst – eine prekäre

Balance zwischen dem Vertrauen in sich selbst und der Zuwendung zu anderen, und gegen Emerson wäre dann nur einzuwenden, daß bei ihm das Gleichgewicht ein wenig zugunsten des Selbstvertrauens verschoben ist.

Am Ende kommt der Auftritt des frenetischsten Befürworters Emersons: der Auftritt von Stanley Cavell. Sichtlich unwillig über Updikes und Blooms schrilles Quintett von Emerson, Hitler, Reagan, Hippies und Yuppies fragt er: *Ist Emerson wirklich so schwer zu unterscheiden von denen, die als Karikaturen von ihm taugen könnten?* Und er schreibt: *Emerson sagt nicht, daß er den Armen nichts gebe; er sagt vielmehr im Gegenteil, daß er dies tue (manchmal gebe er klein bei, sagt er; niemand gibt, so vermute ich, in* jedem *Fall, in dem er vor diese Frage gestellt wird). Auch die schwierige Frage ›Sind sie* meine *Armen?‹ beinhaltet nicht, daß er* keine *Armen als die seinigen im Blick auf die Wohltätigkeit anerkennt. Vielmehr ist in dieser Frage schon unterstellt, daß einige tatsächlich seine Armen* sind. *Sie sind seine oder, wie man auch sagen könnte, seinesgleichen. Daraus kann man schließen, daß der gespendete Dollar böse ist, weil er an Ungleiche gegeben wird, weil er dazu beiträgt, sie unten zu halten. Ferner ist daraus zu schließen, daß Emerson mit seinem Vorsatz, ›Manns genug zu werden‹, den bösen Dollar ›nach und nach zurückzuhalten‹, gerade nicht im Sinn hat, daß er sein Herz weiter verhärten läßt, sondern daß (...) eines Tages die menschliche Gattung untereinander keine Almosen mehr verteilen muß.* Wenn sich Emerson scheinbar gegen die Armen wende, sei dies, so meint Cavell, in einem zutiefst moralischen Sinne *für die Armen getan.* Dies habe nichts zu tun mit der *Selbstgefälligkeit* all jener furchtbaren Erben Emersons, die von Updike und Bloom angeführt worden sind.

*

Und wer dieser Streithähne hat nun recht? Die Wahrheit liegt, so denke ich, zwischen George Kateb und Stanley Cavell.

Es ist immer leicht, jemanden nach der Manier Updikes oder Blooms mit so laxer Hand zu zeichnen, daß er in dieser Entstellung allen möglichen Leuten ähnelt und eine Unzahl häßlicher Verwandter bekommt; Emerson trifft man damit aber nicht. Zwar beginnt er rabiat: *Das Schlimmste an der Wohltätigkeit ist, daß die Leben, die man zu erhalten gedrängt wird, die Erhaltung gar nicht lohnen.* Seine Pointe ist dann aber gerade nicht abschätzig: *Einem Notleidenden Geld zu geben ist nur eine Ausflucht; es ist nur ein Aufschub der wahren Zahlung, ein Schweigegeld (...). Wir schulden dem Menschen höheren Beistand als Brot und Feuer; wir schulden dem Menschen den Menschen. (...) Wenn wir ihm statt dessen Geld anbieten, so ist das, als würde der Bräutigam seiner Verlobten einen Barbetrag anbieten, damit sie ihn aus seinem Versprechen entläßt.* Emerson sagt nicht, man solle überhaupt nicht helfen. Er weist vor allem darauf hin, wie schwierig wahre Hilfe ist, wie leicht sie verrutscht und verkehrt wird.

Auch Michael Sandels Antwort auf Emerson bleibt unbefriedigend. Für Sandel sind die Armen deshalb *seine* Armen, weil sie zu *seiner* Gemeinschaft, am Ende vielleicht gar zu einer Weltgemeinschaft gehören. Dieses im Millionenmaßstab aufgeblasene geschlossene Gruppengefühl wirkt doch reichlich unplausibel. Für Emerson dagegen sind die Armen genau deshalb *seine* Armen, weil sie *seinesgleichen* sind, also auch: unbeirrbare Individuen. Diese Individuen, die in ihrem *Selbstvertrauen* zugleich auch ihre *Ungewißheit* und ihr *schwaches Herz* kennen, sind alles andere als die naßforschen Individualisten, von denen sich Sandel (und viele andere) abgestoßen fühlen.

Ein ›freundlicher‹ Individualismus ist das Credo Judith Shklars, aber sie macht es sich selbst und Emerson etwas zu leicht, indem sie ihn als heimlichen, selbstironischen Kritiker seiner eigenen Bosheiten präsentiert. Damit wird die Härte allzusehr abgepolstert, die in seiner Kritik an herkömmlicher Menschenfreundlichkeit steckt. Das eigentliche Problem liegt, so scheint mir, an der Stelle, wo das *Selbstvertrauen*, die Eigen-Bewegung der Individuen zusammenspielen soll mit den sozialen Beziehungen und Bindungen, die sie eingehen. Dies ist, wie Kateb zeigt, ein heikler Punkt bei Emerson, denn seine Hinweise zu der Frage, wie denn die wunderbare Entdeckung und Entfaltung der *Individuen* hinter dem Grauschleier der *Massen* vor sich gehen könnte, sind doch arg weich gezeichnet. Über den *Bereich*, das *offene Feld*, das den Individuen nach Emerson zusteht und auf dem sie sich entfalten können, erfährt man nicht besonders viel.

Diese soziale Seite des *Selbstvertrauens* steht im Zentrum der aktuellen Debatte um den Umgang Amerikas mit seinen Armen.

*

Die Voraussetzung des konservativen Modells des *Selbstvertrauens* ist, daß ›wir‹ alle von dem brennenden Verlangen getrieben sind, auf eigenen Füßen zu stehen. Wer da nicht mithalten kann, wird, dieser Logik zufolge, durch staatliche Hilfe nur weiterhin in Abhängigkeit gehalten; er wird daran gehindert oder mindestens davon abgelenkt, sich selbst zu helfen. Was aber soll man dann von denen halten, die die erwartete Eigen-Bewegung einfach nicht aufbringen, die durch äußere oder innere Gründe gehemmt sind, am Spiel des Selbstvertrauens mitzuwirken? Solche Leute wirken wie Fehlbesetzungen, ihnen fehlt eine vorgeblich allgemein-menschliche Eigenschaft: das Verlangen zu arrivieren. Wer sein Selbstvertrauen nicht unter Beweis stellen kann, gerät demnach in den Verdacht, daß bei ihm etwas nicht stimmt, daß er nicht mehr wirklich zu ›uns‹, zu den normalen, kraftvollen, strebsamen, beweglichen Menschen zu zählen ist. In dieser konservativen Version der Feier des Selbstvertrauens liegt der Abscheu gegen die anderen, die Fremden, die nicht mitmachen und selbst schuld sind, wenn es ihnen dreckig geht. (Diese abschätzige Ausgrenzung ist natürlich in Zeiten der Sklaverei eingeübt worden, und bis heute wird die Kritik am Wohlfahrtsstaat in Amerika von schrillen rassistischen Untertönen begleitet.)

Der Tonfall der Polemiken hat sich über die Jahre kaum geändert. 1875 erklärte die Wohltätigkeitskommission des Staates New York: *Wenn von Natur aus faule und unbedachte Menschen für wenige Monate die Bequemlichkeit erlebt haben, mit der man auf Kosten der Arbeit anderer leben kann, dann ist es sehr wahrscheinlich, daß sie diese Art des Lebensunterhalts so oft und so lang wie möglich in Anspruch zu nehmen suchen.* Und im Jahr 1996 schrieb Phyllis Schlafly, eine der Wortführerinnen der christlichen Rechten in Amerika: *Das Schlimmste ist, daß das liberale Wohlfahrtssystem unserer Gesellschaft so schrecklichen Schaden zugefügt hat. Es hat Millionen Familien zerstört, (…) sieben Millionen uneheliche Kinder hervorgebracht und eine jämmerliche Unterklasse geschaffen, die niemals das, was wir den Amerikanischen Traum nennen, erfüllen wird.*

*

Natürlich sind die Rechten und die Linken in Amerika verstritten darüber, wie man mit denjenigen umgeht, bei denen das *Selbstvertrauen* zu wünschen übrig läßt. In Sozialpolitik übersetzt heißt dies: Rechte und Linke streiten sich darüber, wieweit die Regierung intervenieren soll, wieviel Sozialstaat das Land und die Leute brauchen.

Hierzu muß man wissen, daß das Wort *Regierung* in Amerika fast ein Schimpfwort ist, erst recht seit die Republikaner einen Propagandafeldzug gegen *Big Government* zum Sieg geführt haben. (Ein Autoaufkleber lautet: *Ich liebe mein Land, aber ich fürchte meine Regierung.*) Bill Clinton hatte sich eigentlich vorgenommen, genau dieser Rufschädigung entgegenzuwirken. 1994 hatte er noch erklärt: *Die Regierung ist nicht das Problem, und die Regierung ist auch nicht die Lösung.* Zwei Jahre später, in der Regierungsansprache zur Lage der Nation 1996, sagte er dann: *Das Zeitalter der Großen Regierung ist vorbei.* Im Redeentwurf folgte hierauf noch der Satz: *Aber wir dürfen nie mehr zum Zeitalter des »Jeder nur für sich selbst« zurückkehren.* Diesen Satz hat er beim Halten der Ansprache aber einfach weggelassen. Clintons Berater Donald Baer zufolge hat sich herausgestellt, daß ein Demokrat das Wort *Regierung* am besten nicht benutzen sollte: *Es ist einfach ein schlechtes Wort.* Clinton sprach stattdessen fortan lieber von *Möglichkeiten, Verantwortung und Gemeinschaft.*

Die zwei Strategien in der amerikanischen Sozialpolitik unterscheiden sich also vor allem dadurch, ob sie ganz wenig oder etwas mehr *Regierung* ins Spiel bringen. – Die einen folgen der Devise »Hart, aber herzlich«; in Amerika heißt das *strenge Liebe (tough love).* Demnach sollen die Schwachen mit harter Hand stark und beweglich gemacht werden, und das heißt, daß man ihnen staatliche Hilfe ganz entzieht, wenn sie nicht mitziehen, ausgiebig auf Jobsuche sind, Arbeitsverpflichtungen nachkommen etc. – Die anderen meinen, daß man denjenigen, bei denen das *Selbstvertrauen* gelitten hat, zur Seite stehen müsse; sie wollen die Individuen in deren *Ungewißheit*, dem *schwachen Herz*, von dem Emerson gesprochen hatte, nicht sich selbst überlassen.

Viele Argumente der rivalisierenden Strategien im Umgang mit Sozialhilfe sind im Grundmuster auch aus der deutschen Debatte vertraut. Interessant sind deshalb nicht so sehr die Kontroversen, sondern die versteckten Gemeinsamkeiten, von denen die Debatte getragen wird. Am deutlichsten werden sie an einem Punkt, der eng mit der Debatte um Emersons Umgang mit den Armen verknüpft ist. Fast alle lassen sich nämlich heute von der Überzeugung leiten, daß Sozialhilfeempfänger auf vielfältige Weise gefordert und in den Arbeitsprozeß einbezogen werden müssen. Umstritten ist, wie erwähnt, auf welchem Wege dies geschehen soll: Die einen verhängen Sanktionen, die anderen setzen auf etwas sanftere Programme. Umstritten ist aber nicht, daß dies dringend gelingen müsse.

Auch diejenigen unter Clintons Beratern, die sich erbittert von ihm abwandten, als er im Einvernehmen mit den Republikanern die Sozialhilfereform durchgesetzt hatte, hielten das soziale Netz, das in Amerika zuvor ausgespannt war, für zu engmaschig (obwohl es doch weit lockerer als in Deutschland geknüpft war). Der ehemalige Staatssekretär Peter Edelman, der die Wohlfahrtsreform für *das Schlimmste* hält, *das Clinton je getan hat*, meint doch, daß die Menschen sich zu sehr auf Sozialhilfegelder verlassen hätten und man sie stärker zum Arbeiten ermutigen müßte. Und Robert Solow, der Nobelpreisträger für Wirtschaft des Jahres 1987, der in der neuen Reform einen

Schlag gegen die Schwachen sieht, erklärt, daß das alte System *selbstzerstörerische Verhaltensmuster befestigt* habe und das *Selbstvertrauen* der Menschen untergraben habe. (Solow hat nebenbei eine schöne Pointe gegen den amerikanischen Abkürzungsfimmel parat: Er schlägt der Regierung vor, ein Programm für die Umschulung Arbeitsloser zu Ärzten zu starten. Titelvorschlag: *System for Turning Unemployed People Into Doctors*. Abkürzung: *STUPID*.)

Robert Solow sagt: *Die völlige oder teilweise Umwandlung unerarbeiteter Sozialleistungen durch verdiente Lohnzahlungen ist die richtige Lösung.* Wenn Sozialhilfeempfänger arbeiten, dann geht es ihnen, Solow zufolge, in der Regel *besser, weil sie Selbstvertrauen* – da ist es wieder, das Zauberwort – *entfalten können.* Letzteres ist keine altkluge Bemerkung eines Wissenschaftlers, der, wie er selbstironisch bemerkt, *am oberen Ende der Nahrungskette* steht. Er kann hierzu vielmehr einen ganzen Stapel sozialwissenschaftlicher Untersuchungen vorweisen, die allesamt bestätigen, daß ein enormer Prozentsatz, 70 bis 90 Prozent, auch wenig attraktive Arbeit dem sogenannten Müßiggang vorzieht. Wenn die Sozialhilfeempfänger wieder zum Arbeitsprozeß gehören, dann werden sich zudem, so meint Solow, auch die *Steuerzahler besser fühlen, weil weniger von ihrem begrenzten Altruismus verlangt wird, und auch weil sie sehen, daß er nicht ausgenützt wird.*

Einstweilen werden all diejenigen, die in Deutschland Maßnahmen in Solows Sinn erwägen, gern als Wegbereiter der Zwangsarbeit gebrandmarkt. Das ist ungerechtfertigt. Der deutschen Debatte würde es guttun, sich an diesem Punkt von Amerika anstecken zu lassen. Demnach würde es darum gehen, den Arbeitslosen und den Sozialhilfeempfängern nicht nur Beihilfen zu gewähren, sondern – weit über die üblichen, strikt reglementierten Arbeitsbeschaffungsmaßnahmen hinaus – Anstrengungen zu unternehmen, sie wieder in die Arbeitswelt hineinzubringen. Blickt man von Amerika aus nach Deutschland, dann tritt neben der Menschenfreundlichkeit, der Schonung der Bedürftigen, die in Deutschland gepriesen wird, Gleichgültigkeit und Geringschätzung hervor – genau im Sinne von Ralph Emersons Einwand, im Philanthropen verstecke sich ein Menschenfeind. Auch in Amerika gibt es diese Geringschätzung (etwa wenn Phyllis Schlafly von der *jämmerlichen Unterklasse* spricht). In Amerika gibt es aber auch eine unvergleichlich viel größere Zahl raffinierter Programme, die teils staatlich, teils privat Sozialhilfeempfänger wieder in den Arbeitsprozeß einzubinden versuchen.

Natürlich sind warme Worte kraftlos; die Spielräume, die für den Umgang mit den Armen bestehen, hängen von den ökonomischen Rahmendaten ab, die in einer Gesellschaft gelten – Rahmendaten, die in Amerika und Deutschland zur Zeit reichlich verschieden sind. Unsinnig wäre es auch, wenn man den Leuten einfach gut zuredete, damit ihnen ihr *Selbstvertrauen* gewissermaßen wieder ›einfalle‹; da bewegt man sich auf der Grenze zwischen Naivität und Zynismus.

Aber selbst wenn sich jene Rahmendaten in den Vereinigten Staaten und Deutschland ähnelten, fiele der Umgang mit den Armen in beiden Ländern doch ganz unterschiedlich aus. Der deutsche Staat sieht sich in seiner Fürsorgepflicht für das *Selbstvertrauen* der Individuen jedenfalls nicht zuständig. Die amerikanische Gesellschaft dagegen ist genau von dieser Idee des *Selbstvertrauens* beherrscht. Nun wird man wohl immer wieder Stimmen aus Amerika hören, die man unerträglich findet; es wäre aber fahrlässig, würde man sie zum Anlaß nehmen, die amerikanische Debatte, den amerikanischen Umgang mit den Armen pauschal abzutun. Es geht hier nämlich gar nicht um einzelne Stimmen, sondern um einen ganzen Schauplatz, der einer Fülle von Stimmen Platz einräumt, nämlich um die Idee des *Selbstvertrauens*, die als Brennpunkt einer Debatte dient, der in Deutschland einfach *fehlt.* Wollte man sich diese Idee hierzulande aneignen, bedürfte es eines Lebens-Wandels, den die deutsche Gesellschaft ebenso scheut wie der Teufel das Weihwasser und der Amerikaner den Sprudel.

Bei den im Text kursiv gesetzten Passagen handelt es sich durchweg um Originalzitate. Sie stammen aus Artikeln und Texten, die in den Jahren 1997 bis 1999 vor allem in der *New York Times* veröffentlicht wurden oder im Internet zugänglich waren, sowie aus folgenden Büchern und Aufsätzen: Harold Bloom, »Emerson. Power at the Crossing«, in: ders., *Poetics of Influence*, New Haven 1988; Stanley Cavell, *Conditions Handsome and Unhandsome. The Constitution of Emersonian Perfectionism*, Chicago/London 1990; Peter Edelman: »The Worst Thing Bill Clinton has Done«. In: *Atlantic Monthly* 279/3, 1997; Ralph Waldo Emerson, *Essays and Lectures*, New York 1983; Ralph Waldo Emerson, *Complete Works*, New York 1903/4; John Gabriel Hunt (Hg.), *The Essential Franklin Delano Roosevelt*, New York u.a. 1995; George Kateb, *The Inner Ocean. Individualism and Democratic Culture*, Ithaca/London 1992; Marvin Olasky, *The Tragedy of American Compassion*, Washington D.C. 1992; James L. Payne, *Overcoming Welfare. Expecting More from the Poor and from Ourselves*, New York 1998; Michael Sandel, *Democracy's Discontent. America in Search of a Public Philosophy*, Cambridge/London 1996; Judith Shklar, »Emerson and the Inhibition of Democracy«, in: dies., *Redeeming American Political Thought*, Chicago/London 1998; Robert Solow, *Work and Welfare*, Princeton 1998; George J. Stack, *Nietzsche and Emerson. An Elective Affinity*, Athens 1992; John Updike, »Emersonianism«, in: ders., *Odd Jobs*, New York 1991

JAKOB STEPHAN

Lyrische Visite (13)

Mit Merkur *bei den Dichtern: Montale und zwei Einzelfälle namens Grünbein und Kolbe*

Es gehört zu den seltsamen Erfahrungen im Umgang mit dem Literaturbetrieb, daß das Schreiben über die Tücken der Lyrik mehr bringt als das Verfassen von Versen selbst: Mehr Leser, mehr Umsatz, mehr Ansehen. Ich spreche hier wohlgemerkt nicht über die Welt des Feuilletons. Gott bewahre, ich spreche hier doch nicht über die Welt des Feuilletons! Lang ist es her, daß eine Zeitung wie die *Zeit* ihr schlechtes Gewissen über den laxen Umgang mit den Dichtern durch eine Literaturbeilage zu besänftigen versuchte, die sich einzig und allein der Lyrik widmete, und in der unter anderem zu lesen stand, daß der junge Dichter Durs Grünbein sich insbesondere von der Verskunst eines Rolf Dieter Brinkmann beeinflußt zeige, wohingegen der junge Dichter Kurt Drawert sich vor allem das lyrische Schaffen eines Rolf Dieter Brinkmann zum Vorbild genommen habe. Ach, das waren noch Zeiten, als jeder Dichter unter Vierzig als Jungspund galt und von Rolf Dieter Brinkmann beeinflußt zu sein hatte. Heute trägt die Belletristik-Abteilung des neu eingerichteten *Zeit*-Literaturappendix kurz und bündig den Titel »Roman«. Die Zeit, sie ist einfach gegen Lyrik, ganz gleich, ob in unmittelbarer oder vermittelter Form.

Dieser Meinung sind auch Karl Heinz Bohrer und Kurt Scheel, die beiden Herausgeber des *Merkur*. Dennoch und in bewußtem Anachronismus richten sie im sechshundertsten Heft ihrer *Deutschen*

Zeitschrift für europäisches Denken ein üppiges Lyrikgelage an. Nicht, ohne zuvor einige mahnende Worte auszusprechen:

Zeitschriften haben ihre eigene Zeit. Sie müssen sich nicht bestimmen lassen von den Geschäften des Tages, dem aktuell Angesagten in Politik und Kultur, in Wirtschaft und Gesellschaft. Dies besorgen zur Genüge die Medien, sei es das Fernsehen, sei es ein Teil der Presse, wo die Tendenz, eine Art gedrucktes Fernsehen zu werden, in den letzten Jahren nicht abgenommen hat.

Ahh, das ist der Ton, den man von den Kulturwarten der Nation zu hören erwartet, nicht wahr? Haben meine lieben Leser den abgespreizten Kleinfinger im Duktus bemerkt? Ist Ihnen hoffentlich nicht entgangen, wie die Herren Bohrer und Scheel mit fast unmerklichem Naserümpfen und selbstverständlich nur zu Zwecken der ironischen Duftsetzung vom »aktuell Angesagten« sprechen? Igittigitt, wollen die beiden in Wahrheit natürlich zu verstehen geben, was haben sie unsere schöne, edle Kultur heruntergewirtschaftet mit ihren nuttigen Sprüchen, diese Aktualitätsschächerer, diese Kulturausverkäufer in den Redaktionen. Wir hier sind unterdessen in aller Stille unserem Tun für die Ewigkeit nachgegangen und haben zum Jubiläum rasch mal ein dickes Heft vollgemacht, rund zweihundert Seiten breit und von vorne bis hinten bedruckt mit Beiträgen all derer, die in den vergangenen vier Jahrzehnten der Kulturpresse als besonders angesagt galten. Von Mayröcker bis Becker, von Erb bis Braun, von Rühmkorf bis Kühn, von Enzensberger bis Gernhardt ein einziges Kompendium der Vorhersehbarkeit.

Und da dachte Ihr Lyrikdoktor immer, Zeitschriften hätten etwas mit der Zeit und ihren Aktualitäten zu tun. Ich Tölpel war sogar so naiv, anzunehmen, Zeitschriften seien ein Teil der Medienwelt. Ich sag's nur ungern, aber ein Satz wie »Dies besorgen zur Genüge die Medien« im Editorial eines gedruckten Periodikums wäre mir senilem Dummerchen bislang völlig absurd vorgekommen. Schlimmer noch: Ich vertrotteltes Sabbermäulchen hätte nicht gezögert, einen solchen Satz in der Welt des Schwachsinns, sprich in Flieges, Meisers und Veronas Welt zu verorten. Aber weit gefehlt, wie ich nun weiß. Vielen Dank, Bohrer und Scheel, für ganz neue Einsichten in die Welt der Printmedien.

Wenn man das Wort »Zeitschriften« in den zitierten Zeilen durch das Wort »Gedichte« ersetzt, erhält man übrigens eine populäre Definition von Lyrik. Populär nicht deshalb, weil sie weit verbreitet wäre, sondern weil sie sich so großer Beliebtheit unter denen erfreut, die Gedichte am liebsten als Projektionsfläche ihrer Feingeistigkeit benutzen:

Gedichte haben ihre eigene Zeit. Sie müssen sich nicht bestimmen lassen von den Geschäften des Tages, dem aktuell Angesagten in Politik und Kultur, in Wirtschaft und Gesellschaft. Dies besorgen zur Genüge die Medien, sei es das Fernsehen, sei es ein Teil der Presse, wo die Tendenz, eine Art gedrucktes Fernsehen zu werden, in den letzten Jahren nicht abgenommen hat.

Bitte, klappt doch prima. Und klingt fast schon wie ein Statement von Joachim Sartorius, dem bekannten Diplomaten der Poesie.

Zurück zu Bohrer und Scheel: *Merkur 600* bringt dem geneigten Leser erst einmal achtzig Seiten Poesie ins Haus, darunter – das soll hier nicht verschwiegen werden – ausgezeichnete Frischware von Rühmkorf, Enzensberger und Gernhardt. Dann aber folgen einhundertzwanzig Seiten vermischter Reflexionen über das Dichten. Der Literaturwissenschaftler Hans-Ulrich Treichel schreibt da über die Literatur des Hans Magnus Enzensberger, der Dichter Harald Hartung bringt schüchtern den Reichtum des lyrischen Handwerks in Erinnerung, und die üblichen Betriebsnudeln nudeln ihre üblichen Betriebsbesichtigungen durch. Joachim Sartorius ist natürlich auch dabei. Wer hätte sonst auch die sahnige Sentenz formulieren sollen: »Schreiben ist, was vom Erinnern bleibt.« »Genau«, werden Bohrer und Scheel da genickt haben, »genau wie Zeitschriften. Zeitschriften sind, was vom Erinnern bleibt. Hmhm.«

Auch Jörg Drews, der wilde Jörg Drews erinnert sich und andere, nämlich an den verstorbenen Autor Dieter Roth und an eine Kritik, die ... aber erteilen wir Drews doch selbst das unvergleichlich wabernde Wort:

> Dieter Roth ist tot. Und das heißt nicht nur, daß einer Kritik, die ja doch insgesamt in der Lyrik sehr brave Maßstäbe, einen sehr zahmen Geschmack, sehr gemessene Erwartungen hat und das Schroffe, das Exzessive, das mit schmutzigem Material Arbeitende nicht geschätzt oder stillschweigend als eben outriert, abseitig, forciert übergeht, die Fülle des Werkes von Dieter Roth noch gar nicht aufgegangen ist, seine große Komik und Pathetik, seine hartnäckige Vorführung des verbissenen Sich-Verhedderns in der Sprache, das, was er auch mit dem Sonett über Jahre angestellt hat, etwa in den ganzen Folgebänden zu dem Band *Die gesammelte Scheiße* von 1972.

Outrieren, Forcieren und die »gesammelte Scheiße« samt Folgebänden – hier haben wir sie, präsentiert von einem, der sie alle durchschritt, die dunklen Zonen der Sprache, die Hintertüren der Literatur. Neben Dieter Roth hat Drews noch Franz Josef Czernin und Ulf Stolterfoht in sein Kabinett der Verkannten und Unterschätzten aufgenommen, und damit nur ja keiner beleidigt ist im Betrieb, des weiteren so verkannte und vergessene Dichter wie Ursula Krechel, Brigitte Oleschinski, Peter Waterhouse, Adolf Endler, Friederike Mayröcker und Oskar Pastior. Nach langem Hin und Her kommt der Freund des Abseitigen dann zu dem Schluß: »Lyrik ist im Moment keine mit einem Achselzucken zu quittierende Sache mehr.« Daß da aber auch keines von den Weicheiern der Kritik draufgekommen ist.

Michael Rutschky geht die Sache in seinem Beitrag deutlich gelöster an. Ein poetisches Programm ist von diesem Mann so wenig zu bekommen wie raunende Insidertips, wohl aber eine *Wanderung durch neue Lyrik*, wobei letztere in Beziehung gesetzt wird zu der nicht mehr ganz so neuen Lyrik der Benn, Williams und Hughes. Eine ungewöhnliche Mischung, die sich jedoch im Text bewährt. Das liegt vermutlich daran, daß Rutschky weniger historisch als subjektiv argumentiert und seinen Wanderer durch die Lyrik als Kunstfigur mit biographischen Bezügen ausstaffiert: »Der junge Dichter, der ich einst war«, so heißt der Held dieses anregenden Essays, dessen Titel *Welcher Dichter ich gern wäre* nur scheinbar geschmäcklerisch argumentiert. In Wahrheit folgt er dem eingespielten Verfahren der Poesie, mit den Mitteln subjektiver Wahrnehmung Feststellungen zum objektiven Weltzustand zu treffen. Unterwegs im Heute stellt Rutschkys Wanderer von Gestern allerlei kluge Überlegungen an, etwa – wie der Lyrikdoktor mit freudigem Kopfnicken vermerkt – über die Prunksucht in Raoul Schrotts Anthologie *Die Erfindung der Poesie*:

> Dieselbe Technik des Prunkens mit fernen, womöglich erfundenen Ortsnamen verwendet Raoul Schrott in seinem jüngsten Buch *Tropen. Über das Erhabene*, das es neben dem Weltengehen auf dem Weltatlas mit Vorgaben aus der Atomphysik, der Meteorologie, der Archäologie und Kunstgeschichte, der Rhetorik, der Kosmologie aufnimmt – bestimmt habe ich was vergessen. Diese ausdifferenzierten Wissensgebiete werden zu Poesie nicht mittels Anspielungen, Metaphernfeldern, Termini technici, keineswegs: Diskursive Glossen for-

mulieren links und rechts unten auf der Seite das Problem, dem sich das folgende oder voraufgehende Gedicht oder die Gedichtfolge unmittelbar stellen.

Rutschkys Antwort auf seine Titelfrage »Welcher Dichter ich gern wäre« lautet übrigens: »Derjenige, welcher ohne Umstände einen Leser wie mich fände.«

*

Als 1996 nach wechselreicher Editionsgeschichte *Das postume Tagebuch* Eugenio Montales in Gänze erschienen war, löste es unter Italiens Literaturkritikern einigen Tumult aus. Nicht, weil die insgesamt sechsundsechzig Gedichte aus dem Nachlaß des Nobelpreistägers für besonders gut befunden worden wären. Im Gegenteil: Dilettantismus lautete der Vorwurf an einen, der es – so das kritische Verdikt – besser hätte können müssen. Sogar der Verdacht auf Fälschung wurde laut. Die Verdächtige folgte im biographischen Schlepptau: Hatte nicht Annalisa Cima, die Nachlaßverwalterin und um etliche Jahre jüngere Gefährtin der letzten Lebensjahre, eigene schriftstellerische Ambitionen gehabt?

Eifersucht gegenüber den ignoranten Frauen der Dichter gehört seit jeher zum Psychogramm des wahrhaft entflammten Literaturwissenschaftlers – also oft genug in den Bereich der Wahnvorstellungen. Jetzt kann auch im Land des Lyrikdoktors überprüft werden, was es mit den Vorwürfen der Montale-Spezis auf sich hat. Unter dem lockenden Titel *Die Worte sprühen* bringt der Verlag P. Kirchheim dreißig Gedichte des postumen Tagebuches in einer zweisprachigen Ausgabe unter die Deutschen. Christine Koschel hat den Wortlaut des Originals in ein teils federndes, teils schreitendes Deutsch übertragen, das auch die Übersetzungen als Gedichte standhalten läßt.

Bleibt die Frage, ob die Gedichte dem Anspruch an ihren Autor standhalten. Vorweg sei gesagt: Nicht alles im *Postumen Tagebuch* ist schlecht. Gewiß, diese Verse kommen gelassener in der Weltwahrnehmung und lässiger im Sprachausdruck daher als die Gedichte, mit denen Montale poetischen Weltruhm errang – Ihr Lyrikdoktor erinnert nur an Hämmer der Lyrikgeschichte wie *Der Traum des Gefangenen* oder *Eastbourne*. Dennoch stehen die saloppen Verse im Werk des Dichters keineswegs einzig da. Bereits 1973, acht Jahre vor Montales Tod, war mit dem *Diario* der Jahre 1971 und '72 ein locker versifiziertes Tagebuch erschienen. Die Gedichte des *Diario Postumo* knüpfen an die lapidare Dichtkunst des Vorgängers an. Sie passen damit zu der entspannten Selbstauskunft des alten Montale, er habe seine früheren Gedichte im Frack, seine späteren jedoch ... Oh, ich glaube, das habe ich bereits anderswo zitiert.

Wie auch immer: An der Seite des älteren Herrn im Schlafanzug läßt sich ein lyrisches Du besichtigen, das teils besorgt, teils freudig mit Versen umspielt wird. »Dein Alter macht mir Angst / dich schützt es und mich klagt es an«, heißt es etwas vergrämt in dem Gedicht *20. Januar oder 30 Jahre*. Aber schon wenige Verse später ist es mit der Angst vorbei, und das ungleiche Paar plant den unbeschwerten poetischen Dialog mit einer deutlich älteren Dame: »Auf gut Glück«, heißt es, »übersetzen wir / morgen zusammen irgendeinen Vers / von Emily«. Die Amerikanerin Emily Dickinson wird wohl gemeint sein.

Das Gedicht *Die Fledermaus* zeigt das Ich mit dem Du – wieder so eine Ersatzhandlung – in ein leicht maliziöses Bildungsspiel vertieft:

Heute sind wir beide Rekonvaleszenten
laß uns beginnen mit einem nouveau jeu
ich singe ein Stück und du mußt es erraten:

Fa re mi mi sol.
Der Titel, der Titel, komm schon.
Ich seh ihre leichte Verwirrung
sie stottert herum.
Dann in einem Atemzug: die Fledermaus.
Gnädige Frau, ich bedaure,
die erlaubte Zeit ist schon um.

Was aber hat es mit dem Fälschungsverdacht auf sich? Eines der Gedichte gibt nicht nur ein Beispiel für besonders gekonnte Pyjama-Poesie, sondern erteilt darüber hinaus Auskunft über das Verhältnis zwischen dem Dichter und seiner Muse. Mit einer überraschenden Wendung: Wer in dieser Beziehung Muse und wer Sänger war, dürfte nach der Lektüre von *Ex abrupto* nicht mehr so klar sein wie zuvor. Oder womöglich klarer denn je?

Ein Raum von Jahren trennt uns,
aber eine Geste von dir
löscht rasch die Distanz.
Ein Büchlein taucht auf
aus dem Magazin einer Riesentasche
und klar tönt ein Vers
den soll ich beurteilen.
Das Wissen du bist die Gleiche
in einer anderen Zeit könnte
mich schmerzen. Eine leichte Brise
im blendenden Licht wirbelt
Sandwolken auf und Schaum. Und
was hochkommt ex abrupto
ist daß ich die Muse bin und du der
Sänger.
Eine frohe Kunde, gleichzeitig
als Meister und Inspirator sich zu fühlen.
Der Seher ist tot, es lebe der Vernichter.

Auch *Ex abrupto* berichtet von der Begegnung eines Dichters mit einem sehr viel jüngeren »Du« – man darf an Annalisa Cima denken. Gehen wir das Stück noch einmal Zeile für Zeile durch: Die drei Anfangsverse mit ihrer klaren, ebenmäßigen Syntax bereiten die Szene vor: »Ein Raum von Jahren trennt uns,« heißt es da, »aber eine Geste von dir / löscht rasch die Distanz.« Schön das Spiel mit der zur Dreidimensionalität geronnenen Zeit, die bereits eine »Geste« überbrücken kann. Zwei Requisiten, »Büchlein« und »Riesentasche«, wiederholen in den nächsten Versen den Gegensatz der Proportionen: »Ein Büchlein taucht auf / aus dem Magazin einer Riesentasche.« Die beiden Zeilen »und klar tönt ein Vers / den soll ich beurteilen« geben den einleitenden Versen eine Wendung ins Beiläufige und öffnen den lyrischen Raum. Kein Zweifel: Hier ist, bei aller scheinbaren Kunstlosigkeit des Ausdrucks, ein Könner seines Faches am Werk.

Zugleich wird das lyrische Du als jemand charakterisiert, der Auskunft in Sachen Poesie einholen will. Nicht zur reinen Freude des Angesprochenen, will mir scheinen. »Die Worte sprühen«? Mitnichten. So unwillig gibt sich das lyrische Ich, daß es eines äußeren Anlasses bedarf, um ihm überhaupt eine Aussage zu entlocken: Kein Windstoß, sondern eine »leichte Brise im blendenden Licht« fährt in die bislang so klar ausgezirkelte Versstruktur und treibt unversehens, nämlich »ex abrupto«, die Auskunft des Dichters an die Fragende hervor, »daß ich die Muse bin und du der Sänger.« Taktvoller kann man kaum sagen, daß die Verse der Adeptin (denn natürlich sind es ihre eigenen, die sie da mit klar tönender Stimme zum Vortrag bringt) keine eigene Substanz haben.

Zwei weitere Verse lang betreibt Montale ironische Diplomatie, ehe die Schlußzeile mit Wucht dazwischenfährt: »Der Seher ist tot, es lebe der Vernichter.« Da haben wir ihn wieder, den Montale lyrischer Donnerworte. Meine Leser mögen nur an die Schlußverse von *Der Traum des Gefangenen* denken:

ich richtete mich auf und stürzte in die
Tiefe,
wo das Jahrhundert die Minute ist –
und weiter tönt's von Schlägen und von
Schritten;
noch immer weiß ich nicht, ob ich beim
Feste

Koch oder Mahlzeit bin. Welch langes
Warten,
und auch mein Traum von dir ist nicht zu
Ende.

Zurück zu *Ex abrupto*. Schwer zu sagen, wer hier stirbt und wer fortlebt. Der Dichter als Seher und Sänger scheint jedenfalls abgedankt zu haben. Mag sein, daß Montale mit diesem Gedicht an die Nachwelt eine Aussage variieren wollte, die einst W. H. Auden in einem Nachrufgedicht auf Yeats getroffen hat: »Die Worte eines Toten«, heißt es bei Auden, »werden abgeändert in den Bäuchen der Lebendigen.« In Montales Gedicht *Zweites Vermächtnis* findet sich eine ähnliche Einsicht weniger bildstark, aber um nichts weniger entschieden ausgedrückt. Man kann diese Verse unschwer als eine Quintessenz des gesamten *Postumen Tagebuches* lesen:

Noch nie gab es ein Nichts darin zu verschwinden
schon andere sind dank der Erinnerung
auferstanden,
laßt die Lebenden in Frieden damit die
Toten
lebendig werden: ich will mich im Jenseits
amüsieren.

An dem Gezänk um sein letztes Werk hätte der Dichter im Schlafanzug wohl seine helle Freude gehabt.

*

Umgang mit unserer Gegenwartslyrik zu pflegen, ist – wer wüßte das besser als meine Leser – nicht immer ganz leicht. Seit geraumer Zeit sichtet Ihr Lyrikdoktor nun die aktuelle Produktion unserer Poeten und ist dabei bislang auf weniges gestoßen, das ihm gefallen konnte, auf fast nichts aber, das ihn durchweg begeistert hat. Er ist daher der Meinung, daß es hoch an der Zeit sei, sich wieder einmal in Lob und Hingabe zu üben, ehe er auf seine alten Tage vollends in einen grantigen Greisenton verfällt. So mag denn in den künftigen Folgen meiner Kolumne von Novitäten im Poe-Biz nur noch die Rede sein, wenn sie wirklich Anlaß zu reuloser Affirmation bieten.

Als ich diese Worte vor ziemlich genau einem Jahr niederschrieb und in der Folge (Folge neun, um genau zu sein) der lesenden Welt zugänglich machte, konnte ich nicht ahnen, in welche Schwierigkeiten sie mich im Verlauf des folgenden Jahres stürzen würden. Ich hätte sonst wohl nur allzugern auf mein schneidig vorgebrachtes Vorhaben verzichtet. Tatsache ist: Immer noch und immer wieder erscheinen »Novitäten im Poe-Biz«, doch ein »Anlaß zu reuloser Affirmation« wollte sich im vergangenen Jahr nicht einstellen. So plumpst nun in munterer Folge ein Gedichtband nach dem anderen in die Welt, doch Ihr Lyrikdoktor muß seinen unfehlbar aufsteigenden »grantigen Greisenton« herunterwürgen, weil er es so versprochen hat. Im Magen rumort das dann weiter, brennt, siedet und richtet womöglich nicht wiedergutzumachende Schäden an. Ehe es soweit ist, oder ehe der grantige Ton sich einen anderen Ausweg sucht, oder ehe der Greis vollends verfällt, will ich mir im eigenen Interesse lieber einmal rückhaltlos Luft verschaffen. Nicht, indem ich mein Wort breche, sondern indem ich es kunstvoll auslege. Des Rätsels und Problems Lösung lautet:

Einzelfall.

Was heißen soll, daß ich mich einzelnen Gedichten kritisch nähern werde, statt mich gleich von ganzen Bänden zu distanzieren.

Nehmen wir zum Beispiel zwei jüngst erschienene Gedichtbände – Uwe Kolbes *Vineta* und Durs Grünbeins *Nach den Satiren*. Zu Begeisterungsstürmen hat mich keines der beiden Bücher hingerissen. Im Kleinen aber fand ich manches, das mich interessierte, in Kolbes Fall sogar entzückte. Dabei zeichnete sich, hielt ich einen Band gegen den anderen, Kolbes schmalen Siebzigseiter gegen Grünbeins Zweihundertzwanzig-Seiten-Trumm, ein seltsames Mißverhältnis zwischen Detailfreude und Gesamteindruck ab. *Vineta* etwa erschien mir als Ganzes so formsicher wie kraftlos: lauter sorgfältig gearbeitete, verhangen-melancholische Miniaturen. Reiseimpressionen, Porträtgedichte, Bilanzen der (empfindsamen) Befindlichkeit, ganz schlimm: Stipendiatengedichte (*Villa Massimo*)! Was die Dichter halt so schreiben, wenn der Lebensstoff sich dünnemacht und auch sonst nichts Rechtes zur Hand ist. Komischerweise (ja, wirklich: komischerweise) überzeugt Kolbe am ehesten im Humorfach: wahlweise als zart befremdeter Flaneur in der Fremde (siehe unten) oder als daheim Zurückgebliebener (siehe das ausgezeichnete Gedicht *Was hab ich noch nachzuholen* im genannten Band).

Gerade umgekehrt ist es mir mit Grünbeins neuestem Opus ergangen, das mich zwar ingesamt äußerst unfrisch anweht, aber dennoch in fast jedem Gedicht die hohen Fähigkeiten dieses Lyrikers bezeugt. Hier spricht der Einzelfall fast immer gegen das Ganze, weil er das Gute in untrennbarer Verwurschtelung mit dem Üblen zeigt. Anders als in Wildwestfilmen (für deren klaren ästhetischen Frontverlauf Ihr Lyrikdoktor gelegentlich durchaus einen Sinn entwickeln kann) bedeutet das leider schon die Niederlage all der bemerkenswerten Gedankensplitter, Sprachglanzstücke und Bildfetzen mit dem weißen Hut. Die Bösen aber, die mit dem schwarzen Hut, sie sind im Fall Grünbeins ausnahmsweise wirklich diejenigen, die man in solchen Fällen als erste bezichtigt. Wir sprechen hier natürlich über die gesetzlosen Jungs von der Feuilleton-Ranch, Muchachos. Richtig, Señores, es geht um die gefürchtete Kritikaster-Bande. Sie sind es gewesen, die den vielversprechenden Lehrjungen von Doc Williams und Frankie O'Hara einst auf die schiefe Bahn gelockt haben, indem sie ihn nicht in seinen Stärken, sondern in seinen schlechten Charakterzügen bestärkt haben: Angeberei, Bildungsdünkel und Selbstüberschätzung statt Beobachtungsfrische und Lebensfrechheit. Nun ergießt sich der Irregeleitete haltlos ins allzeit bereitstehende Metrum. Zwar fallen auch Reime dabei ab, aber mit prägnanter lyrischer Form (geschweige denn Hochform) hat das alles sowenig zu tun wie die Zigarre des alten Lyrikdoc mit Miss Lewinsky. Howgh.

Zwölf Uhr Mittags ist, wie ich sehe, vorbei. Hohe Zeit, ein Fazit zu ziehen. Ziehen wir sogar zwei. Fazit eins: Tolle Einzelstücke bei matter Gesamtleistung hie (Kolbe), brillantines Geschreibsel mit brillantem Flimmern da (Grünbein). Fazit zwei: Ist der Einzelfall auch manches Mal ein Höhenflug, so bleibt er nichtsdestotrotz ein Einzelfall. Nachfolgend zwei davon – einmal Kolbe, einmal Grünbein; einmal Höhenflug, einmal Untergang. Und keiner soll behaupten, der Lyrikdoktor habe entgegen seinem Versprechen Lyriknovitäten verrissen.

*

Und warum, fragt man sich (und *Warum*
ist die kindlichste Frage)
Bin ich ausgesetzt dem Parcours, diesem
Lauf auf verkauftem Boden,
Wo die tote Taube zum Fußball wird, den
der Schwächlichste kickt.

Still gezeugt von Verliebten, wer weiß, auf
der nächstbesten Trage
Beiseitegeschafft nach dem Herzinfarkt,
mit erkalteten Hoden.
Einer, der weiß, wann ein Wort nicht mehr
wirkt. Der verschlossen nickt,

Weil auch Lächeln trügt, Scham, und der
Mund gern den Rachen deckt.
Sind die tragischsten Rollen nicht stumm?
Und wie viele

Szenen bleiben unbezeugt, eh der Lappen
flink übers Wachstuch streicht.

Menschen ändern sich, Städte, doch nicht
am Nabel der Leberfleck.
Und wehe, du beugst dich nicht, eine
Kußhand hier, dort ein Dehnen
Akrobatischer Glieder, – diesem Leben, so
unnütz, so reich.

Nicht weniger als die Frage nach dem »Warum« allen menschlichen Seins steht am Anfang des titellosen Textes aus Grünbeins Zyklus *Asche zum Frühstück*. Offensichtlich ist unserem Meisterklassizisten an einer abstrakten Formulierung des Themas gelegen – das verallgemeinernde »man« des ersten Verses deutet in diese Richtung. Auch die in Klammern gesetzte Sentenz »und *Warum* ist die kindlichste Frage« trägt dazu bei, die Eingangsfrage in den sicheren Abstand des Aphoristischen zu rücken.

Schon einen Vers weiter ändert Grünbein die Spielrichtung. Statt »man« ist nun »ich« am Ball. Mit der toten Taube aus Zeile drei fällt sogleich handgreifliches Anschauungsmaterial für die Wechselfälle des Daseins vor dessen Füße. Doch das sentenzhaft Gestelzte des ersten Verses will sich so schnell nicht wegkicken lassen. Der »Lauf auf verkauftem Boden« etwa scheint eher der Freude am schönen Klang als wirklichem Erkenntnisstreben geschuldet zu sein. Unklar bleibt, wem dieser Boden gehört und warum sich der Leser für derlei Immobiliengeschäfte interessieren sollte. Immerhin füllt die dreifache Assonanz das Metrum mit anapästischem Schwung.

Die nächste Strophe bietet allgemeingültige Eckdaten des Menschlichen. Es geht um Lust (»Still gezeugt von Verliebten«) und Tod (»Beiseitegeschafft nach dem Herzinfarkt«), also um Großes, das Grünbein mit der in beide Richtungen einsetzbaren »nächstbesten Trage« geschickt verklammert, ehe er sich wieder ins Ungefähre zurückzieht: Nicht »ich« spricht nun, sondern »einer«, und zwar: »Einer, der weiß, wann ein Wort nicht mehr wirkt.« Doch die aparten Schockmomente, ausgelöst durch Wörter wie »Hoden«, »Scham« oder Kadaver von Kleinvieh, zählen zu den zunehmend abgegriffenen Kennmarken Grünbeinscher Lyrik.

Der Dichter, so scheint es, weiß nicht recht, was er sagen will. Etwas Hohes schwebt ihm vor, und gut klingen soll es auch. So flüchtet er sich in Behauptungen, die genauerer Nachfrage kaum standhalten: »Sind die tragischsten Rollen nicht stumm?« fragt er als Auktionator des Superlativs in die Runde. Das Fragezeichen fordert den Leser zu bestätigendem Kopfnicken auf: »So ist es! Und welche Fülle an Elend doch im Schweigen der Gepeinigten steckt.« Was aber, wenn die Affirmation versagt wird: Weiß der Autor wirklich, an welche Rollen zu denken wäre?

Gleiches gilt für den Vers »Menschen ändern sich, Städte, doch nicht am Nabel der Leberfleck«. Wieder nickt der gutgläubige Grünbein-Leser: »Genau. Das Biologische determiniert uns.« Tatsächlich? Und wenn der Mensch sich gleich bliebe, der Leberfleck aber wüchse? Fragen über Fragen. Rätselhaft auch, warum in der dritten Strophe auf einmal ein Lappe auftaucht und »flink übers Wachstuch« streicht. Oh je, meine Augen! Es ist ja gar kein Lappe, sondern ein *Lappen*. Unter uns: Welchen Unterschied macht das schon, wenn ohnehin keiner weiß, warum da ein Wachstuch im Gedicht herumliegt. Von dem »du« der vorletzten Zeile wird sich ein kritischer Leser kaum noch angesprochen fühlen.

Die hochgemuten Behauptungen, der Cocktail der Bildungsfrüchte, das Aufeinanderprallen divergenter Sprachebenen gehören zu Durs Grünbeins Repertoire spätestens seit seinem zweiten Gedichtband »Schädelbasislektion«. Gelegentlich sind großartige Gedichte daraus entstanden. Hier jedoch ist der Stil zur Masche verkommen. All das Sprachvermögen, all die Beobachtungsgabe: in Blendwerk verpufft, an Angebereien verschenkt. Wie lange darf einer altklug sein, ehe der Charme verblaßt?

Einzelfall zwei:

Weiße Frauen sehen hier wie Mädchen aus.
Schwarze Fraun dagegen sehn wie Frauen aus.
Pakistanifrauen wirken auch wie Frauen.
Pakistanimädchen schminken sich zu Frauen.
Schwarze Mädchen machen Frauen
Konkurrenz.
Weiße Mädchen zeigen eine Punk-
Adoleszenz.
Mit den alten Frauen, die wie Mädchen
schauen,
wird ganz Birmingham zu einer Stadt der
Frauen.
Männer gibt es auch hier, passend in den
Farben.
Sie sind alle Jungen mit den Sportplatznarben,
Karaokesingen ist im Pub der Renner,
im Verein als Jungen fühln sie sich als
Männer.
Wie hier die Geschlechter zu Familien passen,
kann ich nur vermuten. Quirlig sind die
Massen.

Und? Haben meine Leser es gemerkt? Uwe Kolbes Gedicht *Vermutung über Birmingham 1997* (so der Titel, der über die obenstehenden Zeilen gehört) ist ein Sonett. Allerdings ein so gut getarntes, daß man mit Recht darüber streiten darf, ob es überhaupt eines sei. Nicht jambisch, sondern trochäisch pulst das Metrum, und schlichte Paarreime erzeugen eher ein volkstümliches Schunkeln als das würdevolle Schreiten der hohen Form. Die Verse jedoch sind durchaus gravitätische Alexandriner, die für die gesamte Dauer des Gedichtes durchgehalten werden.

Die Struktur des Sonetts betreffend, folgt Kolbe einer gemischten Strategie. Der Übergang zwischen den beiden ersten

Quartetten etwa verläuft fließend. Schon im vierten Vers schwenkt das Auge des Betrachters von den Frauen zu den Mädchen Birminghams um – eine Zeile zu früh für das klassische Sonett, das einen Perspektivenwechsel erst im zweiten Quartett vorsieht. Der Verstoß gegen die Regel ist thematisch jedoch gut begründet: Wenn schon das Oszillieren zwischen junger und reifer Weiblichkeit Gegenstand der ersten Verse ist, warum sollte dann nicht auch die Form ins Flirren geraten?

Die nächste Zäsur befindet sich an ihrem angestammten Platz: Mit einem Seitenblick auf die »alten Frauen« und der resümierenden Zeile »wird ganz Birmingham zu einer Stadt der Frauen« gelangt das zweite Quartett zu einem klaren Abschluß. Das dritte Quartett (Kolbe hält sich an die angelsächsische Form) holt mit den Männern (»gibt es auch hier«) den geforderten thematischen Umschwung ins Gedicht. Auch an ihnen bestätigt sich der Eindruck der Altersunschärfe (»Sie sind alle Jungen«), ehe das abschließende Verspaar in ein seltsam ausweichendes Fazit mündet: »Quirlig sind die Massen.«

Anscheinend legt das multikulturelle Nebeneinander Birminghams dem flanierenden Subjekt keine tiefergehende Erkenntnis nahe. Das Straßenleben, an seiner Oberfläche buntbewegt und vielgestaltig, erscheint ihm geheimnislos. Nichts als die simplen Mechanismen einer infantilen Gesellschaft sieht es darunter tätig. Wie es sich für ein gutes Gedicht gehört, steckt ein Teil dieser Botschaft in der Handhabung der Form: Auch die alten Versschemata, scheint Kolbe dem Leser sagen zu wollen, können der vielfarbigen Oberflächenwelt keinen tieferen Sinn abpressen; die bevorzugte Gedichtform Shakespeares läßt sich der Realität des neuen England nur knirschend einpassen.

Gottlob wird das alles nicht mit wedelndem Zeigefinger vorgeführt, sondern mit schöner Gelassenheit konstatiert. Deshalb wohl sind Kolbes Beobachtungen aus einem Vielvölkerstaat frei von rassistischen Untertönen. Lieber hält sich der Flaneur ans Misogyne und bastelt stur an seiner ziemlich fragwürdigen Frauentypologie. Das Beharren auf kleinsten Details und das langsame Mahlen seiner Gedanken erzeugen dabei eine Komik der Wiederholung, wie Ihr Lyrikdoktor sie sonst nur aus den Gedichten Ror Wolfs kennt. Es gibt nicht viele komische Sonette in der deutschen Lyrik, und unter diesen noch weniger gelungene. Der Lyrikdoktor zögert nicht, *Vermutung über Birmingham 1997* zu ihnen zu zählen.

*

Beim Blättern in der vergangenen Folge fiel mir auf, daß ich mich diesmal eigentlich den Anthologien von Braun/Thill und Hartung hatte widmen wollen. Mein Gedächtnis, mein Gedächtnis. Was wollte ich sagen? Richtig. Wie ich aus ähnlichem Anlaß schon einmal so treffend bemerkte: Wenn die Anthologien gut sind, kann man getrost auch noch in drei Monaten von ihnen sprechen. Und wenn sie schlecht sind, wird sich das bis dahin wohl auch nicht geändert haben.

Karl Heinz Bohrer/Kurt Scheel (Hg.): *Merkur.* Deutsche Zeitschrift für europäisches Denken. Heft 3/4, 53. Jahrgang, März/April 1999. 395 Seiten.

Eugenio Montale: *Die Worte sprühen.* Das postume Tagebuch 1. Aus dem Italienischen von Christine Koschel. Verlag P. Kirchheim, München 1998. 88 Seiten.

Durs Grünbein: *Nach den Satiren.* Gedichte. Suhrkamp Verlag, Frankfurt am Main 1999. 228 Seiten.

Uwe Kolbe: *Vineta.* Gedichte. Suhrkamp Verlag, Frankfurt am Main 1998. 68 Seiten.

RALPH UBL

Widerständiges Material

Über die Kunstkritikerin Rosalind Krauss

Februar 1964, ein kunsthistorischer Vortrag im Surplus Dance Theater, New York. Der junge Gelehrte (schütteres Haar, Brille, grauer Anzug) beugt sich über das Pult und beginnt den wenigen Zuhörern zu erklären, daß man zwischen drei Schichten von Bedeutung unterscheiden müsse, aus denen die menschliche Kultur aufgebaut sei: die natürliche Bedeutung, insofern wir keine bloßen Farb- und Formkonfigurationen wahrnehmen, sondern z. B. einen Mann, der seinen Hut hebt; die konventionelle Bedeutung, der die kulturelle Semantik dieser Geste (»Grüßen«) entspricht; und zuletzt der eigentliche »Gehalt, der die Welt symbolischer Werte« bildet, eine ikonologisch zu nennende Bedeutungssphäre …

Spätestens an dieser Stelle, da der Vortragende aus dem bereitstehenden Wasserglas trinkt, sein Schlucken aber erst mit einiger Verzögerung zu hören ist, macht sich der zeitliche Abstand zwischen seinen Gesten und dem Vortragstext bemerkbar – eine Asynchronie, die jene Einheit von Erscheinung und Bedeutung, die der vorgetragene Text zu rekonstruieren versucht, auseinandertreten läßt. Der Text, der vom Tonband lief, war Erwin Panofskys berühmte methodische Einleitung zu seinen *Studies in Iconology*, der Pantomime ein junger Künstler namens Robert Morris. Dreißig Jahre später, anläßlich der Retrospektive, die ihm das Guggenheim Museum und der Centre Pompidou widmen, wird ein Film gedreht, der die Performance wiederholt. Diesmal mit einem richtigen Professor. Am Pult steht Rosalind Krauss von der Columbia University, Amerikas bedeutendste Kunstkritikerin, ausgerüstet mit Zeigestab, Diaprojektor und Wasserglas, und erläutert das »Mind/Body Problem« im Werk von Robert Morris.

Der Sinn scheint wieder an seinen Ursprung zurückzukehren: Erwin Panofsky begründet die Wissenschaft der Ikonologie, indem er die Aufhebung der materiellen Zeichen in einem stufenweise interpretierbaren Kulturganzen darlegt; der Avantgardist läßt die Synthese an der Widerständigkeit der materiellen Zeichen zerbrechen; und die Kunstkritikerin – Doch hier würde Rosalind Krauss mit der Schärfe, für die sie berüchtigt ist, entgegnen: Kunstkritik verrate ihren Gegenstand, sobald sie sich daranmacht, die asynchrone Lektüre wieder zu synchronisieren, die instabile Semiose zu verfestigen. So sehr dieser dekonstruktivistische Warnruf heute selbst zur akademischen Formel erstarrt scheint – polemische Verve vermag ihn mit neuer Kraft zu füllen, vor allem gegen postmoderne Verbündete, denen Krauss die letzte Sehnsucht nach stabilen Sinnzusammenhängen auszutreiben wünscht.

Ihr neuestes Buch (*Bachelors* 1999), eine Sammlung von Aufsätzen zu zeitgenössischen Künstlerinnen von Agnes Martin bis Cindy Sherman, beginnt mit einer Diskussion der surrealistischen Photographie, zu deren Neubewertung in den achtziger Jahren Krauss wesentlich beigetragen hat (*Amour fou* 1985)[1]. Dabei handelte sie sich den Vorwurf ein, eine Kunst männlicher Macht- und Angstphantasien zu rehabilitieren, anstatt die misogyne Ikonographie der männlichen Surrealisten anzuprangern oder die spezifische Imagination weiblicher Surrealisten zu würdigen. »Art made by women needs no special pleading«, lautet ihr Einwand: Weder müßte man Dora Maar dafür entschuldigen, daß sie ebenso verstörende Fetischbilder der »phallischen Frau« schuf wie Man Ray oder Hans Bellmer; noch wäre es Claude Cahun angemessen, ihre Kunst dafür zu loben, daß in ihr die Frau zum Subjekt avantgardistischer Kunst werden konnte. Wer Cahuns Rollenspiele ernst nimmt, für den erübrigen sich solche Fragen nach einer stabilen weiblichen oder männlichen Autorenschaft.

Eine andere idée reçue des Feminismus, der Krauss vorwirft, daß sie die Zeichenspiele der Kunst in regulierte Bahnen leitet, ist die »Theorie des männlichen Blicks«. Zu ihrer Illustration werden bevorzugt die Arbeiten Cindy Shermans verwendet. Das Gesamtwerk der Künstlerin, von den frühen *Filmstills* über die *Historischen Porträts* zu den Bildern von Erbrochenem, erscheint unter dieser Perspektive als sukzessive Entschleierung dessen, wofür die Frau im Patriarchat steht: als Bloßlegung der Kastrationswunde, die zunächst noch durch den Fetischcharakter der Frau (*Filmstills*) sowie durch den Zwang zur Maskarade (*Historische Porträts*) verdeckt wird, um sich in den sogenannten Bulimiebildern dann nach außen zu stülpen. Gegen diese vorhersehbare Lektüre richtet Krauss den Blick auf die Machart der Photos, auf Tiefenschärfe, Körnung, Bildformat oder auf die Glanzlichter, die einen bannenden Blick aus dem Bild evozieren: Cindy Sherman posiert nicht in vorbestimmten Opferrollen, ihre Bilder nehmen den Betrachter gefangen, indem sie seinem Blick mit einem vervielfältigten, unheimlichen Zurückblicken entgegnen.

Die Überschreitung modernistischer Reinheitsgebote, in denen sich die Kunst seit gut vier Jahrzehnten übt, verpflichte die Kritik zu besonderer analytischer Hygiene. Eine Analyse von Shermans Bildern habe weniger vom Erbrochenen als ekelerregendem Motiv auszugehen als vielmehr von der gekippten Bildebene, die das Gesehene von der vertikalen in die horizontale Achse stürzen läßt. Solche Verfahren, die den Zusammenhang von Bild und aufrechter Gestalt aufbrechen, faßt Krauss unter dem von Georges Bataille geprägten Begriff des »Informe« zusammen, der titelgebend für eine gemeinsam mit Yve-Alain Bois kuratierte Ausstellung (Centre Pompidou 1996) wurde. Im Gegensatz zum »Abjekten«, einem durch Julia Kristeva in Umlauf gebrachten Begriff, an dem Krauss die thematisch fixierte Faszination am Grauen kritisiert, bezeichne das »Informe« nicht bestimmte »verworfene« Körpersubstanzen, sondern künstlerische Operationen der Formvernichtung, die Hohes in Niedriges verwandeln – oder Niedriges in Hohes, um derart einen Raum jenseits dieser Unterscheidung zu öffnen.

Den Ausgangspunkt dieser Überlegungen bildete Alberto Giacomettis skulpturales Frühwerk, das Krauss vom orthodoxen Surrealismus André Bretons

Alberto Giacometti, Schwebende Kugel, 1930

distanzieren und als Auseinandersetzung mit Georges Bataille deuten konnte (*Originality of the Avantgarde* 1984). Die *Aufgehängte Kugel* aus 1930 verkörpert laut Krauss das »Informe« in seiner reinen Operationalität, als Bewegung der Entdifferenzierung: welcher Teil ist männlich, welcher weiblich, wo der Aggressor, wo das Opfer, was die Waffe, was die Wunde – Unterscheidungen, die im »Informe« ihre Gültigkeit verlieren.

Daß die Ausstellung im Centre Pompidou diesen historischen Kontext verließ, um in allen Phasen der Moderne Manifestationen des »Informe« nachzuspüren – von Picassos berühmtem *Stilleben mit Wachstuch* aus 1912 über Hans Arps Papiers dechirés bis zu Bruce Naumans Körperteilphotographien –, weist Rosalind Krauss als Kunstkritikerin aus, die mit ihren Urteilen auf eine Revision der gesamten Moderne zielt, und zugleich als Kunsthistorikerin, die mit ihren Neuinterpretationen der historischen Avantgarde auch das Verständnis der Gegenwartskunst verändert. Bereits in ihrem ersten Buch, einer Monographie über David Smith (1971), hielt sie fest, daß Kunstkritik und Kunstgeschichte einander durchdringen sollten – ein Programm, an dem sie nun drei äußerst wechselvolle Jahrzehnte hindurch arbeitet, ohne jemals grundsätzliche Zweifel oder Gleichgültigkeit gegenüber der Gegenwartskunst zu äußern. Das verleiht ihren bisweilen vernichtenden Urteilen – zu den Opfern zählen so verschiedenartige Künstler wie Kosuth, Beuys oder Jeff Wall – eine Legitimität, die all denjenigen fehlt, die die Gegenwartskunst pauschal unter Verdacht stellen, um in ihrer Empörung über Heuchelei und Schwindel ganz zu übersehen, daß ihre Kunstschelte die Stereotypie und Langeweile großer Teile der Gegenwartskunst reproduziert.

Apropos Schwindel. Ihr elegantestes Buch (*The Picasso Papers* 1998) ist dem Künstler gewidmet, der fast zeitgleich mit den Paradigmen moderner Kunst – Kubismus und Papier collé – das Pastiche als verfälschende Nachahmung der Moderne schuf. Die Freisetzung der künstlerischen Mittel, die Picasso zunächst zur Konstruktion eines hoch artifiziellen und äußerst raffinierten Formalismus nützte, erweist sich plötzlich als Lizenz zur Nachäffung, sowohl seiner eigenen Modernität wie auch der vormodernen Traditionen, die in neoklassizistischen Zeichenübungen scheinbar wiedererstehen.

Zugeständnisse an den Pluralismus, dem das eine wie das andere gefällt, hat Krauss nie gelten lassen. Sie entscheidet sich eindeutig für die sprödere Schönheit der Papiers collés, die sie einer brillanten semiologischen Lektüre unterzieht. Picasso legt einen Schnitt durch das Zeitungspapier, teilt es in zwei Hälften und formt das Alltagsmaterial auf diese Weise zu einem artikulierten Zeichen, das semantisch in hohem Maß unbestimmt bleibt. Je nach Kontext im Bildgefüge steht die eine Hälfte für den Korpus der Violine, die andere

Pablo Picasso, Stilleben mit Wachstuch, 1912

für den Schatten, für Festigkeit oder Atmosphäre, Figur oder Grund. In ein und demselben Bild kann Zeitungspapier als Glas, Holz und Sodawasser, als Figur, Schatten und Zeichengrund fungieren, und – »natürlich« – auch eine Zeitung bezeichnen. Diese Beweglichkeit zwischen möglichen Bedeutungen sollte gegen eine inhaltlich-politische Interpretation von Picassos »Pasted-Paper Revolution« mißtrauisch stimmen. Wer aus dem niedrigen Material, den Schlagzeilen vom Balkankrieg und den Börsennachrichten einfach anarchistische Sympathien herausliest, verkennt Picassos neues Bildsystem. Dieses fordert tatsächlich stärker als das traditionelle Ölgemälde einen lesenden Betrachter; doch anstatt zusammenhängende Texte enthält es freigestellte Zeichen, deren semantische Polyvalenz von ihrem Entdecker spielerisch erprobt wird. Wie die Form der Zeitungsausschnitte zugleich Festigkeit und Atmosphäre, Figur und Grund bezeichnen kann, so verlieren auch die fragmentierten Schlagzeilen und Artikel jene Eindeutigkeit, die sie für den Zeitungsleser besaßen. Picasso zerschneidet »Journal« in ein schillerendes »Jou« (joue, jouir, joujou) oder den politischen »coup de théâtre« in einen »coup de thé ...«.

Diese Anspielung auf Mallarmés berühmtes Gedicht markiert die Tradition, in die Picasso seine neue Bildtechnik stellt. Im symbolistischen Dichter möchte er seine eigene Virtuosität beim Erkunden von Polysemien des bildnerischen Materials wiedererkennen; in Mallarmés typographischen Experimenten sieht er auch die Verwandlung des Massenmediums Zeitung in künstlerisches Material präludiert. Die Papiers collés lassen sich daher als ironische Hommage an Mallarmés Utopie des Buches verstehen – ironisch, weil Picasso die Tagesblätter, gegen deren nivellierendes Layout Mallarmé protestierte, als poetologisches Bezugsmedium seiner Kunst zu akzeptieren scheint, doch nur, um aus den vergilbten Seiten poetisches Gold zu gewinnen, das seine idealen Betrachter unter den Lesern von »Un coup de dés« sucht.

Krauss' Vorgangsweise ist also keineswegs so geschichtsfern, wie ihre Kritiker oft meinen. Eine Prämisse ihrer Untersuchungen ist die Einsicht, daß sich die Kunst den Bedingungen der modernen Massenmedien nicht zu entziehen vermag – am wenigsten, wenn sie sich der reinsten Ausdrucksmittel der Vergangenheit zu bedienen meint. Picassos neoklassizistische Pastiches verraten ihre Abhängigkeit von photographischen Vorlagen, als wären sie von diesen direkt durchgepaust. In der einförmigen Linienführung und stereotypen Schattengebung macht sich die mechanische Reproduzierbarkeit des Bildes bemerkbar, der Picasso zu entkommen glaubte, als er sich vom Kubismus und seinen standardisierenden Verfahren abwandte. Die Angst vor der Mechanisierung des Bildes wirft den Künstler auf seine graphische Meisterschaft zurück, doch die Symptome dieser Angst äußern sich gerade in der freien Handzeichnung, die nun ihrerseits der maschinellen Normierung unterworfen scheint.

In einem tieferen Sinn hält Krauss die künstlerische Moderne freilich für radikal geschichtslos. Der Modernismus bilde ein geschlossenes System, und auch in jenen Kunstwerken, die es unterminieren, manifestieren sich die nicht weniger geschichtsfernen Mächte des »optisch Unbewußten«.

The Optical Unconscious – so der Titel von Krauss' 1993 publizierter theoretischer Hauptschrift – ist zweifellos kein reines Lektürevergnügen, was aber nicht daran liegt, daß die Autorin ihre Leser nicht zu unterhalten versteht. Dichte Passagen, die die Dunkelheit eines Jaques Lacan überbieten wollen, werden kompensiert durch schöne Aperçus zu einzelnen Kunstwerken und erhellendes Geplauder aus der letzten Blütezeit des Modernismus im New York der sechziger Jahre, als sich

Minimal, Pop und Concept Art noch nicht durchgesetzt hatten. Um zu illustrieren, wogegen das Buch gerichtet ist – gegen das modernistische System der reinen Visualität, das Krauss zufolge die anglosächsische Kunstkritik von John Ruskin bis Clement Greenberg beherrscht –, berichtet sie von einem Gespräch, das 1966 zwischen den beiden Meisterschülern Greenbergs stattfand: zwischen ihr selbst und Michael Fried, der seiner jüngeren Freundin verrät, wen Frank Stella »für den größten lebenden Amerikaner« hält. Es sei Ted Williams, der Baseball-Spieler, der »schneller sieht als jedes menschliche Wesen. Er sieht so schnell, daß er, wenn der Ball mit 150 kmh auf ihn zufliegt, jede einzelne Naht erkennt.« Eine ausführliche Darstellung der Geschlechterverhältnisse im Modernismus erübrigt sich; die Anekdote genügt, um an das Klima robuster Männlichkeit zu erinnern, in dem die Lehre vom reinen Sehen zum letzten Mal gedieh – Greenbergs Doktrin, daß die moderne Malerei eine auf das Optische beschränkte Wahrnehmung erfordere, ein weltabgewandtes und entkörperlichtes Auge, dem sich das Gesehene als momentane Offenbarung darbietet.

Das Unbewußte, das von der reinen Optikalität verdrängt wurde, beschreibt Krauss als Kräftefeld unterschiedlicher künstlerischer Verfahren, die die Autonomie des Visuellen in Frage stellen, indem sie die Körperlichkeit und Zeitlichkeit des Sehens wieder ins Spiel bringen oder durch Ready-mades die selbstgenügsame Logik des Modernismus stören. Beispiele wären Duchamps *Rotoreliefs*, Max Ernsts Übermalungen oder Picassos graphische Manet-Paraphrasen, deren Konturen sich von einem Blatt des Zeichenblocks in das nächste durchdrücken, auf diese Weise eine Matrix bildend, die das obsessive Variieren immer desselben Bildes prädeterminiert. Doch findet man in *The Optical Unconscious* keine eigentlichen Werkdeutungen, da Krauss in diesem Buch noch stärker als sonst auf die antihermeneutische Praxis der Gegenlektüre setzt: Max Ernst mit Lacan, Picasso mit Lyotard, Pollock mit Girard, Eva Hesse mit Deleuze/Guattari. Daraus – man beachte nur die grundverschiedenen Auffassungen von Psychoanalyse, die mit diesen Namen angesprochen werden – kann sich keine kohärente theoretische Konstruktion ergeben, so sehr die strukturalistischen Diagramme auch einen Anschein davon vermitteln. Um so kohärenter und präg- nanter tritt dafür das von Krauss dekonstruierte »modernistische System« hervor, da es sich als der ungleich handlichere Untersuchungsgegenstand erweist als die formvernichtenden Verfahren des »optisch Unbewußten«, das bisweilen mehr evoziert als analysiert wird.[2]

Doch vielleicht sollte man *The Optical Unconscious* weniger aufgrund des Geschicks lesen, das die Autorin beim Basteln mit French Theory beweist. Die Originalität des Buchs ist eine genuin kunstkritische, wie sie gerade in der Auseinandersetzung mit aktueller Kunst nur selten zu finden ist: Krauss kämpft für bestimmte ästhetische Erfahrungen, die es erst aufzuweisen oder gegen ihre Mortifikation durch eingefahrene Interpretionsweisen zu retten gilt.

An den Bildern Jackson Pollocks zeigt Krauss, was die modernistische Rezeption übersehen mußte, um in den Drippings ein stofflos schwebendes, rein optisches Gespinst wahrzunehmen – die Nägel und den Schmutz, die in die billig glänzende Industriefarbe gemischt sind, und damit auch die horizontale Bassesse, für die sich erst Künstler jenseits der Greenbergschen Orthodoxie zu interessieren begannen: Andy Warhol in seinen *Piss-Paintings*, Cy Twombly in seinen regressiven Graffiti oder Robert Morris mit den *Felt-Pieces*, großen Filzstücken, die der Künstler zerschneidet und so an der Wand montiert, daß das Material in schweren, formlosen Bahnen zu Boden fällt. Es waren diese Verfahren des »Informe«, die den aufrechten Betrachter der modernistischen Kunstkritik entmachteten und Pollocks Drippings von phantasmagorischen Netzhautbildern wieder in materielle Gebilde zurückverwandelten.

Ehe Krauss mit dem »modernistischen System« brach, hatte sie sich in ihrem *David Smith* (1971) noch an Greenbergs eigenwilliger Überzeugung abgearbeitet, daß neben der modernen Malerei auch die moderne Skulptur rein optische Qualitäten aufweisen müsse. Die körperliche Erfahrung, die Smiths radikal mehransichtige Skulpturen eröffnen, konnte da nicht zur Sprache kommen. Erst unter dem Eindruck der Arbeiten von Robert Morris und Richard Serra gelangte Krauss zu der Überzeugung, die sie ihrem Klassiker *Passages in Modern Sculpture* (1977) zugrunde legte, daß Skulptur wesentlich durch ihren emphatischen Körperbezug zu begreifen sei.

Theoretisch folgt sie ihren Bildhauerfreunden dahin, die Abkehr von der reduzierten Visualität des Modernismus mit Merleau-Ponty zu begründen, als Verkörperlichung der Wahrnehmung, die sich einer dialogisch bedeutenden Welt öffnet. Dies steht in auffälligem Kontrast zur (post)strukturalistischen Position, zu der sich Krauss in denselben Jahren bekennt, nicht zuletzt durch die Zeitschrift »October«, die sie 1976 zusammen mit Anette Michelson gründet. Phänomenologische Körperemphase und semiologische Zeichenspiele stehen unvermittelt nebeneinander, je nachdem ob von Serra oder Picasso, Tatlin oder Mondrian, Skulptur oder Malerei die Rede ist. Nach dem ausdrücklichen Versuch, zwischen den disparaten Positionen zu vermitteln, sucht man vergebens; es bleibt zu vermuten, daß Krauss diese Spaltung als für die Kunst der Moderne insgesamt charakteristisch hält, weshalb sie nicht durch Vermittlungen zu überbrücken, sondern nur an ihren Kompromißbildungen, sprich Symptomen, zu diagnostizieren sei. Als Arbeit an diesen Symptomen können Krauss' einflußreiche Aufsätze über die Photographie als indexikalisches Zeichen gelesen werden (*Originality of the Avantgarde* 1984)[3]: In den Phantasien, die sich um das photographische Bild ranken, kommen Körpererfahrung und Zeichenspiele zugleich, allerdings um den Preis ihrer gegenseitigen Zerstörung, zum Ausdruck; der Körper zerfällt in Partialobjekte, die referenzlosen Zeichen offenbaren ihre Zwangsnatur.

Marcel Duchamp ist der Künstler, der die traditionelle Kunst mit dem Photographisch-Indexikalischen konfrontiert. Seine Ready-mades sind Schnappschüsse unvorhersehbarer Begegnungen, Arbeiten wie *Stoppages-Etalon* oder *Staubzucht* dokumentieren zufällige Spuren, über das *Große Glas* schreibt er in der Sprache eines Photographen. Das Gemälde *Tu m'* enthält einen Katalog unterschiedlicher Beispiele des Indexikalischen: Abdrücke, Schatten, Risse, Zeigefinger und nicht zuletzt die beiden Pronomen des Titels, die auf Sprecher und Zuhörer hinweisen. Durch diese Multiplikation büßt der Index seine scheinbar sichere, motivierte Beziehung zum Bezeichneten ein. Anstatt eine natürliche Verbindung mit der Welt zu garantieren, kappen Duchamps Indices ihren Realitätsbezug. Sie weisen ins Leere, werden so schwer lesbar wie Photos ohne Bildlegende.

Es ist diese sinnkritische Macht der Photographie – oder genauer: diese vom photographischen Bild ausgehende Angst-

Marcel Duchamps, Tu m' 1918 (Yale University Art Gallery)

phantasie, daß es das Sichtbare in willkürlich herausgeschnittenen Fragmenten mortifiziert –, die durch Duchamp in die bildende Kunst eindringt und deren Ikonizität stört. Duchamp verstand die Photographie nicht als das Medium, dessen photomechanische Bilder den arbiträren Charakter der kubistischen und abstrakten Malerei kompensieren könnten, sondern als eine nicht weniger arbiträre Bildform, die das Gesehene zudem zerschneidet, ja einer regressiv-zwanghaften Zurichtung unterwirft. Solch ein traumatomorphes Photographieverständnis würde sich – so Krauss – in Duchamps sinnentleerendem Gebrauch des Index und seiner Zerlegung des menschlichen Körpers in Partialobjekte äußern.

Auch in ihren neueren Arbeiten, die sich stillschweigend sowohl von der Phänomenologie wie auch von Serras Skulpturen entfernen, lebt die Sorge um den Körperbezug des Bildes fort. Nachdem der Kampf gegen die reine Visualität des Modernismus erfolgreich geschlagen ist, steht der Fall ihres einstigen Säulenheiligen Jaques Lacan bevor (*Welcome to the Cultural Revolution* 1996). Hat er doch seine Theorie der Subjektwerdung rund um ein ungreifbares Spiegelbild aufgebaut, das dem Säugling sein Ich als aufrechte Gestalt einprägt, als »orthodramatisation de la subjectivité du sujet«. Dieser Zusammenhang von aufrechter Gestalt und immateriellem Bild werde auch in der Gegenwartskultur affirmiert, sowohl von den elektronischen Medien wie auch von den bildbezogenen Kulturwissenschaften, deren Ikonophilie nur blind nachvollziehe, was der Medienbetrieb der Wirklichkeit als neue Verfassung oktroyiert.

Angesichts so vieler und so unterschiedlicher Gegner könnte der Verdacht aufkommen, hier melde sich Lacans paranoides Subjekt zu Wort. Doch man möchte ihren Einwürfen mehr Leser wünschen, wann immer man Kunsthistoriker ihre eigene Bildkompetenz als Rüstzeug für die gegenwärtigen technologischen Revolutionen anpreisen hört. Offensichtlich verbirgt sich dahinter ein tatsächlicher Kompetenzverlust – Krauss spricht von »de-skilling« –, der dadurch überspielt werden soll, daß die Analyse der ikonischen Oberfläche jene der Produktionsmittel ersetzt. Krauss hält dem viel beworbenen »pictorial turn« eine Kritik der körperlos flimmernden Bilder entgegen, die sich mit einer Reflexion über die Möglichkeit künstlerischer Medien verbinden muß.

In ihrem jüngsten Aufsatz (*Reinventing the Medium* 1999) erinnert sie daran, daß künstlerische Medien nicht einfach von Daguerre, Turing oder Gates erfunden werden, wie es die Apologeten einer zeitgemäßen elektronischen Kunst glauben. Seit Picasso, der die Zeitung zu einem bildnerischen Medium formte, liegt die Schwierigkeit und Bedeutung avancierter Kunst gerade darin, wie sie aus modernen Massenmedien spezifische Medien der Kunst formt.

James Coleman, dem irischen Künstler, der mittels Diaprojektion melodramatische, rätselhaft stockende Geschichten erzählt, sei dies deshalb gelungen, weil er eine in Zeiten von Videokamera und digitaler Bildverarbeitung veraltete Technologie wählte. Im Obsoleten, hofft Krauss, liege Unabgegoltenes verborgen. Doch ist diese Benjaminsche Hoffnung nicht selbst obsolet, nachdem die gegenwärtig florierende Verwertbarkeit von Veraltetem zweifelsfrei bewiesen hat, daß nichts leichter zu Geld zu machen ist als das Unabgegoltene? Dagegen würde Krauss wohl auf dem Unterschied bestehen zwischen einem Remix, der das Veraltete als verfügbaren Stoff manipuliert, und der Konstruktion eines neuen künstlerischen Mediums, in der eine veraltete Technologie als Infrastruktur benutzt wird. Auf diese materielle Infrastruktur – in der Kunst Colemans besteht sie aus mehreren Karussellprojektoren, die Dias in unterschiedlicher Geschwindigkeit ein- bzw. abblenden können – muß sich der Künstler reflexiv beziehen, wenn ihre Funktionsweise zur Poetik seines Mediums werden soll: Der ständige Wechsel von Bewegung und Ruhe, Bild und Unterbrechung, das Ein-, Ab- und Überblenden in veränderlichen Intervallen wird in Colemans Diaserien von der technischen auf die visuelle, von der visuellen auf die auditive und von der auditiven auf die narrative Ebene gespiegelt. Da sich die Figuren voneinander abwenden, Ton und Bild auseinandertreten, die Bildfolge ständig ins Stocken gerät, kurz: da Coleman immer wieder die Unterbrechung als Spezifikum seines Mediums artikuliert, schließt sich die Selbstreflexion nie zur Illusion der Selbsttransparenz, sondern verweist auf die technische Infrastruktur des Mediums, von der die reflexive Bewegung ausging und die sich dieser nun entgegenstellt – auf das Surren der Projektoren und Klicken der Diakarusselle. Krauss hält diese Resistenz des Materials für die entscheidende Voraussetzung, um jene »visual mastery« zu unterminieren, die sowohl die Konsumkultur wie auch Teile der ikonophilen Kulturwissenschaft ausüben.

Die politische Dimension der Kunst sei also im Medienspezifischen und nicht in ihren Funktionen, Kontexten und praktischen Wirkungsfeldern zu suchen. Hierin trifft sich Krauss mit ihrem Mentor aus Jungendjahren Clement Greenberg. Auch der Feind ist der alte – die Kulturindustrie. Im Gegensatz zu Greenberg kann sie allerdings nicht mehr davon ausgehen, daß künstlerische Medien mit kritischer Distanz zu den Massenmedien einfach vorhanden sind (wie 1939, als Greenberg *Avantgarde and Kitsch* schrieb, es Malerei und Skulptur vielleicht noch waren). Die Kunst befindet sich spätestens seit der Concept Art, wahrscheinlich aber schon seit Picassos Papiers collés in einem »postmedialen Zeitalter«, das die Künstler dazu zwingt, ihre Medien wieder zu erfinden, ohne dem ideologischen Chic der »neuen Medien« zu verfallen. Die Kunstkritikerin wird mit geschärftem Sinn darüber wachen, daß die neuen Medien der Kunst dem hochspezialisierten, technologisch funktionalisierten, körperlosen Blick, den die kapitalistischen Produktionsbedingungen züchten, Widerstand leisten. Eine gewisse Selbstironie scheint dabei geboten, da die sozialen Bedingungen der amerikanischen Kunstkritik diese ebenfalls zur Spezialisierung ermutigen. Seit Greenberg, der als freier Schriftsteller seine Kunstkritiken für politische Zeitschriften verfaßte, hat sich der Wirkungskreis anspruchsvollerer Kunstkritik drastisch eingeengt auf das akademische Milieu. Es wird bewohnt von den widerwilligen Erben Erwin Panofskys, der bekanntlich eine Schrift zur Verteidung des Elfenbeinturms verfaßte.

- *Bachelors*. Cambridge/Mass. (MIT) 1999
- »Reinventing the Medium«, in: *Critical Inquiry* 25, Winter 1999
- *The Picasso Papers*. London (Thames and Hudson) 1998
- »...And Then Turn Away?« An Essay on James Coleman, in: *October* 81, Summer 1997
- *L'Informe. Mode d'emploi*. Paris (Ausst. Kat. Centre Pompidou) 1996 (gem. mit Yve-Alain Bois)
- »Welcome to the Cultural Revolution«, in: *October* 77, Summer 1996
- *Robert Morris. The Mind/Body Problem*. New York (Ausst. Kat. Guggenheim Museum) 1994
- *The Optical Unconscious*. Cambridge/Mass. (MIT) 1993
- *Cindy Sherman*. New York/München (Rizzoli/ Schirmer u. Mosel) 1993
- *Richard Serra*. New York (Ausst. Kat. Museum of Modern Art) 1986
- *L'Amour fou. Photography and Surrealism*. London (Ausst. Kat.) 1986 (gem. mit Jane Livingstone)
- *The Originality of the Avantgarde and Other Modernist Myths*. Cambridge/Mass. (MIT) 1984
- *Passages in Modern Sculpture*. Cambridge/Mass. (MIT) 1977
- *Terminal Iron Works. The Sculpture of David Smith*. Cambridge/Mass. (MIT) 1971

1 Deutsch in *Das Photographische. Eine Theorie der Abstände*. München (Fink) 1998

2 Eine ausführlichere Auseinandersetzung bietet James Elkins in seinem exzellenten Buch *On pictures and words that fail them*. Cambridge (Cambridge University Press) 1998.

3 Deutsch in *Das Photographische. Eine Theorie der Abstände*. München (Fink) 1998

Die Autoren

MARTIN AMIS, 1949 in Oxford geboren, in England, Spanien und den USA aufgewachsen, lebt heute in London. Er ist Autor von zahlreichen Romanen, Kurzgeschichten und drei Sachbüchern. In deutscher Sprache sind zuletzt die Romane *Information* (1995), *Die Anderen* (1997) und *Night Train* (1998) erschienen.

CORNELIUS BORCK ist Karl-Schädler-Stipendiat am Max-Planck-Institut für Wissenschaftsgeschichte in Berlin und arbeitet an einer Monographie zur Geschichte der Elektroenzephalographie. Er veröffentlichte u. a. den 1996 erschienenen Sammelband *Anatomien medizinischen Wissens*.

MICHAEL HAGNER arbeitet am Max-Planck-Institut für Wissenschaftsgeschichte in Berlin. Er ist Autor von *Homo cerebralis. Der Wandel vom Seelenorgan zum Gehirn* (1997). Zur Zeit schreibt er an einer Geschichte der Elitegehirnforschung.

HARALD HARTUNG, geboren 1932, Lyriker, Kritiker, Essayist in Berlin, veröffentlichte zuletzt den Gedichtband *Jahre mit Windrad* (1996), das Essaybuch *Masken und Stimmen. Figuren der modernen Lyrik* (1996) und die Anthologie *Jahrhundertgedächtnis. Deutsche Lyrik im 20. Jahrhundert* (1998).

JOHN MCDOWELL ist Professor für Philosophie an der University of Pittsburgh. Veröffentlichungen u. a.: *Mind and World*

(1994; dt. *Geist und Welt*, 1998), *Mind, Value and Reality* (1998), *Meaning, Knowledge and Reality* (1998). Den hier abgedruckten Vortrag hielt John McDowell im Rahmen der Vorlesungsreihe »Revolutionen des Wissens« an der Universität Frankfurt am Main. Die Vorträge dieser Reihe werden in einem Sammelband im C. H. Beck Verlag erscheinen.

MICHAEL PAUEN, geboren 1956. Visiting Professor am Institute for Advanced Study in Amherst und Fellow in Cornell (1993/94), Ernst-Bloch-Förderpreis 1997, vertritt zur Zeit eine Professur an der Otto-von-Guericke-Universtität Magdeburg. Buchpublikationen u. a. *Pessimismus. Geschichtsphilosophie, Metaphysik und Moderne von Nietzsche bis Spengler* (1997), *Das Rätsel des Bewußtseins. Eine Erklärungsstrategie* (1999).

JAKOB STEPHAN, 1928 in Greifswald geboren, studierte Medizin und Literaturwissenschaft in Marburg und Tübingen, praktizierte in mehreren norddeutschen Kleinstädten, lebt als Pensionär in der Nähe von Bremen. 1968 veröffentlichte er den Gedichtband *Verse auf Leben und Tod*. Publizierte unter dem Pseudonym »Steffen Jacobs« im S. Fischer Verlag die Lyrikbände *Der Alltag des Abenteurers* (1996) und *Geschulte Monade* (1997).

MARLENE STREERUWITZ, in Baden bei Wien geboren, wurde für ihre dramatischen Arbeiten von der Zeitschrift *Theater heute* 1992 zur Nachwuchsautorin des Jahres gewählt. Ihr belletristisches und dramatisches Schaffen wurde mit zahlreichen Preisen ausgezeichnet. Zuletzt erschien der Roman *Lisa's Liebe* (1997). Der hier abgedruckte Text ist dem Roman *Nachwelt* entnommen, der im Herbst dieses Jahres im S. Fischer Verlag publiziert wird.

GÉZA SZŐCZ, 1953 als Angehöriger der ungarischen Minderheit in Rumänien geboren, lebt heute in Klausenburg. Von 1986 bis 1989 befand er sich im Exil in der Schweiz. 1990 kehrte er als Senator im Bukarester Parlament nach Rumänien zurück. Für sein literarisches Werk wurde er mit zahlreichen Preisen ausgezeichnet.

DIETER THOMÄ, geboren 1959, lehrt Philosophie an der Universität Rostock und z. Zt. an der New School for Social Research, New York. Im Herbst 1998 erschien *Erzähle dich selbst. Lebensgeschichte als philosophisches Problem* .

RALPH UBL ist Assistent am Institut für Kunstgeschichte der Universität Wien und ist gegenwärtig mit dem Abschluß einer Doktorarbeit über Max Ernst beschäftigt.

FRANZ JOSEF WETZ, geboren 1958, ist Professor für Philosophie an der Pädagogischen Hochschule Schwäbisch Gmünd. Er veröffentlichte u. a.: *Hans Blumenberg zur Einführung* (1993), *Edmund Husserl* (1995), *Friedrich W. J. Schelling zur Einführung* (1996), *Die Würde des Menschen ist antastbar. Eine Provokation* (1998).